WIZARD

The 3% Signal
The Investing Technique That Will Change Your Life
by Jason Kelly

3%シグナル投資法
だれでもできる「安値で買って高値で売る」バリューアベレージ法

ジェイソン・ケリー[著] 長尾慎太郎[監修] 山口雅裕[訳]

Pan Rolling

The 3% Signal : The Investing Technique That Will Change Your Life
by Jason Kelly

Copyright © 2015 by Jason Kelly

Japanese translation rights arranged with Jason Kelly c/o Sheree Bykofsky Associates, Inc.
through Japan UNI Agency, Inc.

監修者まえがき

　本書はジェイソン・ケリーの著した"The 3% Signal : The Investing Technique That Will Change Your Life"の邦訳である。ここで紹介されているのは、個別の有価証券（株式、債券）ではなく、投資信託を投資対象とした運用戦略で、自律的な成長が期待できる資産一般に幅広く応用が可能である。第3章にあるように、この戦略はもともとハーバード大学のマイケル・エデルソン教授が提案した「バリューアベレージ法」に基づいており、パフォーマンスターゲットを決めて定期的にアセットクラス別の資産配分を動かしていくものである。この方法は数学的には必ずしも最適解ではないが、単純で理解が容易であり、また意思決定の頻度が四半期に一度ときわめて実行しやすい。何より心理的にだれでも受け入れることができる満足解である。一般に意思決定の頻度が高ければ高いほど投資パフォーマンスは悪くなるので、投資判断が年に4回で済むというのは大きな長所である（個人的にはそれでも多すぎるくらいだと思う）。

　ところで、本書でもっとも興味深いのは第1章で、「市場予測はだれにもできない」という著者の主張はまったくもって真実である。実際、運用者の立場から言っても、利益を上げることと市場予測の巧拙は何の関係もないし、自身の体験を通して早い段階で市場予測の無意味を悟ることが投資家としての第一歩である。私も「予測は愚か者のやることだ、絶対にするな」と若いころに先達からきつく戒められたことを思いだす。大切なのは、市場見通しなどというあやふやなものに頼らなくとも、合理的に投資成果が上がる仕組みを作り上げることである。暇つぶしの余興としてなら別だが、市場予測はまともな投資家には無縁のものだ。いずれにせよ、どのみち投資家はマーケットの変動をコントロールできない。投資家がコントロールできるのは投資

プロセスだけである。したがって、情報や手段が限定された環境下では、整合性のあるプロセスを堅持できるかどうかが成否を分ける。それは見かけ上面白くもなくワクワクドキドキ感もないが、確実性が高く数字が計算できるアプローチなのだ。つまり、私たち投資家に必要なのは、机上の空論の素晴らしい投資戦略ではなく、本書に紹介されているような一貫して実行可能な限定最適の投資戦略である。

　なお、本書は米国での運用を想定して書かれているが、日本から運用する場合にも考え方や銘柄がそのまま適用できる。ただ、投資対象の選択肢が限られる確定拠出年金（日本版401k）向けにアレンジするとすれば、はじめに、投資する債券ファンドとして、国内債券ファンドではなく信託報酬率の低いパッシブ運用のグローバル債券ファンドを選ぶこと、そして次に、株式ファンドとしてはパッシブ運用の国内株式ファンドとグローバル株式ファンドを適宜使い分けること、最後に、もし必要であれば為替ヘッジを自身のリスク嗜好に応じて適宜行うということである。

　翻訳にあたっては以下の方々に心から感謝の意を表したい。翻訳者の山口雅裕氏は正確な翻訳を、そして阿部達郎氏は丁寧な編集・校正を行っていただいた。また本書が発行される機会を得たのはパンローリング社社長の後藤康徳氏のおかげである。

2016年2月

長尾慎太郎

株の研究を始めるきっかけを与えてくれた母に

目次

監修者まえがき	1
謝辞	9
投資パフォーマンスの計算について	11
はじめに —— 投資でのとまどい	13

第1章　なぜマーケットでとまどうのか　　17
　予測が当てにならない環境　　21
　コイン投げによる予測　　33
　ベンチマークに勝てない根拠　　44
　ピーター・パーフェクトを呼び出す　　47
　私たちの考えと現実　　54
　この章の要点　　56

第2章　相場の変動を利用する　　59
　3％シグナル　　60
　大きな値動きは好機　　63
　インデックスファンドへの切り替え　　66
　コイン投げのチャートラインを動かす　　67
　受動的なリバランス　　71
　この章の要点　　76

第3章　投資パフォーマンスの目標を設定する　　79
　良いパフォーマンスとは？　　79
　変動する価格と目標との差を測る　　85
　この章の要点　　108

第4章　何に投資すべきか　　111
　成長性なら小型株　　111
　安全資産には債券　　115
　パフォーマンスで有利なIJR　　118
　ヒーローの持ち株に勝つ　　126

ドルコスト平均法に勝つ	136
30％下げたら、売りシグナルを無視	145
ほかのファンドを使った場合	152
この章の要点	166

第5章　このプランでの資金管理　　169

現金残高が多いとき	170
一生、増減する債券ファンドの残高	172
「底値買い」用の口座を持つ	185
年を重ねるにつれて、債券残高を調整する	191
まとめると	193
この章の要点	195

第6章　プランの実際　　197

四半期ごとの手続き	198
大切なのは経費をかけないこと	203
税金で考慮すべきこと	206
IRA（個人退職積立勘定）	209
典型的な証券取引口座	212
雇用主が提供する年金プラン	226
どこの職場でも役立つ3％シグナル	256
この章の要点	257

第7章　プランを実行する　　259

セットアップ	260
1年目	275
2年目	285
3〜7年目	291
8〜9年目	310
10〜13年目	324
分析	344

この章の要点　　　　　　　　　　　　　　　355

第8章　幸せなシグナル　　　　　　　　　359

付録1 ── マークのプラン　　　　　　　　　361
付録2 ── ツール　　　　　　　　　　　　　367
付録3 ── 権利と許可　　　　　　　　　　　369
付録4 ── ケリー・レター　　　　　　　　　371

謝辞

　私は素晴らしい人々に恵まれている。

　私は唯一の代理人であるドリス・マイケルズがいない人生を想像できない。私は彼女の最初の顧客の1人であり、おそらく最後の1人になるだろう。長年、彼女と仕事をしてきて、今もそれが続いているのはうれしいし、ニューヨークに出かけるたびに彼女とその非凡な夫のチャーリーに会えるのは楽しい。

　プルーム社の編集者であるケイト・ナポリターノは、『大化け株とレバレッジで勝つケリー流株式投資法』（東洋経済新報社）で私を担当した。第5版が出る直前の12月に昼食を共にしたとき、私は2本のインデックスファンドと3％シグナルと名付けた私の手法を使えば投資が画期的に変わると、夢中になって話した。彼女はその話に耳を傾け、最終的にこの本が出来上がった。彼女は本書の構想段階から完成に至るまで、ずっと付き合ってくれた。

　このプランを作るに当たって、多くの研究者の著書を参考にしたが、スペースが限られているため、3人の名前だけを挙げておきたい。行動心理学者のダニエル・カーネマンは人々が株式市場で成功できない理由や、ある手法に従うことの重要性を教えてくれた。手法については、一定の目標額を決めてリバランスを繰り返すという、マイケル・エデルソンのバリュー平均法の考えに恩恵を受けている。バンガードの創設者であるジョン・ボーグルは過去40年にわたって、インデックスファンドへの投資を精力的に推進してきた。3％シグナルには、そうした低コストのファンドしか必要ない。彼らには感謝している。このような人たちがウォール街にもっと多くいればよいのだが。

　ロジャー・クランデルには特に感謝する。彼とはケリー・レターの定期購読者になってくれたときに初めて会ったのだが、のちに友人と

なり、リサーチの協力者になってくれた。本書では過去データに基づくプランの運用結果を示しているが、その多くは彼の巧みなプログラミングで集計されたものである。さらに、私のスプレッドシートは彼が作成したソフトウェアで再確認している。それらは単純に見えるが、これを作成するために処理したデータ量を知ったら、きっと驚かれるだろう。彼のおかげで、作業が楽になった。

　最後に、情報を提供してくれたフィデリティ、ICI（投資会社協会）、モーニングスター、スタンダード＆プアーズ、TDアメリトレード証券、バンガード、ヤフーファイナンスに感謝する。

投資パフォーマンスの計算について

　株式やファンドの過去の価格は株式分割や配当・分配金のために変化する。この本では、2013年秋時点での調整済み価格を示している。本文に載せている銘柄の価格を調べ直すと、すでに変化しているものも多いだろう。だが、安心してほしい。価格が変わっても過去のパフォーマンス（運用実績）の計算には影響しない。2005年に20％上昇した銘柄は、計算に2005年時点の価格を使おうが、2013年、あるいは将来のある年に調整された価格を使おうが、20％のままだ。本文中でパフォーマンスの計算を示していない場合、当時の投資家が経験した口座残高の変化をよく反映するように、配当・分配金の調整をしない価格を使っている。そのため、第7章の「プランの全体」で示した価格には、ほかの章の表に載せてある調整済み価格とは異なる場合がある。

　この本で扱っている期間は、主として2001年の初めから2013年半ばまでの50四半期である。この期間の最初の買いでは2000年12月の終値を使い、通常は2000年12月～2013年6月を50四半期と称している。それで、2000年も運用期間に含まれているのかと勘違いをする人もいるだろうが、そうではない。運用開始の価格に2000年12月の終値を使うのは、2001年第1四半期から2013年第2四半期末までの50四半期、あるいは12年半の期間を始めから終わりまできちんと見たいからだ。メディファストという銘柄を例に取り上げた第4章の表では、2000年12月の終値が重要な役目を果たすため、それを使っている。しかし、その表を除けば、価格を載せた表では、2001年第1四半期からぴったり50回の価格を示している。

　最後に、3％シグナルに基づくプランでは、2本のファンドを同時に売買するように助言している。現実には、ぴったり同時に取引は成立しないだろうが、最近では売買注文は素早く執行されるため、両方

の売買時間をかなり近づけることはできる。私は過去の運用成績を計算するときには、その期間内の全取引で終値を使っている。実際の運用成績は約定価格にわずかな違いがあっても変わるが、大きな差にはならないはずだ。このプランに従えば、本書で説明することがほぼ自動的に実現できる。

はじめに ── 投資でのとまどい

　昔の話になるが、母がある日、株式投資のアイデアを載せたリポートの山を前にして、途方に暮れて座っていた。彼女はそのひとつを私のほうに押しやって、言った。「これって、表か裏かの区別もつかない（訳が分からない）んだけど。どう思う？」と。表か裏か。あとになって、これはうまい表現だなと思った。株式市場についてのアドバイスは、半分が間違っているからだ。母は目の前にあるアイデアが理解できなかった。そして、それらを書いた人々も理解できていなかったはずだ。彼らはみんな、直感に頼っているだけだった。

　そこで、私は普通の人が株式市場を利用して利益を出すもっと良い方法がないかを調べ始めて、20年間探し続けた。私はマーケットの専門家たちの当てにならないアドバイスや、私生活にストレスをもたらす投資の誤りから彼らを解放して、成績が劣るアドバイスにお金を払いすぎない方法を教えたいと考えた。私は世評が高いプロのマネーマネジャーたちと話をし、投資に関するあらゆる本を読んで、ニュースレターも購読し、自分で本やニュースレターの執筆をして、テレビにも出演した。

　調査の結果、投資業界は巧妙なシステムでつながっていて、投資家の口座から少しずつお金が抜かれて証券会社や投資顧問業者の口座に移されていることが明らかになった。その手口はこんな具合だ。客が自分でやってもうまくいかないと分かるような銘柄選択や売買タイミングを計る難しい方法をお客に勧める。その後、自分でやるよりも高度な感じがする方法を紹介する。それらはプロが運用しているわけでもない単なる株価指数よりも実は運用成績が悪いのだが、高い報酬を要求される。

　専門家は真実を知られるのを好まないが、大切なのは価格だけであ

る。本書を読めば、このことはけっして忘れないだろう。投資のアイデアには何の重要性もないし、専門家の相場観は気晴らしにしかならない。大切なのは投資対象の価格と、その価格が買いにふさわしいほどの安値水準にあるか、売りにふさわしいほどの高値水準にあるかだけだ。その水準は自分で分かるので、価格は１人で監視できるし、専門家の助けを借りなくても、価格と売買水準との差を見るだけで適切に対応できる。さらに都合が良いことに、その対応を自動化することもできる。計算だけで済むことだからだ。

　３％シグナルの核心は次のとおりだ。まず、四半期ごとにそこに戻すべき一定のパフォーマンスラインを設定する。そして、パフォーマンスが悪いときには、買ってその水準まで投資額を引き上げ、良いときには売ってその水準まで引き下げる。この単純なプランに一般的な株式指数を使えば、株式市場に勝つことができる。プロと呼ばれるほとんどの人が市場に負けているので、このプランは彼らよりもはるかにパフォーマンスが良いことにもなる。これは話がうますぎると思うかもしれない。また、プロもあなたにそう思ってもらいたいだろう。だが、そんなことはない。この本を読めばそれが分かる。３％シグナルを使うプランでは、年に４回、15分ほどの計算をするだけで優れたパフォーマンスを達成できる。何の利点もない相場談議に一瞬たりとも自分の時間を無駄にする必要はない。

　また、ほとんどの自動化されたプランとは異なり、人には感情があり、ニュースを見て売買したくなるという側面も考慮に入れている。この衝動を抑えるために、プランでは完璧なペースで取るべき行動を示す。頻繁に売買を繰り返して混乱を生む必要はない。また、ほったらかしにしすぎて、そのファンドを見捨てた気分に陥る必要もない。自分の資産が順調に増えて、すべてうまくいっていると安心できるペースで動きさえすればよいのだ。プランでは、ポートフォリオの管理に必要なことだけでなく、感情面の欲求も満たせるように、マーケッ

トを最大限に利用する。

　本書ではまず、株式市場で直感に従うとどうして判断を誤るのかや、いわゆる専門家たちもなぜこの弱点から逃れられないのかを説明する。そもそも、株式市場は予測をしても、妥当性がまったく得られない場であることを学ぶ。また、相場が今後どこに向かうかを予測する専門家たちを、「ゼロ・バリディティ（zero-validity。予測妥当性ゼロ）」を略して「ジーバル（z-vals）」と呼ぶことにする。

　次には、この本の優れた手法である３％シグナルを大まかに説明する。この手法で必要なのは株式ファンドと債券ファンドとシグナルラインだけだ。株式ファンドの利益成長が目標を上回っているのか、下回っているのか、あるいは目標どおりかを四半期ごとに確認すれば、株式ファンドと債券ファンドのどちらに資金を振り向けるべきかが分かる。このように、明快で感情に左右されない価格だけを利用すれば、どんなジーバルたちにもじゃまされずに、安値で買って高値で売るという、投資の神業を自動化できる。

　その後、プランの詳細に立ち入り、どんなファンドが理想的か、どうして四半期ごとに見直すのが最もうまくいくのか、プランに資金を追加するときや２本のファンド間のバランスがたまに崩れたときにどう管理するのか、そして、相場が暴落したあとの上昇時に十分な投資ができるように、特別な「売りシグナルを無視」というルールをいつ適用すべきかを学ぶ。このプランは401kも含めて、どんな退職積立勘定でもうまくいくことが分かるだろう。最後に実生活での運用を想定して、ここまで学んだすべてをまとめたプランをほかの投資手法と合わせて見ておく。

　準備はできただろうか？　では、より良い投資法を探す旅に出かけよう。

第1章
なぜマーケットでとまどうのか
Why Markets Baffle Us

　今、あなたは人生設計をし、資産形成の目標もいくつか立てている。支出は稼いだ額よりも少なくして、残ったお金は貯金するという基本に従っている。すると、ある日に言われる。その貯金を株に投資すると、お金がしだいに増えていきますよ、と。「増える？　それは良さそうだ」と、あなたは考える。専門家たちは断言する。平均して年10％ずつぐらい増えます。それは貯金が7年ごとに2倍になるという意味です！
　あなたが注意深くて、ほかの人よりもいくらか頭の回転が良ければ──そうだということは分かってます──、もっと、お金を増やせますよ、と。
　それで、あなたは株式投資を始める。貯金を株式市場に（おそらく、職場の退職積立勘定で投資信託に）移したあと、2～3年は順調にいく。だが、そこから相場が下落する。新聞の見出しには不況という文字が躍り出す。失業率は上昇を続けている。あなたは一度も気に留めたことがなかったFRB（連邦準備制度理事会）についての記事を読む。だが、最近のFOMC（連邦公開市場委員会）の議事録をどう理解すればよいのかよく分からない。今では、不況が迫っていることは以前から明らかだった、と専門家たちは口をそろえる。ある人などは何でもお見通しであるかのように、テレビで話す。「ちょっと、歴史を振り返れば分かることです。賢明な投資家たちは様子見をしています」と。

あなたは賢明な投資家だと思われるが、様子見はまずしていないはずだ。相変わらず投資を続けて、日ごとに含み損が膨らんでいるだろう。それで、あなたは直感に従うことにする。直感はささやく。専門家たちに従って、できるだけ早くいったん撤退しろ、と。すべてを現金化すると、もう損はしていないと思っただけでも、その日の昼食が楽しくなる。「ふう！　ほかのカモ連中はFRB――今では、単に『ザ・フェッド』と呼んでいるが――に関するニュースを読むほど頭が働かないで、マーケットに残り、来る日も来る日も叩きのめされていればよい。僕はやめた。もっと安くなってから、買い直すのだ」。壮大な計画のなかでは、20％の損失はそれほどひどくはない。いずれ取り返せると、あなたは考える。

　ニュースは相変わらず良くない。どの記事を読んでも、会社が解雇を発表という話ばかりだ。FRBは耳慣れない対策を矢継ぎ早に打ち出していて、エコノミストたちは先行きを心配している。様子見に徹しているあなたは、悪いニュースが出るとうれしくなる。ところが、買い直そうともくろんでいる投資信託と株の価格は上げ続けている。景気が表向き、安定してきたころには、それらの価格は不況前よりも高くなってしまった。あなたは失った20％を取り返すチャンスを逃しただけでなく、売値よりも高い価格で買い直すべきかどうか決断を迫られる。買い直すのはひどく苦痛なので、最初のうちはそうしないと決める。安く売ったものを、高い価格で買い直したがる人間なんているものか。そうこうしているうちに、3カ月がたち、6カ月、9カ月と過ぎていく。価格は買い直さないと決めたときよりも、はるかに高くなってしまった。専門家たちはテレビで解説をする。「気がかりなことは当面、何もないので、株価は上昇しています。賢明な投資家はみんなマーケットに戻っていますね」と。

　何ぃ～？　あなたは賢明な投資家だが、マーケットから一時撤退を決め込んでいるうちに、上昇の波に乗り損ねたのだ。それでも、専門

家たちはまだ間に合うと言う。安値の時期はたしかに過ぎているが、この上昇トレンドは長く続くので、まだ序盤にすぎない、と。あるコメンテーターは、相場を野球に例えるなら、ようやく3回に入ったところだと言う。あなたは、なるほどと思って、20％の損をしたファンドを買い直す。

　あなたはきっと、次に何が起きるか分かるに違いない。良いニュースが続き、相場はしばらく上げ続ける。だが、やがて下げ始める。ニュースは依然として良いのにだ。再び、悪いニュースが出始めると、相場は下げ足をいっそう速める。不況の真っただ中で悪いニュースばかりが流れるようになると、あなたが買ったファンドはいつの間にか、また20％下げている。しかも、同じ専門家たちが、だれであれ、賢明な投資家たちはとっくの昔に手仕舞うべきだと分かっていた、と口をそろえて解説している（調べる手間を省くために言っておくと、賢明な投資家と言われる人々は存在しない。彼らは経済を専門とするマスコミがでっち上げたもので、退職プランを考えるのには無関係だ）。

　あなたはここまでの短い話を読んで、結局は悪いニュースが出ているときに買って、良いニュースが出ているうちに売ればよいのだ、と考えるかもしれない。理屈としては、その考えは素晴らしいし、意図も理解できる。だが、はたしてそんなことができるだろうか？　まず、悪いニュースがどれだけ出ると、悪いと言えるか答えてほしい。ぞっとする見出しが初めて現れたときだろうか、それともその種の見出しが10回目に出たときだろうか？　マスコミの報道が1週間、続いたときだろうか？　1カ月？　それとも1年？　たしかに、悪いニュースで株価が下げたときに買うという考えは理にかなっている。しかし、どれほど悪いニュースであれば買いに最もふさわしい株価になるのか、だれにも分からない。人々は「安値で買えばいいんだ」と、いかにもたやすいことのように軽く言う。上下に蛇行する価格にさんざん痛めつけられたベテラン投資家なら、「どの安値だ？」と聞き返すに違い

19

ない。言うまでもなく、どれほど良いニュースが出たら売り時になるのかも、同様に判断が難しい。相場は底でも天井でも人を欺きやすい。そして、この油断ならない瞬間に出合うたびに、投資家はしくじる可能性がある。

　苦難を生々しい感情も交えずに、このように簡潔に説明すると当たり前にしか思えず、バカにしたくなるだろう。ところが、何百万人もの投資家はこの道をたどった経験があるにもかかわらず、金融業界の誘いに何度でも乗ってしまう。振り返ると、この破滅的な株価サイクルはだれの目にも明らかだが、リアルタイムでは少しも明らかではない。株式市場のとらえにくさは永久に続くのだ。

　私たちはお金のことになると、非常に傷つきやすい。損をすると落ち込み、儲けると有頂天になる。そのくせ、相場で売買タイミングを計るのはひどく下手だ。そのため、資産を増やすために金融市場を活用するのは、ほとんどの人にとって害が大きい。それでも、何百万もの人がそこに頼らざるを得ない。大きな家に買い換えたり、子供を大学に行かせたり、退職後に備えたりするためには、それが唯一の方法だからだ。

　本書では、貯金をマーケットに投資して、売買タイミングを計ることなく、確実に資産を増やしていけるプランを紹介するつもりだ。だが、その話に入る前に、どうして売買タイミングを計るべきでないかを理解しておくことが重要である。大半の投資家は高い代償を支払って、この教訓を学ぶ。あなたはそうしないで済むだろう。

　この章では、必ず底で買って天井で売るという、売買タイミングを完璧に計ることができる架空の登場人物の話をする。彼のことをピーター・パーフェクトと呼ぼう。彼が投資業界に影響を及ぼしてきたせいで、お人よしの人々は財産を失ってきた。どうしてか？　ピーター・パーフェクトなど実在しないのに、彼よりも運用成績が悪ければ失敗であり、彼をまねすべきだと言われてきたからだ。彼らは非現実的な

ほど高い利益を狙って、結局は損をする。それは妖精のティンカー・ベルをまねすれば飛べると思って、絶壁からジャンプをする人に似ている。ティンカー・ベルをまねすれば、命を失う。ピーター・パーフェクトをまねすれば、財産を失う。

　これから、どんな困難をも乗り越えて貯金を殖やすプランについて説明する。だがその前に、何をすると失敗するかを確認しておこう。そのためには、私たちが持って生まれた不愉快な傾向を検討せざるを得ないが、それは社会で成功している人々にはつらいことだ。投資家は頭が良くて、人生で成功してきた人が多い。彼らはほかでうまくいくこと（勤勉、調査、大衆と同じ行動を取らないこと）は、マーケットでもうまくいくと思っている。だが、実際にはそうはいかない。直感がうまく働くようになるためには、規則性がある環境で経験を積む必要があるが、マーケットには規則性というものがないからだ。株への投資で成功するためには、だれも将来を知ることはできないと認めて、将来の予測をするのではなく、起きたことに対応すれば勝てる投資方法を採用するしかない。どうしてこの方法を採る必要があるかを理解するために、まずは自分の姿を冷静に見ておこう。

予測が当てにならない環境

　どうして専門家が金融市場を誤解するのか、また、どうしてあなたも間違えるのか考えたことがあるだろうか？　専門家もあなたも愚かではない。それでは、電気の発明や飛行機の設計、病気の治療、文学作品の創作、家具の製作をできる人間が、株価の方向性をまったく予測できないのは、いったいなぜだろうか？　実は、答えは単純だ。例に取り上げた人間の功績はすべて、一定のパターンや法則に従っている。電気などの物理的な世界を調べて学んだことは、時代が変わっても役に立つ。飛行機が飛ぶ原理は現在も100年前も変わりない。医学

研究は過去の発見の積み重ねだが、それらはいずれも不変の法則に従っている。人々が好む物語は驚くほど決まっている。だからこそ、私たちはシェークスピアが亡くなって400年もたつのに、彼の作品を今でも楽しめるのだ。熟練した大工は木目にどう合わせるとうまくいくかを学んでいる。そのため、同じ木目を見ればその癖がすぐに分かる。木材の性質はいつも同じだからだ。

　これらの領域では、パターン認識がうまく機能する。過去の経験から学んだことは、将来の経験でも役に立つ。だが、株式市場ではそうはいかない。あなたは値動きには一定の変動パターンがある、という話を聞いたことがあるかもしれないが、実際にはそんなことはないからだ。前回の暴落で何らかの教訓を学んでも、それが次回の暴落で役に立つとは限らない。上昇についても同じことだ。ほかの分野とは異なり、株式市場で経験を積んでも従うべきルールは身に付かない。それどころか、過去の相場で学んだ教訓のせいで、将来の相場で誤る可能性すらある。

私たちの頭の働き方

　お金にまつわる分野で、私たちの思考や感情がどういう動きをするかを研究する学問は、行動経済学または行動ファイナンスと呼ばれている。なかでも参考になるのは次のことだ。私たちは儲けることが大好きである以上に、損することを嫌う。損をひどく嫌うので、損した分を取り戻そうとリスクをとりすぎて、いつの間にか損をさらに膨らませてしまう。

　行動経済学に最も貢献したのはダニエル・カーネマン、リチャード・セイラー、エイモス・トベルスキーの３人だ。2002年にノーベル経済学賞を受賞した心理学者のカーネマンは、セイラーやトベルスキーなどとの共同研究で得た発見を、2011年の彼の著書、『ファスト＆スロ

ー──あなたの意思はどのように決まるか？』(早川書房)にまとめた。

　そこで取り上げられているのは、意思決定の際に心理的影響を受けやすい側面や、限られた証拠に基づいて性急に結論を下しやすい傾向についての知見だ。カーネマンは後者をWYSIATI（自分の見たものがすべて、"What you see is all there is"の頭文字を取った略語）と呼んでいる。彼は私たちが判断をするときの頭の働きを、大きく２つに分けている。システム１は速い思考であり、直感的で、自動的に働き、感情的である。システム２は遅い思考であり、論理的で、慎重で、合理的である。システム１はほとんど努力をしなくても簡単に働く。そのため、私たちは日常生活ではほとんどシステム１を使っている。システム２は働かせるのにかなりの努力が必要で、扱いが難しい。そのため、私たちは絶対に必要なときでないかぎり、こちらに切り替えたがらない。

私たちは自分で経験したことを信じる

　カーネマンの研究で明らかになったのは、私たちの頭脳は意思決定をするときに、基準率やサンプルサイズを考慮するのが苦手だということだ。

　基準率とは、あることが生じる頻度である。例えば、人口の３％はまぶたけいれん症にかかっているが、97％はそうでないとき、まぶたけいれん症の基準率は３％ということになる。だが、窓辺に座っている人はまぶたけいれん症だろうかと尋ねられたときに、この数字を思い出しはしないだろう。その人は見知らぬ人だ。あなたは遠くから彼を観察して、その症状をわずらっているように見えるかどうか考える。この症状を持つ、知るかぎりすべての人を記憶の底から引っ張り出す。彼の座り方はスクールバスで隣に座っていた生徒と似ていると気づく。そして、その生徒にはその症状があった。彼もたしかにその症状のようだと思って、答える。彼は間違いなく、まぶたけいれん症だ、と。

しかし、あなたは窓辺に座っている人について実は何も知らない。まぶたけいれん症の基準率は非常に低いのだから、彼はおそらくその病気ではないだろう、という推測だけが妥当である。それなのに、あなたは限られた個人的経験に基づいて、不合理な推測をした。私たちはだれもが、この種の性急でいい加減な判断をしやすい。

　サンプルサイズとは、知りたい母集団のうちで実際に調査をする数である。サンプルサイズが大きいほど多くの数を調べているので、調査結果はより正確になる。私たちはこのことを直感的に分かっているが、実際に物事を判断するときには忘れてしまう。例えば、「治癒率100％で副作用もない」をうたい文句にする薬が、実はたった5人の臨床試験の結果だと知っていたら、あなたはその薬を飲まないだろう。5人全員が副作用もなく病気が治ったのなら、その統計に間違いはないが、サンプルサイズには問題がある。これはすぐに分かるだろう。だが、すぐに分からないときもある。自分の経験は人生のなかで最も鮮明で、自由に使えるデータなので、私たちはこれらに頼って考えるときがある。そのときには、同じように少ないサンプル数に頼って結論を下していても、気づかない。例えば、昨年はFRBの6月の会議後に、株式相場の下落で損をした。そのことを覚えているので、6月の会議が近づくと用心するようになる。だが、私たちは災難の前兆にならなかった6月のことは覚えていない。そのときは自分に困ったことが起きなかったからだ。

　人生で直接に経験することは限られているが、私たちはそれらに基づいてすぐに判断を下す。そして、その個人的な教訓が大海の一滴にすぎないという点は忘れてしまう。カーネマンは、サンプル数が多いほど正確で、サンプル数が少ないときほど極端な結果を生みやすいことを気づかせてくれる。と言うわけで、私たちのわずかな経験には極端な結果が混じりやすいが、それはすべて直接に経験したことなので、私たちは自信たっぷりにそれらに基づいて結論を下すのだ。私たちは

自分の限られた経験では正しかったという理由だけで、確信を持ってよく誤った判断をする。株式市場では、これがいっそうひどくなる。マーケットではさらに不確実性が加わるからだ。私たちの経験はマーケットの歴史の一コマにすぎない。そのうえ、そこでは過去に当てはまったことが将来にも当てはまるとは限らない。この面倒な事実から、「役に立たなくなるまで、役に立つ」というトレーダーお気に入りの言葉が生まれた。

　私たちは限られたデータからもっともらしいストーリーを作り出す。マーケットでは、これが毎日起きている。大引け後に、専門家たちは相場が上げた理由や下げた理由を説明する。だが、彼らでさえ、その理由がたいていは適当なものだということを知っている。私は経済ニュース番組に出演したことがあるが、その日の相場概況を説明するために２人が待機していた。１人のゲストは相場が上げた理由を、もう１人は下げた理由を説明することになっていた。彼らはそれぞれ、強気派と弱気派だった。その日の相場がどうなるかなど、だれにも分からないので、テレビ局は何が起きても説得力のある説明ができるように、万全の態勢を整えていたのだ。納得できただろうか？

　カーネマンは書いている。システム１の思考（速くて、直感的で、自動的に働き、感情的）は「判断の際に自信過剰に陥りやすい。すでに見てきたように、自信は手元にある証拠から語れる最高のストーリーに一貫性があるときに生まれるからだ。用心してもらいたい。あなたの直感は極端な予測をしやすいが、あなたはそれを過度に信頼したくなるのだ」。

私たちは前から知っていたと思う

　もっと、がっかりすることがある。私たちは自分の誤りが明らかになって考えを変えると、そもそもどうして誤った結論に至ったか、よく思い出せなくなるのだ。株に関連したことであれば、間違ったのは

自分ではなく相場だった、などと考えて自分を納得させ、誤っていた結論を屁理屈でごまかす。相場がもっと合理的で、自分と同じように変化の兆候をとらえてさえいたら、相場は上げるはずだった、と。やがて私たちは、自分の誤った思い込みのせいで失敗したのではない、と考えるだけでなく、そもそも自分はそんな思い込みなどしていなかった、と考えるようになる。そうだ、実は相場が下げると信じていた。というよりも、下げることは分かっていた、と。振り返ると、それは歴然としている。そのため、次に相場の兆候に確信を持ったときには、前に間違えたときと同じように自信たっぷりに動く。自分の運用実績は実際よりも良いし、今、分かっていることは当てになると思い込む。

　このように、ずっと前から分かっていたという誤った思い込みは、後知恵バイアスと呼ばれている。このバイアスがあるために、私たちはあとになって初めて分かったことを、初めから分かっていたと思い込んで、自己評価を引き上げる。このバイアスはさらに問題を生む。前回うまくいかなかったので、今回うまくいくと考えるべき理由がないときですら、この前うまくいったので、今度もたぶんうまくいくだろうと考えるからだ。合理的な相場分析にこれほどふさわしくない生き物を想像できるだろうか？　人間の頭は良いといっても、大切なお金のことでたびたび苦労を重ねる程度なのだ。

　カーネマンは後知恵バイアスを説明しているところで、人間の頭脳は過去にどの程度のことを知っていたかや、あとになって考えを変えたことをきちんと思い出せない、と書いている。新たな結論に達すると、私たちは前の結論を忘れて、今になって確信を深めたことを前からずっと確信していたと思い込む。すると、過去に不意を突かれた局面についての記憶は薄れ、出来事がどう展開するかを初めから予測していたと錯覚する。そして、これまでかなりうまく予測できていたのだから、おそらく今後の出来事でも結果を予測できると考える。私たちはこのように錯覚することで、安心をする。どうして物事がそのよ

うに進展したのか、あるいは次に何が起きるのか実はまったく分からない、と認めるよりも、錯覚のほうが安心できるのだ。

私たちは運を実力と勘違いする

　戯れに、だれかを相場でランダムに２～３回、勝たせてみよう。そして、彼が自信満々になって、うぬぼれるか観察しよう。もっと重要なことだが、次に投資額をどこまで増やしたかを記録しておこう。彼は考えるだろう。「この前はうまくいった。ただし、あの考え方で資金は30％増えたけど、１万ドルしか投資しなかったからなあ。次に５万ドルを投資したら、どうなるだろう？」と。本当に、どうなることやら。

　私たちは相場での連勝がランダムに起きるということを分かっていない。また、プロのマネーマネジャーの３分の２の運用成績が市場に負けていることも知らない。さらに、最近２～３回うまくいったからといって、いやと言うほどしてきた愚かな予測が帳消しになるわけではないが、そんな認識もない。しかし何よりも、たった１回の失敗でも、大金をつぎ込んでいると、それまでに蓄えた利益がすべて吹き飛ぶということをきちんと認識していない。４連続で勝っても、５回目に大損したら、それまでの苦労やストレスは税控除の申請用紙に書き連ねるだけで、ゼロから出直すしかなくなる。

　相場の値動きがランダムである以上、最も下手な市場参加者ですら、ときどきはうまくいく。だが、私たちはうまくいくと、自分の手腕に対する評価を高める。自分は運が良かったのではなく、腕が良いのだ、と。こう考えても、失敗するたびに評価を下げていくのなら、問題ないかもしれない。だが、私たちはそうはしない。相場が考えたとおりに動いたら、自分の頭は良いと思う。そうならなかったら、自分のせいではない、と失敗の言い訳をする。私たちは成功するたびに自己評価を上げていくが、失敗したときには上げるのを一時的に止めるだけ

だ。こうして、自己評価は「達人」の称号に向かって上がり続ける。

　行動ファイナンスの研究でおそらく最も故意に無視されている結論を、カーネマンは次のように要約している。「研究者の間ではほぼ認められていることだが、銘柄選びをしている人たちは自覚しているかどうかにかかわらず——ほとんどの人は自覚していないが——、運に賭けている。トレーダー自身は、非常に不確実な状況で経験に基づいて理にかなった推測をしていると思っている。しかし、極めて効率的な市場では、経験に基づく推測は当てずっぽうと同様に不正確である」。どうしてか？　競い合っている人々はだれもが同じ情報を持っているので、探すべきエッジ（優位性）がそもそも存在しないからだ。

　マーケットの新参者は貸借対照表を読み込み、経営陣の議論を分析し、ライバル企業からも話を聞くなどして、自分は先を行っていると思う。彼らは気づいていないが、同じことはだれもがやっているのだ。企業や相場の見通しを理解するだけでは、株価が今後どう動くかを賢明に判断することはできない。自分が知っていることは何であれ、他人も知っている。そのため、銘柄選びは、気まぐれな人間が自分の持つ情報で何をするかを推測することと違いがなくなる。先のことはだれも分からないので、私たちの判断は、無意味な経験に基づく推測にすぎなくなるのだ。私たちは大衆の一員と同様に勝ったり負けたりする。だが、たとえ運用成績が平均的でも、自分はほかのほとんどの人よりも上手だと思い込む。

　しかし、優れた手腕を持つ人々がいるという錯覚には、説得力があるものもある。例えば、１万人の投資マネジャーのなかで、５年連続で好成績だった上位313人にあなたが入ったとしよう。あなたは自分を誇りに思うだろうし、当然、ほとんどの人もあなたの実力を認めるだろう。だが、ナシーム・ニコラス・タレブはこれに賛成しない。彼は2001年に出版された著書『まぐれ——投資家はなぜ、運を実力と勘違いするのか』（ダイヤモンド社）で、あなたが出した結果は運が

良かったおかげとも言えることを示している。あなたは「それは違う」と、異議を唱えるだろうが、タレブの単純な実験を見てみよう。

投資マネジャーの年間損益がプラスになる可能性もマイナスになる可能性もそれぞれ50％という、公平なコンテストがあるとする。損益がマイナスになると退場になる。1万人の各マネジャーの1年目の損益をコイン投げで決める。表ならプラス、裏ならマイナスだ。すると、彼らのうちの5000人の損益はマイナスになって脱落するだろう。その後の年についても、同じことを繰り返す。1年目の終わりに残っていた5000人は、2年目の終わりに半分の2500人になるだろう。3年目の終わりには1250人、4年目の終わりには625人、そして5年目の終わりには313人が残る。タレブはこの実験の結論として、「公平なゲームをして、5年連続で利益を出したマネジャーが313人現れた。ただの運だけでだ」と述べた。

しかし、彼らは運が良かったとは言われない。彼らは優秀なマネジャーと称賛されて、おそらく雑誌の表紙を飾るだろう。「株で儲ける秘訣を公開」と題する記事にも取り上げられる。彼らは、「含み益がある銘柄を買い増しなさい。ただし、割安になったときに買って、購入単価を下げなさい」といった、矛盾した助言をすることもある。それはともかく、そうした記事には「生き残りバイアス」が見られる。これは成功した人や会社の特徴に焦点を合わせ、成功しなかった人や会社との比較はしないという誤りだ。ランナーが優勝すると、夜明け前から毎日、何時間も練習したからだと書かれて、負けたランナーも同じように練習していたことは無視される。運用成績が良い投資マネジャーはポートフォリオに組み入れた会社の社長に聞き取り調査をしていた、と記者は持ち上げるが、運用成績が良くなかった人も同じことをしていたことは無視される。

この投資界の勝者たちは称賛されて、引っ張りだこになるだろう。先行きが不透明な時期もたびたびあったことや、ほとんど何もコント

ロールできていないにもかかわらず、運良く乗り切ったことは、彼らのだれ1人として口にしないだろう。「勘に頼っているだけと認めるのは、大金が関係するときには特に歓迎されない。知っているふりをしながら行動するほうが、たいていは好まれる」と、カーネマンは書いている。

株式市場では、前から知っていたふりをしたり運に頼ったりすると、手腕があると評されることが多い。

パターン認識の限界

私たちはパターンを認識するように進化してきた。私たちはパターンを初めて認識すると、それにどう反応するのが最も良いかを学んで、次にそれが現れたときに備える。ぬれた路面はスリップしやすいので、慎重に運転するようになる。ストーブは熱いこともあるので、用心して近づく。ぬれた路面が特にスリップしやすくなくても、用心に越したことはない。ストーブの近くで気を付けるのも、けっして悪い考えではない。

それでは、どうして株式市場ではパターン認識がうまくいかないのだろうか？ それは、実際にはパターンなどまったくないランダムな値動きに、パターンを見ようとするからだ。また、相場にパターンがある場合でも、信頼に足るほどの再現性がないからだ。まったく異なる日でも、朝、昼、夜という基本的なパターンは変わらないように、まったく異なる相場の動きにも似た特徴が見られる。それらに接すると、私たちは見慣れたパターンだと直感的に気づいて、次に何をすべきかが頭に浮かぶ。だが、株価は新たなイベントに応じて、パターンとは別の方向にそれていくのだ。

確証バイアス

　科学ジャーナリストのマイケル・シャーマーはサイエンティフィック・アメリカン誌の2008年11月25日号で、このパターン認識をしがちな私たちの傾向について説明している。彼は、私たちの脳が自然界でパターンと見えたものに意味付けをすると指摘し、私たちの脳を「先入観エンジン」や「パターン認識マシン」と呼んだ。さまざまな現象が状況に応じて関係付けをされたり、されなかったりする。ストーブは熱いので気を付けたほうがよい、のように相互に関連があるところでそれに気づけば、貴重な経験となり、生き残って種が永続するように行動を変えることができる。私たちはパターンを見つけだすことにかけては、最も優れた種の直系だ。関連を見つけることは、現存するほかの動物とも共通する特徴であり、人間の核心をなす部分である。

　パターンを認識できるおかげで、私たちは生き残れたので、あらゆる状況でその能力に頼るのは当然である。だが、私たちはこれをどこまで使ってよいのか、よく分からない。そのため、信頼に足るパターンを生まない環境でさえ、それを使ってしまう。株式市場はそのような環境のひとつである。

　私たちのパターン探知力はとても高感度なので、単なるノイズにさえも無意味なパターンを見いだす。シャーマーはこの傾向をパターン指向性と名付けた。彼は2011年の著書、『ザ・ビリービング・ブレイン（The Believing Brain）』で、人はまず先入観を抱き、その後に根拠となる証拠を考え出すことが多いと主張している。私たちの「先入観エンジン」は知覚した情報を吟味してパターンを探し出し、自分の解釈に合うストーリーを作り上げる。先入観が強いときには、ストーリーはすぐに頭に浮かぶ。見えないアンテナが補強証拠の発する周波数をとらえるからだ。矛盾する証拠があっても、発する周波数が異なるので、アンテナはそれを拾わずに、先入観に合ったもっと確実な証拠を集めていく。このもっと確実な証拠によって、確信が深まる。す

ると、アンテナの感度が高まり、より多くの証拠が集まり、根拠がより確実になる、などと続く。このフィードバックループによって、先入観が人の心に永久に残ることもある。

このように、先入観に合う情報ばかりを選んで解釈する傾向は確証バイアスと呼ばれている。昨年の夏に株で損をしていたら、今年の夏はおそらく相場で用心をするだろう。株価がまた下げそうだと思っているので、アンテナを弱気の解説に向けて、先入観の補強になりそうな悪い経済データがないか探す。すべての情報を平等に扱うほうが役に立つのに、そうはしないで、すでに確信を深めたことを裏付けようとして、バイアスがかかるのだ。

予測妥当性ゼロ

このバイアスがあると、株式相場でどういう影響を受けやすいだろうか？　私たちはランダムなデータのなかにパターンを見て、その無意味なパターンから先入観を作り上げ、裏付けとなる情報を集め始める。相場の動きがランダムなために、パターンをうまく見つけられないときには、株価が上げる理由と下げる理由のそれぞれについて、納得のいくストーリーを考え出す。そして、両方のストーリーでバランスを取ろうとして、努力のかいもなく平均的なパフォーマンスで終わる。

カーネマンによると、「何らかのスキルを身に付けるためには、２つの基本的条件が必要である。ひとつは予測が十分に立つほど、環境に規則性があること。もうひとつは、その規則性を経験によって学ぶ機会があることだ。これら２つの条件を満たしているときに、直感はスキルに高められる」。株式市場はこれらの条件を満たしていない。なぜなら、「長期予測をする株式アナリストや政治学者は予測をしても当てにならない、予測妥当性ゼロの環境に身を置いているからだ。彼らの予測が当たらないのは、予測を試みるイベントが基本的に予測

不能だからである」。

　予測妥当性ゼロの環境、という言葉を頭に刻み込んでほしい。これは不吉そうな言葉だ。ウォール街でカーニバルの客引きが、「皆さん、予測妥当性ゼロの環境にようこそ！　さあ、勘を鋭くして！　退職後の年金が順調に増えますように！」とでも叫んでいるかのようだ。少なくとも傍観者にとっては、相場で何か面白いことが起きそうな感じだ。だが、引退後の生活がかかっている人々にとって、面白いことなど何もない。

　株式市場の「zero validity（予測妥当性ゼロ）」という言葉は、本書で私が繰り返し触れるキーワードである。本書ではこれを略した「ジーバル（z-vals）」という言葉をよく使うが、それは市場予測や推奨銘柄のアドバイスをしても50％は外れる専門家のことを指している。50％の失敗率については、次節で取り上げる。

　カーネマンは直感が信頼できるのは、環境に十分な規則性があり、その規則性を学ぶ機会があるときだけだと述べる。これらの条件が満たされていれば、直感は信頼できる。だが、株式市場はこれらの条件を満たしていない。ということは、今後の相場に関する直感は、あなた自身も含めて、だれのものも信頼できないということを意味する。

コイン投げによる予測

　これまでの説明で、50％のように、株式投資に関してとても都合が悪い数字である50を取り上げた。これほど平均的なものは得難い。また、プロも素人も含む、株式市場参加者に関するほぼすべての調査で、彼らは投資期間の50％でしか正しく判断できていないという結論が出ている。これはコイン投げで表か裏が出る確率と同じである。このために、株式投資についてコイン投げの比喩が使われるのだ。これは記憶にとどめるべき重要なポイントである。株式市場で人が振る舞う際

の根本的な弱点だからだ。私たちは投資の半分で予測を外す。この現実を株式相場の見方に取り込んでおき、どんなに信頼性が高そうでも、見かけるどんな予測やアイデアにもリスクを感じることが大切だ。

専門家たちはいつでも印象に残る。彼らは金融論の教授や大金を運用するマネーマネジャー、慎重に編集された紹介では、長年にわたって正確な判断をしてきた相場予言者、著名企業の社長たちだ。彼らは「何かを言った、どこかのだれか」とはけっして紹介されないが、実績からすると、そのように紹介されても仕方がない存在なのだ。

投資調査会社のCXOアドバイザリーはさまざまな専門分野に従事している68人の専門家を使って、2005〜2012年まで、アメリカ株式市場に関する6600近くの予測を追跡した。私はその調査の専門家の１人だった。予測には公文書から採られたものもあれば、2012年以降も含む最新の研究から採られたものもあった。最も古い予測は1998年末のもので、最新の格付けは2013年のものである。そのため、この調査は異なる環境で多様な手法を使った予測の典型的パフォーマンスを見るのに好都合である。それで、何が分かったのか？　予測の正確さは平均でわずか47％であり、コイン投げの確率よりも劣っていた。だが、人間のほうに好意的に解釈して、正確さの平均はコイン投げと同じで、50％あると認めよう。

コイン投げでは面白いことが起きる。ひとつは前に説明したように、５年連続で市場に勝った人の納得いく割合だ。５年連続で利益を出す人たちが偶然の結果であるはずはない、と私たちは思う。しかし、私たちのほうが間違っていた。ランダムというものは、私たちにはランダムに見えない。ランダムな動きにはトレンドが現れることもあり、想像以上に規則的に見えるので、相場が一方向に動き続ける理由を説明するストーリーを作りたくなるほどだ。例えば、コイン投げを続けると、表（H）か裏（ｔ）が続くのはよくあることだ（変化が分かりやすいように、ｔのほうだけ、小文字を使う）。ほとんどの人にとって、

図1.1　当初資金１万ドルでコインの表が出たら５％増え、裏が出たら５％減ることを示したチャート

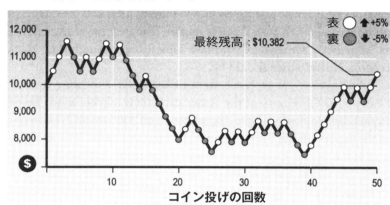

　HHHHHtttttのような動きは、HtHtHtHtHtほどランダムではないと感じるが、統計学的にはどちらも同じ頻度で現れる。
　こういったランダムな動きが株式相場に現れると、予測できそうに思うが、それは錯覚だ。それを示すために、25セント硬貨でコイン投げをして、スプレッドシートで作った**図1.1**を次に示す。私は資金１万ドルから始めて、コインを50回投げ上げた。表が出たら資金が５％増え、裏が出たら資金が５％減ることにした。チャートは50回、投げ上げたときの資金の変化を示している。
　これはいかにも、株式相場でありそうなチャートに見えないだろうか？　私にはそう見える。そして、資金が9000ドルを割ると、専門家が「明らかに下降トレンドだ」と言い、資金が１万1000ドルを超えて横ばいになったときには、賢い投資家がしたようにすべきだと提案する声が聞こえてくる。そのトレンドが8000ドルの水準で「底入れする」と、テレビ局は「8000ドルの攻防」と称して、強気筋と弱気筋を闘わせて楽しむだろう。前者は相場が底入れして、これから上昇すると主

張し、後者は「ファンダメンタルズはまだそこまで回復してない」から、さらに下げる前の保ち合いにすぎないと主張する。相場が9000ドルを上回ると、強気筋は言ったとおりだったでしょうと言い、弱気筋は下げるのも時間の問題だと言うだろう。

こうしたドラマはすべて、一連のコイン投げで得られるだろう。次は自分の仕事場でコイン投げをしたときのものだ。

HHH tt H t HH t H ttt H ttttt HH ttt HH t H t HH t H t H ttt HHHHHH t H t HH

連続で同じ面が何回、出ているかに注意してほしい。50回試しただけで、同じ面が3つ以上続いたことが6回あった。勝ち続けると、実際よりも自分には実力があると錯覚すると、前に言ったことを覚えているだろう。ランダムな動きでもこうした連続が現れるため、単なる運を誤って実力ととらえる根拠として取り上げられる。

ランダムウォーク

株式相場がいかにランダムな動きをしているかを調べた最も有名な著書は、バートン・マルキールの『ウォール街のランダム・ウォーカー』（日本経済新聞出版社）であり、1973年に初版が出てから何度も版を重ねている。ここまで本書を読んできた人々には、物議を醸すような考えではないと思うが、彼は次のように主張する。マーケットは効率的で、だれもが同時にすべてを知るので、あらゆる優位性は消え去る。そのため相場の変動にかかわらず、投資家はただインデックスファンドを保有しておくだけのほうが、長期的にはパフォーマンスが良い、と。インデックスファンドとは、株価指数を構成する銘柄を集めただけで、積極的な運用はしないファンドのことだ。投資家は業績が良い会社の選別に頭を悩まさずに、市場と同じパフォーマンスを得ることができる。

彼は2012年の第10版で書いている。「マーケットは非常に効率的に株の値付けをするため、目隠しをしたチンパンジーが銘柄リストにダーツを投げて選んだものでも、専門家が管理するポートフォリオと同じくらいのパフォーマンスを達成できる。過去40年を通じて、この主張はずっと説得力を持ち続けてきた。プロのポートフォリオマネジャーの3分の2以上が、何も管理されていないS&P500指数に負け続けているのだ」

先ほど、50個のコイン投げの結果をチャートで示したが、彼の「ランダムウォーク」という比喩は、これと同じことを指している。各コインの動きは直前の動きからも、もっと前の動きからも独立している。同様にすべての値動きはランダムで、苦労して予測をしても無駄だ。予測サービスに利用料を払い、利益見通しについて考え、複雑なチャートを調べても役に立たないので、どれも不要なのだ。

極めて不正確

だが、証券業界でそんな話を聞くことはけっしてないだろう。どんなアナリストもテーブルに着くと、自分は株についていくつかのバイアスや誤った考えを持つことがあるし、パフォーマンスは目隠しをされたチンパンジーがダーツを投げて選んだポートフォリオを下回った、と前もって警告することはない。そうではなく、彼は業界の成長率や、会社のこれまでの利益、経営陣が発表した大胆な新計画、それに、彼が妥当とみなした仮定に基づく今後の見通しを示すだろう。

愚かな仮定

問題は仮定にある。学生のころ、ある大学教授は、「皆さん、仮定をする（assume）のはダメですよ！　あなた（u）も私（me）もバカ（ass）になるだけですから」と、よく話したものだ。とは言え、確実なもの

が何もないなかで、アナリストはほかに何ができるだろうか？　投資目論見書には、「過去の運用実績は、必ずしも将来の結果を示すわけではない」などのように、将来の運用実績が保証されていないことを示す文言を入れなければならない。それは結構だが、それなら、まだ起きていない将来をどうやって分析するつもりなのかも、どうか書いてほしいものだ。私たちが知っているのは過去だけである。だが、過去が何の保証もしてくれない以上、過去に基づく予測には何の保証もない。

　アナリストは現在の価格が妥当だと仮定して、将来の価格を予測し、それらの値を変数に割り当てるしかない。彼らができることはそれだけだが、それらは本質的に不正確である。しかし、時には複雑な公式を使いながら、決まった答えが導き出されるため、私たちはそれらが正確だという幻想を抱いてしまう。公式を使えば、変数間の正確な関係を計算できるが、残念ながら、それらの値に予測力はまったくない。コンピュータープログラマーは、これを「ゴミを入れると、ゴミしか出ない」と言う。公式に入れる値の予測力が当てにならないなら、公式から導き出される結果の予測力も当てにできない。これが本当なら、公式に何の意味があるのだろう？

　私は経済学者についての、古くからある冗談を思い出す。それはこんなものだ。数学者と会計士と経済学者が同じ仕事に応募した。面接官は数学者に、「2足す2はいくつですか？」と尋ねる。数学者は「4」と答える。次に会計士を呼んで、同じ質問をする。会計士は、「2～3％の幅がありますが、およそ4です」と答える。最後に経済学者を呼んで、同じ質問をする。すると、彼は立ち上がって、ドアに鍵を掛け、ブラインドを下ろして、面接官の近くに座り、「どういう答えをお望みですか？」と、ささやく。経済学者を、株式の適正価値や将来の利益を計算する株式アナリストに置き換えても、この冗談はまだ通じる。

　知ることができない多くの変数があるのなら、ある銘柄の将来の価

値をだれかが推測しても、それが正しいかどうか疑うのは当然だろう。だが何と言っても、極め付きの不確実なものは、一般ニュースや個別企業に特有のニュースが将来に出たときの、マーケットの解釈や反応だ。たとえ、だれかがディスカウントキャッシュフロー分析で、すべての変数を正確に出して、ある銘柄の適正価格を割り出しても、株価は一度もその価格に近づかないかもしれない。会社の売上高や経費が予想とぴったり同じでも、株価は的確な変数によって割り出した適正価格から遠ざかっていくかもしれない。何が適正かを、だれが判定するのだろうか？　それは、あらゆる存在のなかで最も不安定なマーケットしかない。

　これは受け入れ難い考えである。株式価値や市場予測を計算するためになされる、極めて入念な作業には説得力があるからだ。立派なオフィスで、きちんとスーツを着て働いている人々は、何年も勉強をしたあと、夜遅くまで熱心に働いている。それがすべて無価値かもしれないという考えは、非常識にしか思えない。業界全体が幻想と誤った自信に包まれて、ただよっていると思うとがっかりだが、それは本当なのだ。これは早く知っておくに越したことはない。

公式に頼る愚かさ

　私たちは公式から導き出された結果を職場で信頼してきたので、株式市場で使われる公式にもだまされてしまう。株式市場のように、予測が当てにならない環境とは異なり、ほかの分野では測定できる規則性があり、長年の調査や訓練を重ねると、その規則性をきちんと理解できるようになる。健全な直感を養うためには、そうした条件が整っていることが必要だ、とダニエル・カーネマンは指摘している。

　医療分野は適切な予測ができる場の好例で、信頼できる公式を日常的に使っている。私は医学分野を株の世界に例えるのが好きだ。どちらも非常に大きなリスクにさらされるし、錯覚に陥りやすい人間の判

断で、難しい決定を下すしかないからだ。さらに、どちらも公式や計算を利用して、人間の判断で出した結果を改善しようとしているからだ。違いは、医療分野の公式は精度が高いために信頼感があるが、株の世界で使われる公式はコイン投げほどの精度しかなく、信頼できないことだ。これは医療で使われる公式ではいつでも安定した値が使われるのに対して、ほとんどの株に関する公式では、環境や時間しだいで変わる値を使うからだ。

　便利な公式に頼る医療分野に、妊娠と出産を専門とする産科がある。あなたは専門家が最も慎重に出した株の予測よりも、普通のドラッグストアで買える妊娠検査薬の結果のほうを信頼するだろうが、それは当然のことだ。妊娠検査薬は99％の精度だが、株に関する予測の精度は50％にすぎない。妊娠検査よりもはるかに不確実なことが多い出産でさえ、株式市場よりも規則性がある。

　1952年に麻酔医のバージニア・アプガーは医者が赤ちゃんの健康を評価できるようにと、単純な公式を考案した。この式は考案者に敬意を表すると同時に、確認する５項目──appearance、pulse、grimace、activity、respiration──の頭文字を取って、アプガースコアと呼ばれている。appearanceは皮膚の色で、蒼白の危険から、ピンク色の元気までの３段階で評価する。pulseは心拍数で、０から100以上までで評価、grimaceは刺激に対する反応を測定、activityは筋肉の緊張を評価し、respirationは呼吸の力強さを評価する。医者は赤ちゃんを見て、各項目を０、１、２のいずれかで点数を付け、それらを合計してアプガースコアを出す。７以上なら健康、４〜６は危険、３以下は非常に危険である。産科医は医者になってから何千人もの赤ちゃんを観察しているうえに、赤ちゃんの身体に影響する要素は限られているので、アプガースコアの各項目の評価はとても正確だ。同じように熟練した開業医でも、心拍数のように主観が入らない項目の判定は非常に一貫している。また、ほかの項目でもうまく判定できるよ

うになる。

　株式アナリストがマーケットに生まれる赤ちゃんの健康診断を任されたら、６カ月前から始めることになる。彼は赤ちゃんの何パーセントがアプガースコアの各項目に入るかを伝えて、母親の健康について話し合い、ある点数になりそうな理由を伝える。だが、その赤ちゃんが実際に生まれたときの点数はまったく分からない。とは言っても、それは彼の責任ではない。６カ月前に結果が分かる人など、バージニア・アプガーを含めてだれもいないからだ。それなのに、株式市場で生まれる赤ちゃんについては、だれもが６カ月前にそのアプガースコアを知りたがるのだ。医者は出産後にしか、あなたに点数を伝えられない。同様にアナリストも株価が出たあとにしか、それを伝えることはできないのだ。過去と現在のことを伝えるのはやさしい。つかみ所がないのは将来だ。

　アプガースコアが考案される前、医者は胎児の心拍数、羊水量などを測って、胎児がどれくらい元気かを判断し、死亡率を大いに減らせるほど正確に妊婦の健康診査をしていた。1990年代の調査では、改訂されたこの診査の偽陰性率（胎児が健康でないのに、誤って健康と判定する割合）は1000人の妊婦当たりわずか0.8人だった。それほどの正確さを株式市場で見つけられたら幸運だ。ウォール街での予測の偽陰性率は1000につき500くらいのものだろう。

　株式市場で使われる公式は信頼性が低く、間違ったアドバイスが出されることが極めて多い。そのたびに私たちは非常にイラ立ちを覚える。私たちは精度が50％にすぎない公式を、それ以上に高く評価している。ところが、ほかの分野とは異なり、２回に１回は大きく外れるためにあわてふためき、それも原因となって相場で痛い目に遭う。つまるところ、医療よりもマーケットでのほうがリスクが高い。医療と異なり、株はお金を扱うからだ。

知り得ないことは分からないと心得る

　投資に関する公式が信頼できないのは株式アナリストのせいだろうか？　だれにも分からないことで、アナリストを責めるのは不当に思える。一方で、彼らも限界を認めて、当てにならないと分かっている予測に基づいて、いい加減なアドバイスをするのはやめるべきだろう。
　『ファスト＆スロー』（早川書房）で、ダニエル・カーネマンはある投資会社で働く約25人の資産アドバイザーの8年間に及ぶ運用実績のデータを調査した。調査の対象となったスコアのデータは、年間ボーナスの算定で重視されていた。カーネマンは彼らの間のスキルの差を調べるために、運用実績によってランク付けをした。顧客に一貫して良いリターンをもたらした人はいただろうか？　彼は各年のボーナススコアと運用実績とのランキングの相関係数を計算し、合計28組の結果を得た。「私はこの推測のことは知っていたので、スキルに一貫性があるという結果はおそらく出ないとは思っていた。しかし、28組の相関係数の平均が0.01と知って驚いた。これはつまり、相関がゼロということだ。スキルの違いを示す一貫した相関関係は見つからなかった。ボーナスの額はスキルを競うゲームではなく、さいころ投げで得られそうなものに近かった」
　調査を行った彼とリチャード・セイラーが投資会社の経営陣に結果を見せても意外そうな顔はされず、そのことに彼らは驚いた。「これは彼らには衝撃的な知らせのはずなのに、そうではなかった」と、カーネマンはそのときのことを思い出して言った。その会社ではいつもどおりに仕事が進められ、生活と自尊心を脅かす情報はだれもが無視した。複雑な問題に対する彼らの慎重な判断は、運用実績の統計では分からない、直感的なものだった。経営陣の1人はあとになってカーネマンに、弁解するかのように言った。あなたは私たちの会社のためにきちんと仕事をしてくれた。その事実はだれもが認めざるを得ない、

と。カーネマンは失礼にならないように黙っていたが、「成功がほとんど偶然の産物なら、成功をどの程度、自分の功績にできるのだろう？」と心の中でつぶやいた。

　投資業界はお金を稼げるかぎり、けっして変わらないだろう。業界が変わることを期待しても無駄だ。それでも、私たちは投資業界が延々と出し続ける根拠のないアドバイスは無視して、自分を守るべきだ。彼らには将来のことは分からないし、彼らの顧客にも分からない。彼らは分からなくても報酬をもらうし、顧客は彼らが分からないせいで被害を受ける。

　株式市場のこの抜け目ない観察者は、結論としてこう言った。「株の将来も、業界の将来も、マーケットの将来も本質的に知り得ないものである以上、だれにも分からない。だが、私は知り得ないことは分からないと自覚していて、その不確実性のなかで自分のお金を増やす方法を見つけているという点で、ほかの人たちよりも賢くなれている」

　人生そのものが不確かなのだから、株式市場が不確かなのは当然だ。歴史のあらゆる転換点を思い浮かべてみよう。ある国が戦争で勝利しかけたときや、ある候補者が選挙で当選すれすれだったときや、あるチームが優勝に手が届きそうだったときのことを。あるいは、自分の人生で、成功しそうだったのに失敗したときのことや、招待を受け入れようか迷った揚げ句に断ったときや、良いはずのテストが悪かったときを。人生はそんな気まぐれで織り成されている。気まぐれが何に規定されているのかは謎である。

　株式市場の外では、将来はだれにも分からないという事実を突きつけられる。私たちは人生で、そんな不確実性を受け入れるようになるが、どういうわけか、株式市場では専門家なら将来が分かると思ってしまう。だが、将来は知り得ないので、彼らにも分からない。また、私たちにも分からない。私たちがこの事実を受け入れたときに、自分のお金を増やすもっと良い方法を考え始めることができる。

ベンチマークに勝てない根拠

　これまでの説明で、株式市場では、人が長期的に市場に勝てないことはほぼ明らかになった。いや、明らかではないと言う人のために、それを証明するいくつかの代表的な調査を見ておこう。

　ザ・ジャーナル・オブ・ファイナンス誌の2010年2月号に掲載された論文『フォールス・ディスカバリーズ・イン・ミューチュアル・ファンド・パフォーマンス（False Discoveries in Mutual Fund Performance）』で、ローラン・バラス、オリビエ・スカリエ、ラッセル・ワーマーズの3人の教授は、1975年から2006年末までの32年間において、2076人のファンドマネジャーがどういう成績を上げたか調査して、その結果を報告している。マネジャーの99.4％には銘柄選択のスキルがあるという証拠は見つからなかった。わずか2.4％のマネジャーに短期間、スキルがあると認められただけだった。調査した全期間で株式指数よりもパフォーマンスが良かったマネジャーは、たったの0.6％だった。教授たちはこの結果を、「統計学的にはゼロと区別できない」と述べている。さらに、「この20年で、スキルがないファンドマネジャーの割合が急増している一方で、スキルがあるファンドマネジャーの割合は大幅に減っている」。教授たちは、「パッシブ運用ファンドがますます増えている」のに、運用成績が市場平均以下のアクティブ運用ファンドを投資家が許容していることに「とまどって」いた。本書で紹介する年金積立プランでは、経費を抑えてパフォーマンスを上げるために、パッシブ運用ファンドを使う。

　アクティブファンドが負ける理由のひとつは、パッシブファンドに勝つために必要な勝率が非常に高いことにある。1990年のノーベル経済学賞の受賞者であり、リスクをとったときの投資パフォーマンスを測るためにシャープレシオを考案したウィリアム・シャープは、ファイナンシャル・アナリスト・ジャーナル誌1975年3～4月号の『ライ

第1章　なぜマーケットでとまどうのか

図1.2　275本の勝ち組ファンドがそれぞれのベンチマークを下回った年数の分布

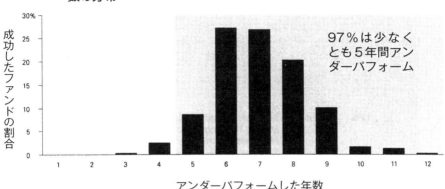

出所＝バンガードグループ

クリー・ゲインズ・フロム・マーケット・タイミング（Likely Gains from Market Timing）』で、この点について書いている。彼はアクティブファンドが同じリスクをとるパッシブファンドに勝つためには、74％の勝率が必要になることを発見した。3つのうち2つなら悪くない、という古い言い回しがあるが、株式市場ではそれではダメなのだ。4つのうち3つはうまくいく必要があるが、それを達成できる人はほとんどいない。

2013年7月に発表された論文、『ザ・バンピー・ロード・トゥー・アウトパフォーマンス（The Bumpy Road to Outperformance）』で、投資会社のバンガードは確認している。「平均すると、アクティブ運用をする株式投資信託はそれぞれのベンチマークを下回る」ことを「かなりのリサーチ」が示している、と。シカゴに拠点を置く投資リサーチ会社のモーニングスターは自社のデータを使い、1998〜2012年にアメリカでアクティブ運用された株式ファンド1540本を調べた。する

と、そのうちで繰上償還されなかったファンドは55％だけで、それらの３分の２のパフォーマンスは各ベンチマークを下回っていた。調べた1540本のうちで、繰上償還されることなく、各ベンチマークよりもパフォーマンスが良かったのは275本、つまり18％だけだった。それら275本の勝ち組ファンドのひとつを保有するのはたやすかっただろうと、少しでも思わないほうがよい。バンガードによると、「それら275本のファンドのうちの267本、つまり97％は少なくとも５年間、それぞれのベンチマークに負けていた。そして、60％以上が７年以上も負けていた」。**図1.2**は、275本の勝ち組ファンドがそれぞれのベンチマークを下回った年数の分布を示している。

　残念ながら、これはバンガードの発見のうちで、最も当惑するものではなかった。「多くの投資家にとって、３年連続でベンチマークを下回ればもう限界で、そのファンドを解約する」点に注意して、バンガードは連続してベンチマークを下回った年数を調べた。すると、「15年間、繰上償還されずにベンチマークに勝っていて、３年連続で負けた期間がなかったファンド」が絞り込めた。結果は「全1540本のファンドのうちで、これらの基準を満たしたのはその６％に当たる94本にすぎなかった。言い換えると、この期間にベンチマークを上回ったファンドの３分の２は、少なくとも３年連続でベンチマークに負けていた時期があった」ということだ。バンガードは次の画像で、勝ち組の割合がいかに小さいかを示している。

　このような調査は本書の最後まで引用できるほどあるが、もう要点は分かっただろう。投資マネジャーの圧倒的多数は市場平均に負ける。また、勝ち組のマネジャーでさえ長く負け続ける時期があるために、彼らが最終的に成功する前に、多くの投資家はふるい落とされてしまう。そのうえ、マネジャーのほんの一部しか、ベンチマークを上回らなかったことが分かる。この結果は現在の私たちにどう役立つだろうか？　役に立たない。将来、だれが勝者になるか、知りようがないか

図1.3　15年間、繰上償還されずにベンチマークに勝ち、3年連続で負けた期間がなかったファンド

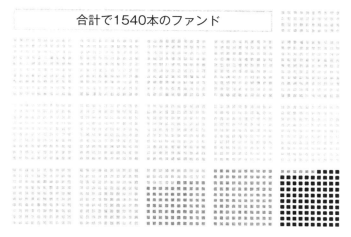

全1540本のファンドのうちの6％だけが繰上償還されずに、ベンチマークを上回り、3年連続でベンチマークに負けた時期もなかった

出所＝バンガードグループ

らだ。

ピーター・パーフェクトを呼び出す

　さあ、異常者を紹介するときだ。彼の声を聞くと、株価の予測や売買タイミングについて適切な結論に達するのが難しくなる。ピーター・パーフェクトに会ってみると、それが分かる。彼は、私たちが株式相場の天井と底に注意しながら過去のチャートを見ているときに、

ささやきかける悪魔の声だ。ピーターは尋ねてくる。「そこの天井で売って、その底で買い、次の天井で売って、その次の底で買っていたら、どうだっただろう？　素晴らしい利益になったのでは？」と。つまり、ちょっと時間を取って、ピーターが常に成し遂げるように、完璧な売買ができたときのことを頭に思い描くのだ。

彼はあなたの正体を知っている

　ピーターは私たちが持っているあらゆるバイアスを餌食にする。彼は知っている。私たちがそれらの天井や底を見て、今になって分かることを、そのときに分かっていた、と後知恵で考えるということを。私たちは間違えたときのことは忘れて、成功したときのことは覚えていて、自分の能力を過大評価する。このことを彼はよく知っている。ピーターは次のように尋ねることもある。「S&P500がそこの高値に近づいたとき、そろそろ危なそうだと、うすうす感づいてなかったかい？

　きっと、気づいてたと思うよ。いつもなら、いい勘してるからね」。あなたは彼の話を聞いて、気づくとうなずいている。「実は、相場がその天井に向かっていたとき、落ち着かなかったんだ。たしかに、順調すぎるなと思ってた。売ろうかなと思っていたんだ」。ピーターはにっこりして、あなたの肩をたたき、大声で言う。「そうだったよね！

　あのときは正しく判断していた。だから、次もきっと正しく判断できるよ」

　問題は、そのときの判断は間違っていたので、次もおそらく間違えるということだ。あなたは売ろうかとは思ったが、実際には売らなかった。しかし、ピーターは分かっている。売ろうかと思っていたことを覚えてさえいれば、振り返ったときに、うまく売れたと思い込むということを。彼は売買タイミングが完璧だった場合の結果を、あなたの実際の結果や退屈な株価指数の動きと絶えず比べて、あなたも完璧

図1.4　ピーター・パーフェクトの架空のトレード史（2006/1～2008/5のS&P500）

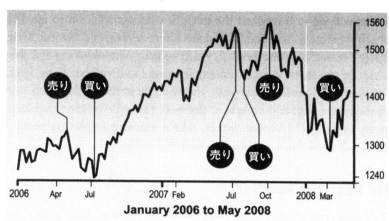

を目指すようにと提案して、売買タイミングを計るように促す。

　実際の相場の歴史と、ピーターがどういうごまかしをするかを見ておこう。**図1.4**は2006年1月から2008年5月までのS&P500のチャートだ。

　この時期にピーターの頭に浮かぶのは、2006年4月末に1320で売ることだ。「5月に売ってマーケットを去れ、という格言はだれでも知っているからだ」。彼はS&P500が1250だったときに、その年の投資を1万ドルで始めていた。売ったあと、4カ月で5.6％というかなりの利益を得て、資産は1万0560ドルになった。

　S&P500が1240まで下げた7月初めに、1万0560ドルをすべてつぎ込んで、再びこの指数を買った。それまでの下げが「急できつすぎた」からだ。彼は2007年2月の天井まで持ち続け、その後の短期の急落でも売らなかった。「その下げはあまりにも急だったので、明らかに買われ過ぎによる圧力を解放しているだけだった」からだ。たしか

49

に、ピーターは２カ月もしないうちに、２～３月のマイナス分をすべて取り戻した。このちょっとしたマイナス分が話題に上ることに注意しよう。私たちは本当に完璧なパフォーマンスというものを疑わしく思っている。それでも、ピーターかだれかの運用結果にちょっとした失敗が２～３回あっても、勝率の高さに感心して、失敗のほうは大目に見がちだ。

　ピーターはさらに先へ進む。前の買いから１年後の2007年７月初めに、1550で売る。１万0560ドルの資産は25％増えて、１万3200ドルになる。これは驚異的な年間成績だ！　もっと驚きなのは、相場が1440まで下げた月末に、その１万3200ドルすべてを再投資したのだ。「それほど短期間に急激に下げすぎると、伸びきったゴムバンドと同じで、反発するのは分かっていた」と、ピーターは言う。実際、相場はそんな動きをした。そして、ほんの２カ月後に、相場が「少し高すぎる気がした」ので、10月初めに1560で利益を確定した。わずか２カ月で１万3200ドルは8.3％増えて、１万4300ドルになった。

　それから、2008年３月に1290の安値を付けるまで、彼は「ほかのすべての賢い投資家たちといっしょに」様子見に徹していた。11月と１月の２回はかなりの反発を逃したが、「ふん、すべての機会をとらえるのは無理な話だ」と、肩をすくめる。あなたは彼のその正直さがちょっと気に入る。彼が買おうと決めたのは３回目の底で、それは正しい選択だった。彼は2008年３月に1290で、１万4300ドルの資産を投資した。そして、あなたが2008年５月初めに彼と話したとき、相場は1410で、彼の資産は9.3％増えて、１万5630ドルになっていた。

　ピーター・パーフェクトはこの28カ月に６回しか動かずに、１万5630ドルという見事な成績をものにしている。チャートを見ると、そう動くのはもっともだったと、あなたは気づく。こんな大きな天井や底が分からない人なんて、いるだろうか？　ピーターは正しく動いたし、あなたも正しく判断した。バイ・アンド・ホールドの投資家や平

凡なインデックス運用者は、2006年にピーターと同じ１万ドルで始めても、わずか１万1280ドルにしかならず、彼の１万5630ドルには遠く及ばない。彼らの利益はたったの12.8％だったが、彼の利益は56.3％だった。彼は小さな動きをとらえていれば、もっとうまくやれたんだけど、と秘密を漏らすかのように口をはさむ。「まあともかく、少なくとも大きな動きはとらえた」と、彼は言う。「それは確かだ」と、あなたは思う。

ピーター・パーフェクトはどこにでもいる

　彼はこんな風にあなたに話しかけて、影響を及ぼすのだ。彼がピーター・パーフェクトと呼ばれることはめったにない。実生活では、彼は知ったかぶりをする、いとこのランディかもしれないし、経理のグレッグ・アギレラかもしれない。あるいは、食後の会計のときになると、酒代を払うそぶりを見せるだけのボウリング仲間の例のおしゃべりかもしれない。または、天井か底を当てて、マスコミに最近取り上げられた幸運なテクニカルアナリストかもしれない（ところで、ピーターが女性のことはめったにない。女性は男性ほど、自慢話や株式相場の話はしないし、話すときは男性よりも正確である）。

　とりわけ、ピーターはどこの経済専門のマスコミにとっても魅力ある優れた評論家だ。上昇相場では強欲を、下落相場では恐怖をあおるマスコミにとって、彼は頼りになる理想的な人物なのだ。ほぼすべての株式リポートの行間に、「今の相場にもっとうまく乗れていたらなあ、と思ってませんか？」というメッセージが込められている。これに対する返事はいつでも、そう思っている、だ。後知恵で抱く錯覚を除けば、だれもピーターの完璧さには遠く及ばないからだ。それで、彼は特集記事で幸運なテクニカルアナリストとして登場し、コイン投げと同じ程度の予測しかできないのに、勇敢で、大胆で、先見の明が

あると紹介される。その後、勇敢さも、大胆さも、先見の明もないと分かると、追跡記事は飛ばされる。その代わりに今、大胆にコインの「表（上昇）」と叫んでいる男が紹介される。

　例えば、2013年5月2日のウォール・ストリート・ジャーナル紙の「マネービート」の記事では、チャーチストとして登場するピーターのコイン投げ並みの予測を検討している。「ある勇敢なチャーチストは、今が天井と判断している……。そう判断するのは、特に今の相場環境では勇気がいる。S&P500は6カ月連続で上昇中――これは2009年9月以降で最も長い――で、過去17カ月のうちの14カ月で上昇している……。『これらの指標のすべてが納得いくもので、今が天井と判断するのに十分だ』と、このチャーチストは言う」

　きっと、この勇敢な「コイン投げ師」はここ6カ月連続の上昇で、相場を正しく判断したのだろう。違うだろうか？　実は違っていた。相場が長期にわたって「表（上昇）」を向き続けていたときに、彼は「裏（下落）」と繰り返し判断していた。それなのに、彼の勇敢さがたたえられていたときに、そのことに言及されることはなかった。勇敢にも天井と判断する約2カ月半前の2013年2月中旬に、彼は「S&P500の今後3〜6カ月は中立の見通し」というリポートを顧客に送り、「86％が強気と判断している現状から、私たちは最大の上昇はすでに達成されたと考えている」と書いた。この弱気の発言からウォール・ストリート・ジャーナルで紹介された弱気の発言までの11週で、S&P500は5％上昇した。彼は2月に「裏（下落）」と判断して間違え、5月に再び「裏」と判断した。彼は今後も相場が下げるまで、「裏」と言い続けて、自分の判断は正しかったと言うだろう。だから、経済専門のマスコミは、彼を勇敢だと評したのだ。

　私はウォール・ストリート・ジャーナルや、このピーター・パーフェクトの化身のあら探しをしているわけではない。ほかの出版物でも同様のストーリーを載せているし、ほかにも彼と同じく、コインの裏

を出していたアナリストはいる。勝率は50％なので、もちろん、コイン投げ師たちの予測でも、当たることはある。そのときは当然、彼らはマスコミから称賛される。彼は「裏」が出るまで、「裏」と言い続けて、やがて判断が当たり、自分やまだゲームに参加していない人に、彼の予測はかなり当たると信じ込ませることができるだろう。彼にはその機会はいくらでもあった。彼が勇敢にも天井と判断した5月2日から6カ月後に、S&P500は11％上昇していて、まだ上げ止まってはいなかった。1年後には18％上昇していて、まだ上げ続けていた。

娯楽としての価値は別にして、ここで明らかになったポイントは、この予測ゲームで私たちのお金を運用することはけっしてできないということだ。経済専門のマスコミはにおわせる。予測は当たる。ほかの人たちはもっとうまくやっている。あなたも自分の腕を試して、正しい動きをすべきだ。だれもが完璧を目指してピーターや彼の友人に追いつこうとすべきだ、と。そして、私たちはわくわくする。

だが、思い出そう。ピーターの完璧な記録は実際には存在しない。そして、プロのマネーマネジャーである彼の友人たちのほとんどは市場に負けている。あなたがアナリストやチャーチスト、カリスマ、あるいは株式市場のプロとされる名称を表す言葉に出合ったら、「コイン投げ師」に置き換えることだ。予測について読んだときは必ず、50％という、相場用語で最も重要な言葉を唱えよう。ピーターは至る所にいる。そして、彼の言葉を聞くと、売買タイミングを計りたいという誘惑に駆られる。

ピーター・パーフェクトはすべての株式市場の結果を完璧だったかどうかで判断する。驚くには当たらないが、結果は常に不十分だ。だれも安値で買って、高値で売ってはいない。こんな話は多くの株に関する本や記事では見かけない。たとえ、はっきりとは言わなくても、株式投資を奨励する記事などが示唆しているのは、相場ではもっと儲かる可能性があるので、もう少し正しく判断できれば利益をものにで

きる、ということだ。しかし、それは無理なのだ。あなたが大半のプロのマネーマネジャーに似ていれば、約半分はうまくいっていただろう。それでも、高い手数料を払い、何枚もの税務申告書類を作り、市場に負けている間は強いストレスを感じるだろう。

　だが、ピーター・パーフェクトにとっては、どうでもよいことだ。彼は完璧にやれたら、どれだけの利益になるかを気づかせて、売買タイミングを計るという落とし穴に誘い続ける。不確実な株式相場を進むための賢明な３％シグナルプランにたどり着いたときには、私たちの結果を完璧ではないが現実的な数字と比べて、ピーターに影響されないように気を付ける必要がある。現実的な数字はマスコミにとって退屈なので報道されない。だが、マスコミは無視して、ピーターの誘惑に乗らないようにすれば、大きな満足感と市場平均を上回る利益が得られる。

　「相場はどっちに向かってる？」と尋ねられたときに、「どうでもいい」と答えれば、ピーターたちは激怒するだろう。

私たちの考えと現実

　社会で成功した人々にとって受け入れ難い、この章の結論を述べるときが来た。株式市場は頭が良くて、当然ながらプライドも高い人々を引き付ける。彼らはその知性のおかげで、クラスで一番になり、一流大学に進み、仲間や世間から認められ、大手企業や病院などの組織で高給を取る地位に就き、地元で評判になる。そして、人目を引く家や車を手に入れる。投資家は人生の勝者であり、平凡な結果には慣れていない。マーケットだからといって、彼らがそんな結果を受け入れられるだろうか？

　もちろん、実際には、「彼ら」とは「私たち」のことだ。あなたも私も自分が達成してきたことを誇りに思っているし、自分の能力にプ

ライドを持つようになっている。私たちは株式市場でも、平均を上回る結果を出せると思っている。これまでも、難題に立ち向かって成功してきた。経験を十分に積めば、同じように市場にも勝てるはずだと考える。

　人間が生まれつき持つちょっとした問題やこだわりのせいで、株価の予測は将来の予測とはどこか違うという考えに陥る。だが、違いはない。来月、株価が上昇するという予測は、赤ちゃんが自分の町で来月の第3火曜日に生まれるという予想や、来年の初雪の日の予想と同様に信じられない。これらの予想の確率はそれぞれ異なるが、どれも不確実であることに変わりない。私たちは赤ちゃんの誕生日や天気の予想は不確実だと感じるが、株式市場の不確実さはすぐに見逃す。私たちがだまされるのは、投機がリサーチの仮面をかぶっているからだろう。遠い将来の赤ちゃんの誕生日や初雪の日を予想している人たちが、チャートや表を含む、ぶ厚いリポートの最後に予想をしていれば、おそらく私たちはそれらも信じるだろう。だが、彼らはそんなことはしない。彼らは勘で言っているだけで、自分でもそれは分かっているからだ。

　株式市場という向上を拒む分野で、自分の腕とパフォーマンスを向上させようと、長年にわたってけなげに努力している人もいる。彼らは相場のサイクルを逃すたびにストレスや欲求不満を感じる。そして、多くの人はかなりの年になってようやく、人生の限られた時間を無駄な努力に費やしてしまったことに気づく。そんなことに価値はないと気づくまでに、ピクニックや休日、旅行や特別な夕食、卒業式や結婚式や記念日をどれだけふいにして、予測をしても無駄な株式市場にのめり込んでいたことか？　株式投資でストレスが高まると、ほかのことが何も見えないほどの悩み事になることもある。うまくいかないと、無意味な失望が心に潜む。さらに悪いことに、問題を悪化させずに解決するにはどうすべきかよく分からないことに気づく。

想像してみよう。日曜日に家族と散歩していて、天気や雑談を楽しんでいるはずなのに、重圧が肩にかかっているときを。「気持ちが良い天気ね？」と妻が語りかける。あなたはうわの空でうなずき、作り笑いをするが、「株価はいつ下げ止まるのだろう？」と、思っている。「こんな散歩にはもっと出かけたいわね」という声を聞くと、そうだねと答えるが、「お金は毎日消えている。これは油断できない」と、考えている。

しかし、こんなストレスに悩む必要はない。ここで、私たちのプランが登場するからだ。

この章の要点

私たちが株式相場でうまく売買タイミングを計ることができないのは、自分の限られた経験で、もっと大きく複雑な動きをとらえたと誤解するためだ。私たちの記憶はしだいに書き換えられるので、今になって知ったことを、過去にも分かっていたと思い、運を実力と勘違いする。株式相場では、過去に起きたことが必ずしも繰り返されるわけではない。そのため、直感を磨くことはできないし、予測をしても当てにはできない。そんなパターンなど何もない環境で、私たちはパターンを見てしまう。この章でカギとなる情報は次のとおりだ。

- パターン認識は生活のほとんどの分野でうまくいく。同じことが繰り返し起きて、信頼できるルールが当てはまるところで使っているからだ。そのため、私たちは株価でもパターンを探すが、かえって害になる。資産価格の変動は決まったパターンに従わないからだ。
- 自尊心とあいまいな記憶のせいで、私たちは後知恵バイアス ── 初めから知っていたという思い込み ── に陥りやすい。私たちは誤解していたことを忘れるか、間違っていたのは自分ではなく、相

場のほうであり、相場が自分の予想していたように動くべきだったと、屁理屈をこねる。
- 私たちは運を実力と勘違いして自分の能力を過信し、その後の思いつきにもっと多くの資金を投じて失敗し、それまでの利益をふいにする。
- 株式市場への参加者の勝率は、コイン投げと同じ50％しかない。私たちにはパターンを見つけようとする傾向があるため、この五分五分の確率というランダムな環境でも、うまく予測できると錯覚する。
- 投資マネジャーの圧倒的多数は市場平均に負ける。また、勝ち組のマネジャーでさえ、長く負け続ける時期がある。そのため、彼らが最終的に成功する前に、多くの投資家はふるい落とされてしまう。
- 株式投資の業界は、私たちが上手に投資できるようになると勘違いをさせるのが得意だ。彼らのやり口は、過去を振り返ると、完璧な判断をするために必要な情報は重大な局面ですべて得られていた、と示唆することだ。ただし、どの情報が正しかったかは、あとになってからしか分からない、ということは伝えない。

第2章
相場の変動を利用する
Harnessing Fluctuation

　株式市場で何がうまくいかないかは分かったので、今後はうまくいく方法である３％シグナルを見ていこう。今後は当てにならない予測をするジーバル連中は無視して、このシグナルを年に４回使うだけでうまくいくシステムに焦点を合わせる。

　この章では初めに、このプランの概要を述べる。次に、価格の変動について調べる。３％シグナルという弾丸が飛ぶには、火薬の働きをするこの相場の特性を知っておく必要があるからだ。株式相場の向きは「上昇」「横ばい」「下落」の３つしかない。相場は向きを変えながら、気ままに動いていく。この予想がつかない変動のなかで、私たちは買値よりも高く売って、利益を得る必要がある。この手順を計算で自動化すれば、ランダムな値動きでさえうまく利用できる。この点は、前章で見たコイン投げを再び取り上げるときに分かる。コインのどちらの面が出るかを事前に知ることはできないが、出た面によってどう対応すればよいかは分かる。

　この意味で、変動は素晴らしい。売買から利益を得るためには、価格が動く必要がある。そうでないと、株式市場にお金を投じても、利子の付かない銀行口座に預けて引き出すのと変わらなくなる。ただし、私たちには予感で動くという習性があるが、この予感が外れると、変動はぞっとするものになり、株や投資信託やETF（上場投資信託）

を買値よりも安く売るはめになる。3％シグナルを用いれば、安く買って高く売ることで、相場の変動に理性的に対応できるようになる。

3％シグナル

3％シグナルには6つの要素がある。ここではそれらを簡単に見て、全体像をつかんでおき、以降でそれらの詳細やうまくいく理由、それに最も重要なことだが、どれほど素晴らしい働きをするかを説明する。6つの要素は次のとおりだ。

●定年まで、資金のほとんどを振り向ける成長性が高い資産
●残りの資金を振り向ける安全資産
●成長性が高い資産と安全資産との資金配分の目標
●利益目標の水準にリバランスをするときの安全資産の割合
●成長性が高い資産に資金を配分し直すタイミング
●成長目標

これらの要素は柔軟に決めることができる。例えば、成長性が高い資産は大型株ファンドでもよいし、ハイテク企業など特定業種に焦点を合わせたファンドでもよい。あるいは割安株を選別して、それらに投資するファンドでもよい。安全資産はMMF（マネー・マーケット・ファンド）でも、債券ファンドでもよいし、価格変動があまりないほかのファンドでもよい。配分については、安全資産と成長性が高い資産とに二等分してもよいし、どちらかの配分を増やしてもよい。成長性が高い資産と安全資産との比率を20対80にすれば非常に安全だろうが、資産はあまり増えない。一方、比率を80対20にすれば、資産は大きく増えるだろうが、資産の変動は大きくなる。タイミングの要素では、株式ファンドへの資金配分を成長目標の水準に戻す頻度を、毎月、

毎四半期、毎年、あるいはその他のペースに指定する。成長目標は１カ月当たり２％、１四半期当たり４％、１年当たり11％など、好きなように設定できる。

　今後の章で、これらの要素をさまざまに組み合わせた例について見ていくが、私が基本プランと呼んでいる、長く使える組み合わせがある。これは現役で働いている人がほとんどの期間で使えるプランであり、私が３％シグナルと言うときはこれを指している。基本プランの要素は次のとおりだ。

●成長性が高い資産には小型株ファンド
●安全資産には債券ファンド
●株式ファンドと債券ファンドで目標とする配分比率は80対20
●債券ファンドの割合が30％に達したときに、80対20にリバランス
●資金を配分し直すタイミングは四半期ごと
●成長目標は四半期で３％

　各四半期の終わりに、株式ファンドの残高を見る。残高がぴったり３％増えていたら、何もしない。３％を超えていたら、超えた利益分を売って、債券ファンドを買い増す。３％までは増えていないか逆に減っていたら、債券ファンドを売り、その資金で株式ファンドが３％成長していたとする残高まで買い増す。こうして、価格変動から機械的に利益を得ていく。

　チャートに、右肩上がりの３％シグナルラインが引かれていると想像してほしい。各四半期の終わりに、株式ファンドの残高はシグナルラインの上下、どちらかに位置するだろう。残高がこのラインを上回り、利益が目標を超えている部分を濃い灰色に、下回っていて利益が目標に達していない部分を薄い灰色にすると分かりやすい。四半期ごとにすることは、目標超過分を売るか、目標未達分を買い増して、株

図2.1　3％シグナルラインを超える金額分を売り、下回る金額分を買い増したチャート

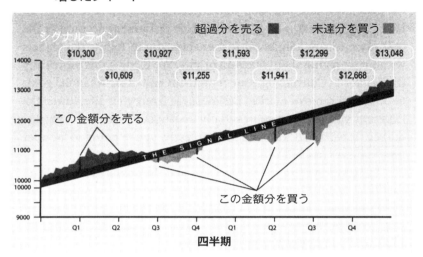

式残高をシグナルラインに戻すだけだ。それを図示すると、**図2.1**のようになる。

　この単純なシステムによってノイズが取り除かれ、株式市場のベンチマークに勝つことができる。あなたは株価がどう動きそうかについて、自分の考えも含めて、だれの考えも聞く必要はないし、聞きたいとも思わないだろう。このプランでは、今後に何が起きそうかを予測するのではなく、実際に起きたことに応じてリバランスをする。そのために必要なものは、四半期末の終値だけである。予測ではなく、確定した数字で動くのがこの手法だ。専門家と呼ばれる人々の話を何も聞かずに、彼らよりも良いリターンを達成できる。３％の成長率を基準に利益を確定していくので、必要な作業はわずかでストレスもほぼ受けない。このプランを使えば、必要な資金を蓄える作業のかなりを自動化して、本業に専念できるようになる。

以降では、３％シグナルの要素を見ていく。また、パフォーマンスを高めるために、２つの要素を付け加える。それは、暴落後の上昇時期に株にすべての資金を配分し続けて、「売りシグナルを無視」するルールと、急落時の買いシグナルで、底値買いをするために必要な資金が不足したときの予備の口座だ。

　３％シグナルで資産運用をするために必要なものは、小型株ファンドと債券ファンドという、２つの低コストのインデックスファンドだけだ。そのため、401kでも、IRA（個人退職積立勘定）でも、普通の証券取引口座などのどこで資産運用をしていても、このプランを実行できる。３％シグナルプランを実行するのに最もふさわしいのは退職積立勘定である。利益が出たときでも、税金の心配をしないで売りシグナルに従えるからだ。この点については、第６章で詳しく説明する。定年退職後の生活などに備えて資産運用をする場合、３％シグナルに任せると、市場の動向に神経を使わずに暮らせるようになり、支払う費用も減り、運用実績は大幅に向上する。この手法は非常にうまくいき、努力も要しないので、この手法を使わずにこれほど成功できただろうか、と将来になって思うだろう。

　注意をそらすアナリスト連中の予測や、ほとんどの投資手法につきまとう、判断を誤ったのではないかという不安に別れを告げよう。そして、１年に４日だけ時間を取って、合理的な計算をすれば、どんな推量もしなくて済む。これが真に賢い投資家の投資法であり、あなたが使うことになる手法だ。

大きな値動きは好機

　株価が横ばいしても、利益に結びつかない。私たちが欲しいのは高値や安値を付ける相場だ。投資家の仕事は、高値と安値の間で必ず起きる変動を相場の自然な波と認めることだ。マスコミはこの動きを、

スリルと苦悩に満ちた感情的な物語に仕立て上げる。だが、それらを取り除いて、単に安値は買い時で高値は売り時としてとらえるようになれば、大きな値動きは私たちの味方になる。

　残念ながら、私たちはもともとノイズを無視するのが得意ではない。ノイズをとらえて、聞いたことを伝えたがる友人や家族を無視するのはもっと苦手だ。経済専門のメディアは信用できる専門家や興味をそそる証拠を出して、説得力に富む主張をする方法を知っている。彼らは市場を測定する何らかの値を根拠にして、それらが歴史的に見てかなりの水準に達したと主張することが多い。例えば、NYSE（ニューヨーク証券取引所）の出来高が過去18カ月で最大になったという記事に出合うかもしれない。投資家はこの情報から重要な結論が得られるはずだと思い込むが、それは自分で考えるしかない。このときに、株価が大幅に上昇か下落していたら、適当な方向に動きたいという心理に陥りやすい。専門家たちは、弱気のときには「下げ一服」や「好材料は織り込み済み」、強気のときには「上昇余地あり」や「悪材料出尽くし」など、手あかにまみれた決まり文句を使い回しながらあおり立てる。

　本当に知っておくべきことは、値動きは利用するものだということだけだ。価格がなぜ上げ下げしたかは重要ではない。単に、上げるか下げるかしただけのことだ。上げようが下げようが、その後の上げ下げの確率にはまったく影響しない。人が知り得るのは起きたことだけで、今後に起きるかもしれないことではない。どんなことも起きる可能性があるのに、わざわざ推測する意味があるだろうか？　そんなことは専門家に任せておけばよいのだ。

　投資対象の値動きが大きいほど利益を得られる機会は増えるが、ストレスも強く感じる。値動きが小さいと、心理的には楽だが、利益はあまり出ない。値動きが大きいと、心理的にはつらいが、大きな利益を得ることも可能になる。ほとんどのプランナーはボラティリティ（価

格の変動幅）が小さい資産と大きい資産をバランスよく組み合わせるようにと提案する。資産価格が安定した前者を持っていると、パフォーマンスが良い後者に安心して投資し続けることができるというのが彼らの主張だ。

　私は別の手法を提案する。ボラティリティが高い資産に投資し続けるために、ボラティリティが低い資産に頼るだけでなく、ボラティリティをうまく利用するために機械的に実行できる仕組みを加えたほうがよい。そうすれば、安く買って高く売る仕組みを気持ちよく自動化できるので、大きな値動きは苦しいものではなく、面白くて楽しいものになる。私たちは損を心配したり、もっと利益を得ようと欲を出したりを繰り返すのではなく、安心して投資し続けられるようになる。

　自動化の効果に安心できるようになると、値動きが大きな銘柄に投資をして、長期的なパフォーマンスを向上させることができる。値動きが大きいと、ほとんどの人はプランからふるい落とされるため、こうした方法を勧めるプランナーはまずいない。これは、ほとんどのプランに安値で買って高値で売る仕組みがないからだ。私のプランにはそれがあり、大きな値動きを自動的に管理できるため、価格が大きく変動しても、プランに従い続けるのがはるかに楽になる。これがやがてはパフォーマンスの向上につながる。その理由は２つある。ひとつは、値動きが大きな銘柄のほうが結局は上昇するからで、もうひとつは、機械的に安く買って高く売れるために、高いパフォーマンスをさらに高めることができるからだ。

　値動きが大きな銘柄のなかでも、どういうものを使うかはあとで説明する。今は、ボラティリティをうまく利用すれば利益になるということが分かればよい。それは恐れるものではないのだ。破産しない投資対象であれば、価格の下落はあとで利益を得るために資金を配分する機会にすぎなくなる。これは分かりきったことだと思うかもしれないが、日々の上げ下げの予測では忘れ去られる。この本を読み終える

ころには、大きな値動きによって今後もたらされそうな価格ではなく、すでにもたらされた価格に焦点を合わせられるようになるだろう。自動化が利益の向上に役立ったことが分かれば、今後も役に立ちそうだと信頼できるようになり、相場の動向が気にならなくなる。相場がどこに向かおうと、自動化の仕組みがあれば適切に対応できる。

ボラティリティはチャンスであり、あなたはそれを生かすことになる。

インデックスファンドへの切り替え

前章で取り上げた証拠とそれを支える多くのリサーチを読んだ多くの投資家は、売買タイミングを計る投資法をあきらめて、インデックスファンドに切り替えるだろう。割安な銘柄の長期保有で世界有数の資産家になった偉大な投資家であるウォーレン・バフェットでさえ、2007年5月に開かれた自社の年次株主総会後に、記者会見で言った。「ほとんどの投資家はマネジャーに資金を託すか、自分で銘柄選びをするよりも、低コストのインデックスファンドを持っているほうがうまくいく」と。「手数料が非常に安いインデックスファンドなら、素人やプロの運用の大半に勝てるだろう」と、彼は言った。彼は自分ならS&P500に勝ち続けることができるが、それでも「2～3％」以上も上回ったら驚きだと考えていた。銘柄選びに史上最も優れた1人による、この発言は注目に値する。近年、バフェットはS&P500に勝っていない。そして、妻に残す信託財産には、10％を短期国債に、90％を信託報酬が非常に安いS&P500インデックスファンドで運用するようにと、はっきり指示を出している。

株価指数に連動する投資信託やETF（上場投資信託）はその指数を構成する銘柄を保有するだけで、どんな投資判断もしない。上昇や下落を推測しようとはしないし、経済に何が起きようと気に掛けな

い。面白そうな新製品の発売にも無関心だ。S&P500のインデックスファンドであれば、スタンダード＆プアーズがリストに載せた大型株の500銘柄をすべて保有する。ラッセル2000の場合なら、リストに載っている小型株の2000銘柄をすべて保有する。それらの指数に含まれる銘柄は、指数構成銘柄と呼ばれる。ほとんどのインデックスファンドは、指数と同じ組み入れ比率で構成銘柄をすべて保有する。これらの指数、特にダウ工業株平均株価やS&P500のような代表的指数は「市場」とも呼ばれる。インデックスファンドを保有するときには、市場そのものに投資して、指数を構成する銘柄の平均よりも上げそうな銘柄を探そうとはしない。

　これがうまくいくのは、インデックスファンドが低コストであり、大半のプロのマネジャーよりもパフォーマンスが良いからだ。彼らは前章で取り上げた、人間に共通するあらゆる欠点をあらわにする。どの年で見ても、「プロ」の約３分の２は１月の取引初日にインデックスファンドを買って最終取引日まで釣りをしていた場合よりも、パフォーマンスが劣る。

　私たちの真のライバルはピーター・パーフェクトやジーバルではなく、インデックス投資である。長期的に見て、S&P500に勝てるプランを考案できなければ、私たちはあきらめてインデックスそのものを保有するしかない。本書では、S&P500が私たちのベンチマークであり、私たちはそれに十分に勝つだろう。それができれば、大勢いる予測妥当性ゼロのマネーマネジャーたちを完全に打ち負かせる。

コイン投げのチャートラインを動かす

　前章で、コインを50回投げ上げて、資金１万ドルから始めて、表（H）が出たら上に５％、裏（t）が出たら下に５％動かしたときのチャートを作った。それはランダムに見えない動きを示して、株式市場のチ

図2.2 コイン投げによる残高１万ドルの変化

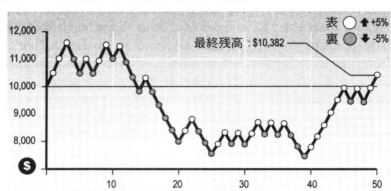

ャートに似た形になった。記憶を呼び戻すために、出た面の流れとチャートをもう一度、載せておこう。

　HHH tt H t HH t H ttt H ttttt HH ttt HH t H t HH t H t H ttt HHHHHH t H t HH

　例をもっと相場チャートに近づけるために、ランダムな流れをもう一度作って、前のチャートに重ね合わせる。私はコイン投げをもう一度、50回行って、前のチャートに重ねた。表が出たら、前の章で投げたときの方向に口座残高を６％動かし、裏が出たら４％動かした。今度の50回の流れは次のとおりだ。

　tHtHHH ttHtHH tttttttHtt HH tt H t HH t H t H t H t HH ttttt H t H tt H t

　前の章のコイン投げでは、最初は表が出たので上昇を意味し、今回の最初は裏が出たので４％動かす。すると、１万ドルの資金は４％増えて、１万0400ドルになった。次に投げたコインでは前の章では再び表で上昇を意味し、今回投げたコインでは表が出たので６％動かす。

図2.3　2枚のコイン投げによる残高1万ドルの変化

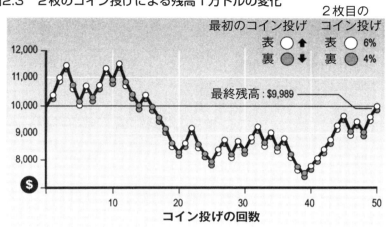

　すると、1万0400ドルの資金は6％増えて、1万1024ドルになった。この作業を50回続けると、**図2.3**のようになった。

　このパターンは常に5％ずつ動かした前のチャートに非常に似ている。変化はわずかに違うが、パターンはほぼ同じだ。最初のパターンは、2枚目のランダムな流れを重ねてもほとんど変わらなかった。これは2枚目の流れで動く大きさは変わったが、方向は変わらなかったからだ。最初の例では、チャートの動きは毎回5％だった。2枚使う例では4％か6％動いたので、変化はわずかに小さいか大きくなった。4％と6％が出る確率は同じなので、平均すると5％になり、最初と2番目のコイン投げによる動きは似た結果になる。

　しかし、同じパターンを使っても、動きをもっと大きくして、2つの数字の差も大きくすると、結果は大幅に変わる。次のチャートは同じコイン投げの流れを使っているが、2枚目のコイン投げでは、表なら30％、裏なら10％動かした。

　動きを大きくしただけで、結果は著しく変わった。常に5％動かし

図2.4 大きな動きで2枚のコイン投げをしたときの残高1万ドルの変化

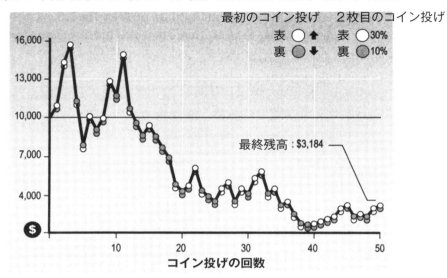

た最初の例では、最終的に1万0382ドルになった。表で6％、裏で4％動かした2番目の例では、9989ドルになった。この3番目の例では、表で30％、裏で10％を動かして、3184ドルになった。

　これらの例では、同じランダムな変動パターンを使いながら、動く大きさを変えるだけで、異なる結果が生じた。しかし、このような変化は、私たちが値動きに応じて投資する金額を変えたときでも得られるはずだ。たとえ相場の動きがランダムでも、底で投資額を増やして天井で減らせば、パフォーマンスを押し上げられるだろう。次はこの点について、もっと詳しく検討しよう。

受動的なリバランス

　第１章の証拠を信じるなら、底で投資額を増やして天井で減らそうと試みるのは偽善的ではないだろうか？　相場がいつ底入れして、いつ天井を付けたかを知ることができないのなら、いつ投資額を増やして、いつ利食いすべきか、どうやって知ることができるだろうか？
　私たちは底と天井を正確に知ることはできない。だが、相場が上げたか下げたかは分かるので、適切に対応することはできる。これにはどんな予測も必要ない。将来を予測するのではなく、過去に対応するのだ。起きるかどうか分からないことではなく、すでに起きたことを見て、どう行動するかを決めるのだ。価格が上昇して、利益が目標を超えていたら売る。価格が下落して、割安な銘柄があると分かれば買う。動いた価格に対応して、株式市場への投資額が適切になるように資金を出し入れしてリバランスすることを、私は受動的リバランスと呼んでいる。これには水晶球は必要ない。株で利益を得るためによく行われているのは、予測によるリバランスで、これはジーバルたちがコイン投げ同然の確率で、将来上がりそうだと予測した銘柄に資金を動かすものだ。
　私たちが見てきたコイン投げのパターンについて考えてみよう。最初の例では、上か下に５％ずつ動かした。２回目では、４％か６％ずつ動かした。３回目では、30％か10％だった。２回目と３回目では、動かす大きさはランダムに割り当てた。それでは、市場の動きにランダムに反応するのではなく、起きたことに対して計画的に対応したら、どうなるだろうか？　調べてみよう。
　次の例では、これまでと同じパターンを使ってランダムに動く相場を再現するが、上げたときには売り、下げたときには買うことで、相場に対応する。最初の例と同じく、常に５％の値動きとするので、上昇も下落も５％になる。まず、１万ドルを80対20で株と現金に配分す

図2.5 コイン投げと受動的な売買による残高１万ドルの推移

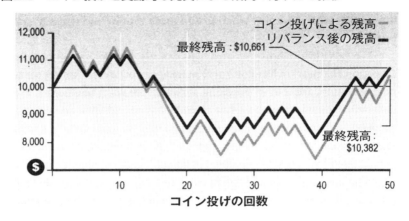

るので、株に8000ドル、現金に2000ドルから始める。市場が上げたときには、持ち株の５％を売る。下げたときには、現金を使って株を５％買い増す。例えば、市場が５％下げて、持ち株が5000ドルになったとする。そのときには5000ドルの５％に相当する250ドル分の株を買い増す。**図2.5**は50回のコイン投げそのものの変動と、その変動に応じてリバランスしたこのプランの結果を比較したものだ。

　さて、どうだろう。これらの機械的な対応によって、コイン投げによる市場のパフォーマンスを上回ることができた。最初の上昇過程では、リバランスをした太線は平均をわずかに下回っていた。これは上げたところで売ったせいで、その後の上昇に十分乗れなかったからだ。私たちは上昇を見送ったのだ。これは数サイクル続いたが、パフォーマンスは耐え難いほど劣ってはいなかった。ここまでの動きでは後れを取ったが、大きな差ではなかった。コイン投げがtttHtttttHHtttという流れになると、裏が出るたびに市場も私たちの残高も8000ドル水準に向けて徐々に下げていった。しかし、値動きを弱めるという私た

ちのプランの戦術が突然、ここで役に立った。前は、相場の天井まで上げるのを抑える働きをしていたが、コインの裏が出るたびに大きく下げていくこの下降気流では、損失に歯止めを掛ける働きをした。その結果、私たちの下げは小さくなり、最後の50回まで市場に勝ち続けることができた。

　実際の株式市場では、予言者たちがこの単純な例を複雑なものにして、イライラするほどの混乱を作り出す。あなたはコイン投げのランダムな結果を読むのではなく、予測をしても妥当性が得られない株式市場という環境で長年生きてきた、プロの予測屋たちの相場観を読んだり聞いたりするだろう。最初のランダムな動きでは、１万1000ドル水準で、「ボックス圏」の動きと説明されるだろう。あなたは強気筋と弱気筋が勢力争いをしていると聞かされる。tttHttttHHtttの局面に入ると、下げの勢いが増しているという弱気筋の話が耳に入る。新聞を開いたときには、失業率や、中東で高まる緊張、どこか遠い国で過熱している不動産市場、FRB（連邦準備制度理事会）の「前例のない」決定や「想像力が欠如した」決定、いかに大統領が国をダメにしているかや、無気力な議会、対前月比の工業生産高、「注目されている」が現実には起きていない危険性、インフレが高すぎるか低すぎるかどちらかに向かいつつある恐れ、それに金価格から見た今後の金利についての記事を読む。あなたはこれらが極めて重要であり、今後の相場がどういう動きをしようと、これらの要素の組み合わせからその値動きは明らかだったと信じ込まされるだろう。まさか、賢い投資家であるあなたが知らなかった、ってことはないよね、と。

　すると、ジーバルたちをあざ笑うかのように、相場はしばしば横ばいする。私たちの例では、8000ドルと9000ドルの間を上下した19〜41回の動きだ。マスコミを観察していると、この状況がいつも一番こっけいだ。相場が上げも下げもしないで、だれもが間違っていたと分かると、強気筋も弱気筋も、相場は自分たちのお気に入りの方向に動く

表1　コイン投げの相場変動による残高の推移

コイン投げ の回数	現金の残高 （ドル）	株式の残高 （ドル）	総残高 （ドル）	「市場」の 残高（ドル）
1	2,420	7,980	10,400	10,500
9	3,370	7,820	11,190	11,490
25	605	7,515	8,120	7,547
36	1,890	7,348	9,238	8,649
39	886	7,257	8,143	7,415
50	3,601	7,060	10,661	10,382

ために、「かがみ込んで」いると説明する。万年強気派は上げる前の安値を付けていると言い、万年弱気派は下げる前の高値を付けていると言う。やがて、どちらかにブレイクすると、その回のコイン投げの勝者が勝利宣言をする。

　一方、私たちは価格が実際に動いたときに機械的に対応して、大半のプロと市場そのものに勝った。私たちはこの50回の相場展開の間、安心しておしゃべり屋たちを無視して、自分の生活を楽しむことができた。50回の終わりに、私たちの受動的リバランスは1万0661ドルで、市場は1万0382ドルだった。そして、大半のプロは2番目の例（表なら6％、裏なら4％）の9989ドルと3番目の例（表なら30％、裏なら10％）の3184ドルの間で終わっただろう。

　さらに、私たちは資金のかなりの部分を安全な現金で持ちつつ、この優れたパフォーマンスを達成したことに気づいてほしい。この章の初めに、3％シグナルでは安全なファンドの目標配分を20％にすると述べた。それがこの例で模倣している重要なポイントだ。私たちは現金の割合を20％から始めた。この金額は売買を繰り返すなかで変動したが、すべてを投資したことはなかった。表1で、左の列のコイン投げの回数と、投げたあとの残高から重要なポイントを読み取ってもら

いたい。

　市場力学が働いているのが分かるだろうか？　相場が下げると、自動化されたプランによって、株価が安いときに現金を株に移した。相場が回復して株価が高くなったときには、株から現金を引き出した。現金ファンドと株式ファンドの額が変動しているのが分かるだろう。株の残高を7000ドル台でかなり安定的に維持するために現金を使ったので、相場が下落すると現金の残高は減った。相場が回復すると、株式の利益を現金に戻したので、残高は再び増えた。

　この投資配分で、市場そのものの下げよりも下げ幅が少なかったので、私たちは市場に勝った。表が連続して出て、相場が上げ続けると、市場のほうが私たちに勝つこともある。私たちは上げているときに株を売るので、さらなる上昇から受ける利益が少なくなるからだ。しかし、忘れないでほしいが、相場は変動する。やがて、相場が私たちに有利に動き出すと、私たちのパフォーマンスのほうが市場を上回るようになるだろう。それこそが、私たちの狙いだ。

　実際の株式市場では、きっちり５％ずつ上げることはないし、常にポートフォリオの５％を買うか売るという設定は最良の配分法ではないので、この例は単純すぎる。あとで、実際の相場データを使い、相場変動にもっと手際良く対応できるようにする。また、安全資産として、現金ではなく債券ファンドに配分して、現金にかなり近い安全性を保ちつつ、パフォーマンスをもっと高めるつもりだ。ここでコイン投げの例を取り上げたのは、ランダムな動きに対して賢明な対応をすれば、パフォーマンスを向上させられるということを確認するためである。

　この考えに基づいて、私たちは信頼できるシステムを作る。そうすれば、「相場はどう動くだろうか？」と尋ねるのを止めて、「相場はどういう動きをしたか？」、そして、「私はそれにどう対応すべきか？」と尋ねるようになるだろう。それは投資の知恵の始まりであり、無秩

序な大衆から距離を置いて、相場変動で損をするのではなく、うまく利用する方法に向かう第一歩となる。

この章の要点

　株式相場は独自のペースで上げるか、横ばいするか、下げる。値動きはそれが起きたあと、自分が有利になるために利用できる。値動きを予測する必要はない。安く買って高く売る仕組みを自動化すれば、高いボラティリティは恐れる状況ではなく、利用すべきツールになる。この章でカギとなる情報は次のとおりだ。

- 3％シグナルプランでは、株式ファンドの成長目標を超えた分を売り、不足分は安全資産用のファンドを使って買い増しをするという手法で、毎四半期にリバランスを行う。
- 高いボラティリティは好機である。相場が高値と安値の間を変動するのは、市場で生じる自然な波と認識しておく必要がある。価格で重要なことはどの水準にあるかだけであり、そこに動いた理由は重要ではない。理由がはっきり分かる人はだれもいないのだ。
- 投資対象が破産しないかぎり、安く買って高く売る仕組みを自動化したシステムでは、ボラティリティが高いほど利益を増やせる。そのため、破産する可能性がないインデックスファンドでボラティリティが高いものが、3％シグナルの主な投資対象となる。
- インデックス投資のパフォーマンスは大半の投資家のパフォーマンスを上回っているので、私たちの目標はインデックス投資に勝つことだ。私たちはそれに楽に勝つだろう。ということは、マネーマネジャーたちを完璧に打ち負かせるということだ。
- 値動きの大きさを変えるだけで、ランダムに動く価格ラインを押し上げることができる。値動きの方向を変えたり予測したりする必要

はない。資産残高の変動に対する影響は、そこに投じる資金量を変えることで調整できる。
● 機械的に安く買って高く売ることで、価格ラインに乗せる資金量を調節できるので、価格ラインそのものよりも高いパフォーマンスを得ることができるようになる。これにはいかなる予測も必要ない。価格の変動に応じてリバランスをするだけでよいのだ。

第3章
投資パフォーマンスの目標を設定する
Setting a Performance Goal

　私たちは株式相場の予測は下手だが、安く買って高く売る仕組みを自動化したプランを使えば、すでに起きたことに対応できるようになるので、この欠点を回避できる。これが、ここまでの説明で分かったことだ。この章では投資パフォーマンスの目標を設定して、それを市場価格が高いか安いかの判断基準にし、自動化の意味を具体的に明らかにする。相場は常に変動するので、その値動きがどの位置にあるかを判断するために、シグナルラインが必要になる。価格がそのラインを超えたら売る。下回ったら買うのだ。

　この章では、1四半期につき3％というパフォーマンスの目標がなぜ適切なのかや、それを使うとなぜほかの手法よりもリスクを低く抑えつつ、それらに勝てるかを示す。

良いパフォーマンスとは？

　私たちは株にどれほどの成長を期待すべきだろうか？　もちろん、人々が決まって語るのは、お金が2倍になったとか、株価が10倍になった伝説的な「テンバガー」を持っているといった大成功話だ。こうした大成功はときどき起きる。そうなれば大変うれしいが、それを当てにはできない。また通常は、それらが意味ある影響を持つほど、そ

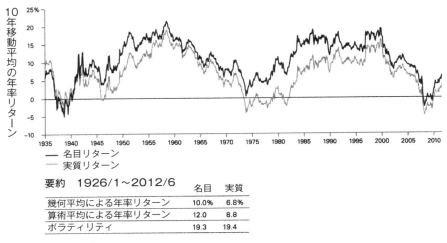

図3.1 アメリカ株式市場を10年移動平均で見たときの幾何平均による年率リターン（1935/12〜2012/6）

出所＝バンガードグループ

　の株に十分な資金を投じてはいない。だれかがお金を2倍にしたことがあると主張したら、「どれだけのお金を？」と、尋ねることだ。

　私たちに必要なのは、長年にわたって繰り返し達成できる確実な目標だ。市場の典型的なパフォーマンスを知る最も良い方法は、過去のパフォーマンスを見ることだ。もちろん、将来も同様のパフォーマンスが得られるという保証はないが、私たちに利用できるのは過去だけだ。株式市場には倒産した企業の株もテンバガーもあれば、それらの間に無数のさまざまな株がある。だが、市場自体はどういう動きをしたのだろうか？

株式市場の歴史

　株式市場の長期に及ぶ各種の調査で、過去90年ほどのリターンが年

10％ぐらいだったことが分かっている。これは名目リターンで、インフレを考慮していない。インフレ調整済みの実質リターンは年6.8％くらいだった。大型株は中小型株よりもリターンが低いが、10％の名目リターンは市場全体の良い近似値で、覚えやすくもある。

ただし、株式市場は年率リターンから考えるほど滑らかな成長をしているわけではない。このバンガードのチャートが示すように、1926年以降の株式市場の年率リターンを10年移動平均で見ると、－5％から＋20％まで変動している。

私たちは株式市場の基本的な年率リターンに10％を使い、3％シグナルでこれを上回ることを目標にする。

アウトパフォーマンスの最適スポット

「なぜ1四半期に3％なのか？」と、あなたは尋ねるだろう。1カ月に1％でも年に12％でもなく、直感的な目標でも投資業界のどこかで目にした数字でもない。そこで、まず好奇心が頭をよぎる。だが、詳しく調べると、これが理にかなっているとすぐに分かるので、ここで見ておこう。

私たちの目標は市場に打ち勝つことだが、どの程度が望ましいのだろうか？ 株式のリターンが年10％くらいとすると、私たちが狙うべき目標は10.1％だろうか、12％、15％、20％、それとももっと高い数字だろうか？ 私たちはいつまでも繰り返し目標を達成し続けたいので、目標は妥当な数字でなければならない。市場平均を着実に上回っていたら、小さな差でも複利効果が働くので、やがては大きな違いになる。リターンの差で、1万ドルの増え方にどれほどの違いが出るか見てみよう。

どの期間で見ても、わずか2％の違いが残高にどれほどの影響を及ぼすかに注目してほしい。リターンが年率10％のとき、1万ドルは25

表2 リターンの差で1万ドルがどう増えるか

年率（％）	1万ドルの5年後 （ドル）	1万ドルの15年後 （ドル）	1万ドルの25年後 （ドル）
8	14,693	31,722	64,485
10	16,105	41,772	108,347
12	17,623	54,736	170,001
14	19,254	71,379	264,619

年後に10万8347ドルになる。ところが、12％だと17万0001ドルになり、その差は6万1654ドルにもなる。5年後で見ても1518ドルの差で、2人の2週間分の夕食代にはなる。2％と聞くと、わずかな違いにしか思えないが、この差によって得られる利益を過小評価してはならない。これは大きな違いを生むのだ。

　もちろん、私たちはできるだけ多く儲けたい。とは言え、どんな投資スタイルでも、大きなリターンを望むほど、たいていはリスクも大きくなる。例えば、安全な国債は償還を保証されているので、金利は低い。ベンチャー企業はビジネス界の新勢力になる可能性も、消え去る可能性もあるので、その株はリスクが大きく、テンバガーになる可能性も90％下落する可能性もある。私たちが作ろうとしているシステムでは、大きなリターンを望むほど、資金をたびたびプランに追加しなくてはならなくなる。市場平均の伸びが投資パフォーマンスの目標に届かなくなるからだ。これはすぐに分かるだろう。毎月10％の上昇を狙って、不足分を現金で補おうとすると、ほとんど毎月現金を追加することになる。市場が1カ月で10％上昇することはめったにないからだ。逆に、1四半期に1％を目指すなら、ほぼ毎回、利益が出るので、おそらく現金を追加する必要は一度もない。だが、長く運用を続けても、資産を十分に増やすことはできない。

　私たちの目標は1四半期につき3％なので、3％シグナルと言う。

表3　12.6％は10.0％よりも利益成長で有利

年率（％）	1万ドルの5年後（ドル）	1万ドルの15年後（ドル）	1万ドルの25年後（ドル）
10.0	16,105	41,772	108,347
12.6	18,101	59,303	194,294

1四半期につき3％成長すると、年間パフォーマンスは12.6％になる。これは過去90年の市場の年間パフォーマンスである10％よりも2.6％良い。**表2**で見たように、これによってパフォーマンスは大幅に良くなり、長期的には市場平均よりもはるかに大きな利益がもたらされる。**表3**は、同じ期間で市場平均の年率10％と、私たちの年率12.6％とを比較したものだ。

パフォーマンスが市場を2.6％上回ると、利益には目覚ましい差が出る。

私は1四半期に3％のリターンが、リスクとリターンの最適な組み合わせだということを突き止めた。3％はそれほど高い目標ではないので、苦肉の策に頼る必要はない。一方、市場に勝っている実感を持てないというほど低い目標でもない。この目標は株価指数のパフォーマンスを適度に上回り、長期で見ると利益を大幅に向上させることができる。

私は「1四半期につき3％」という目標を適当に選んで掲げているのではない。この点を理解してもらう必要があるので、このリターンをほかのものと比較しておこう。次章で、私たちのプランに最適のカテゴリーは小型株だということを説明する。今後取り上げる例では、小型株への投資方法にiシェアーズ・コアS&P小型株ETF（IJR）を利用する。また、期間は2000年12月から2013年6月までの50四半期を使う。**表4**は、IJRに8000ドル、現金に2000ドルから始めて、この期

表4 四半期の成長目標1〜6％の結果

2000/12〜2013/6で見たプラン	開始残高（ドル）	新たな総現金（ドル）	最終現金残高（ドル）	最終株式残高（ドル）	最終総残高（ドル）
IJRで1％四半期成長率にリバランス	10,000	0	11,443	13,157	24,600
IJRで2％四半期成長率にリバランス	10,000	4,835	12,912	21,532	34,445
IJRで3％四半期成長率にリバランス	10,000	12,241	14,141	35,071	49,212
IJRで4％四半期成長率にリバランス	10,000	22,494	13,412	56,854	70,266
IJRで5％四半期成長率にリバランス	10,000	37,535	9,481	91,739	101,220
IJRで6％四半期成長率にリバランス	10,000	66,105	6,078	147,361	153,439

間に四半期でのさまざまな成長目標を私たちのプランに当てはめた結果である。「新たな総現金」とは、口座の現金よりも多くの資金でIJRを買い増すシグナルが点灯したとき、プランを維持するために口座に新しく入れる必要がある現金である。見れば分かるように、高い成長率を望むほど、時に必要になる金額も増える。

　利益成長率の目標を引き上げて、最終残高を増やすことは可能だ。だが、プランを維持し続けるためには、やがてより多くの現金が必要になる。1四半期に3％を超える成長率を目標にするのは、市場に多くを求めすぎであり、目標に届かない分を新たな現金で埋め合わせるようにというシグナルが頻発するだろう。やりたければ、1四半期に

50％の成長率を目標にして残高を増やすことも可能だが、最終残高のほとんどは新たに投じた現金になるだろう。3％の目標と5％の目標で結果を見比べると、後者は明らかに新たな現金に頼って残高を増やしている。最終残高を4万9212ドルから10万1220ドルへと2倍にするために、現金は1万2241ドルから3万7535ドルへと3倍も必要になった。目標にする成長率を引き上げるほど、効率は落ちる。

1四半期に3％の目標であれば、市場の力強さを十分につかみ取り、努力が報われる一方で、新たな現金はそれほど必要としない。3％の目標は、必要になる新たな現金と得られる利益とのバランスが最適になるので、このプランのいわばスイートスポットだ。

変動する価格と目標との差を測る

これで、株にどれほどのパフォーマンスを望むべきかが分かった。1四半期当たり3％だ。どうすれば、これが保証されるだろうか？ 市場が1四半期に3％成長しなかったときには、安全な債券ファンドを利用して株式ファンドを買い増し、市場が1四半期に3％以上の上昇をしたときには、株式ファンドの目標を超えた利益分を売ることによってだ。

この戦略はマイケル・エデルソンが1988年の論文とその後の著書である『バリュー・アベレージング（Value Averaging）』で紹介した資金管理手法であるバリュー平均法の変種になる。これは信頼できる。私たちは市場の成長が1四半期の目標に届かなかった分を株式ファンドに入れ、目標を超えた利益分を債券ファンドに移すだけだからだ。簡単な計算で資金を出し入れすることで、株式ファンドは市場の動きに関係なく、1四半期に3％ずつ成長し続ける。株式ファンドの長期的成長のエンジンは市場だが、エンジンが失速したときには安全な債券ファンドで手助けをする。

この考え方は前章でチャートを使い、架空のコイン投げで、価格が下げたときに買って、上げたときに売るというシステムと同じだ。そうすることで、市場そのものよりもパフォーマンスが良くなった。その例では、市場は上下に５％ずつ動くと仮定したので、私たちは株式残高の５％相当額を買うか売るかした。

　現実の市場はぴったり５％ずつではなく、どの時間枠でも好きなだけ動く。私たちの実際のプランでは、コイン投げの例と同じ考え方で対応し、毎四半期末に価格が目標を上回っていれば売り、下回っていれば買う。毎回、株式残高の５％を動かすのではなく、四半期の成長目標に設定した３％に合わせて売買する。つまり、売買する金額は四半期ごとに変わる。これは前章でのように売買する割合を固定するよりも良い。株式ファンドの一定割合を売買するのではなく、市場がどれだけ動いたかに合わせて再配分するからだ。市場の上げ幅が大きければ株式ファンドを売る額を増やすべきだし、下げ幅が大きければ株式ファンドを買う額を増やすべきだ。私たちのプランでは、このどちらも行う。

　どれくらいの値動きなら大きいと、どうやって判断するのか？　市場の上昇幅や下落幅を四半期目標の３％と比べればよい。それが私たちのシグナルで、四半期ごとに買いか売りかを示すだけでなく、どれだけ売買すべきかも示す。

四半期ごとの確認

　「どうして年に４回なのか？」と、あなたは疑問に思うかもしれない。結局、市場では毎日株価が動いているし、給料は月に１回か２回受け取るので、１年にたったの４回しかポートフォリオを確認しないのは奇妙だと思うかもしれない。投資関係のメディアは、頻繁に動くほど管理がうまくいき、パフォーマンスが良くなるという印象を作り出し

ている。だが、いつものように、そういう宣伝とは逆の証拠が出ている。

ファイナンシャル・アナリスト・ジャーナル誌の2013年1〜2月号で、ロジャー・エデレン、リチャード・エバンス、グレゴリー・カルデックは、『「見えない」経費に光を当てる――取引費用と投資信託のパフォーマンス（Shedding Light on 'Invisible' Costs : Trading Costs and Mutual Fund Performance）』という論文を発表した。そこで彼らは、頻繁にトレードをする投資信託のマネジャーほど取引手数料がかかるので、その分だけパフォーマンスが落ちることを明らかにした。

1997年にリチャード・H・セイラー、エイモス・トベルスキー、ダニエル・カーネマン、アラン・シュワルツが、ザ・クォータリー・ジャーナル・オブ・エコノミクス誌の『リスク負担における近視眼的損失回避の影響――実験による検証（The Effect of Myopia and Loss Aversion on Risk Taking : An Experimental Test）』で発表した調査でも、頻繁に情報を受け取ると投資パフォーマンスにどういう影響が現れるかを調べて、同様の結論に達している。実験の参加者たちは大学基金のポートフォリオを管理していて金融市場に投資をしている、と想像するように言われた。彼らができるだけ上手にやりたいと思うように、調査を終えたときにパフォーマンスに応じて現金が渡されることになっていた。市場にはAとBという2つの投資信託しかなく、被験者は100株のうちのどれだけをそれぞれに配分すべきかを決める必要があった。投資期間は25年と仮定した。彼らは自分のポートフォリオの運用成績を、毎月、毎年、5年ごとからランダムに選ばれたときに知らされ、そのときに2つのファンドの配分を変えることができた。

だれも2つのファンドに関する知識は何もないので、彼らのほとんどはまず半々に配分した。自分の運用成績を伝えられるたびに、彼らは配分を調整した。5年ごとに成績を伝えられた人は5回しか調整で

きなかったが、毎月伝えられた人は何百回も調整する機会を持てた。最終結果？　5年ごとに成績を伝えられた人々は、毎月伝えられた人々よりも、リターンが2倍以上になった。

　ファンドのひとつは債券の値動きを、もうひとつは株式の値動きをシミュレートしていた。債券ファンドは月ごとの変動がほとんどなく、損失もほとんど出なかった。株式ファンドは長期で見ればパフォーマンスが良かったが、ボラティリティ（価格変動率）が非常に高かった。債券ファンドの価格はめったに下げなかったが、株式ファンドはシミュレーションをした月の約40％で前月よりも下げた。株式ファンドはたびたび下げることがあっても、全体としては上昇率が高く、下落分を補って余りあったため、株式にすべてを配分し続けていた場合が最も良い成績になっただろう。例えば、前年よりも下げた年はほとんどなく、5年続けて下げたことは一度もなかった。しかし、運用成績を毎月伝えられた参加者は、株式ファンドの短期的な損失を知って、資金をより安全な債券ファンドに移したために、最終的にはパフォーマンスが落ちた。運用成績を伝えられた回数が少ない被験者は、その間にボラティリティが大きかったことを知らずに、株式ファンドの長期的なパフォーマンスが良いことだけを知った。シミュレーションの終わりには、毎月、成績を伝えられていた人々は、株式ファンドに資金の40％しか配分していなかったが、5年ごとに伝えられていた人々は66％を配分していた。

　長期投資でほとんど何もしないパッシブ運用のほうが、アクティブ運用よりもパフォーマンスが良くなることを示すリサーチが数多くある。ここで紹介した研究もそれらに加えておこう。どうしてか？　第1章で、人々がどうして銘柄選択や売買タイミングを計るのが下手なのか、理由をいろいろと挙げたとおりだ。人は株式市場で間違いを犯しがちなため、情報が増えるほど、多くの行動を取って多くの間違いを犯し、支払う手数料もかさんでいく。そのため、金融リサーチに長

く携わっている博識な人々は初心者に、「とにかく、何もやるな。じっとしていろ！」と忠告するのだ。

しかし、プロのマネーマネジャーはけっしてこの忠告には従わないだろう。積極的に運用するほど手数料がかかり、間違いが増えて、パフォーマンスが落ちるにもかかわらずだ。私たちは彼らの間違いから学ばなければならない。株式口座の日々の浮き沈みは「変動」というラベルでひとまとめにして、それらにはめったに手を出さずに、もっと意義ある生活面にエネルギーを集中させるべきだ。それを教訓として、私たちは１年につき４回だけ、しかも計画的にパフォーマンスを確かめる。

この四半期ごとというスケジュールがちょうど良い。目標に合わせてリバランスをするまでに３カ月あり、市場が変動する十分な期間がある。３カ月あれば、上昇や下落が何度も繰り返され、トレンドが継続するか終了するのに十分だ。毎月、確認していると、市場サイクルをさえぎりやすくなる。もっと重要なことだが、プランの過去の検証によると、四半期よりも頻繁に確認をすると、パフォーマンスは良くならずに、無駄な行動が増えるだけに終わる。買いも売りも増やしたのに、利益は増やせないという結果になる。私たちの目的は、できるだけ少ない行動で利益を最大にすることだ。そして、この目的は四半期ごとの確認ペースで達成できる。

また、このペースなら、ニュースに応じて何らかの行動を取ることができるが、頻繁にというほどではない。投資をしていれば、どうしても周囲からの影響を受けてしまう。また、人々が干渉好きなのは証明済みだ。私たちはみんなが動いていると感じると、自分も何らかの行動を取りたくなる。年末まで待って自分のパフォーマンスを利益目標と比べるのでは、多くの人にとって間隔が空きすぎているし、プランは１年もの間、市場の流れに対応できない。

規則正しく四半期ごとに確認するプランであれば、資金管理を怠っ

ていないと思える頻度だが、ピーター・パーフェクトに引きずられて気まぐれな判断のわなに落ちない程度には間隔が空いている。

プランの実際

　ここまでに確認したのは、四半期につき３％の成長を目指して、株式ファンドが３％シグナルラインに達しないときにはその分を買い増しして、シグナルラインを超えているときにはその分を売るということだった。

　今後はコイン投げを止めて、実際の市場データを使う。まずは、３％シグナルプランでS&P500を用いた例に目を通そう。S&P500は大型株の代表的な指数で、アメリカ株式の時価総額の４分の３を占める。S&P500には、アラガン（カリフォルニア州の製薬会社でボトックスのメーカー）、レゲット・アンド・プラット（ミズーリ州の家具メーカー）、ナイソース（インディアナ州のエネルギー事業会社）など、おそらく耳にしたことがない多くの会社だけでなく、アップル、シェブロン、グーグル、ウェルズ・ファーゴなど、だれもが知っている多くの会社も含まれている。

　前章のコイン投げの例でしたように、３％シグナルの基本プランに合わせて、株と安全資産との資金配分を80対20で始める。株のほうはS&P500の代理として、SPDRのS&P500ETF（SPY）を保有する。安全資産としてはバンガードGNMA債券ファンド（VFIIX）を保有する。データは、50回のコイン投げではなく、2001年初めから2013年半ばまでの50四半期におけるSPYの調整済み終値を使う。この12年半には、インターネットバブル後の暴落の一時期や、FRB（連邦準備制度理事会）の景気刺激策や甘い融資基準、サブプライム住宅ローン問題に端を発する暴落、その後のFRBのさらなる景気刺激策による回復の一時期という、みんなに何らかの影響を及ぼしたことが含まれる。

表5　SPYの50四半期における調節済み終値の推移

年	第1四半期 （ドル）	第2四半期 （ドル）	第3四半期 （ドル）	第4四半期 （ドル）
2001	91.94	96.87	82.83	90.97
2002	91.40	79.26	65.80	71.33
2003	68.79	79.53	81.74	91.43
2004	93.25	94.78	92.87	101.21
2005	99.17	100.60	100.60	106.10
2006	111.07	109.37	115.29	122.91
2007	123.73	131.64	134.16	129.24
2008	117.23	114.25	104.15	81.69
2009	72.50	84.30	97.27	103.21
2010	108.81	96.45	107.21	118.75
2011	125.75	125.79	108.41	121.00
2012	136.36	132.48	140.89	140.35
2013	155.09	159.64		

　表5は劇的な相場変動があった50四半期における、SPYの調節済み終値を示している。

　このように要約してみると、株式市場はそれほどおじ気づくところではないだろう。強気筋や弱気筋のあらゆる強固な相場観、将来の相場を声高に予測する発表、与野党間の対立や海外での地域紛争の突発が今後に及ぼす影響、FRBの次の動きを見越した思惑買いなどにもかかわらず、唯一重要なことは少数の価格だけだ。相場は高くなるときもあれば、安くなるときもある。市場に打ちよせる感情のうねりに応じて、相場は上へ下へと動くからだ。私たちは次に起きそうなことを声高に予測して回る予測妥当性ゼロの「プロ」のように愚かにならずに、四半期の終値を見て、3％シグナルラインに合わせて株式ファンドを売買する。これを続けていると、いったい何を大騒ぎしているのかと思うようになるだろう。

SPDRとは何か？

　SPDRという略語をあちこちで見かけるだろう。これは「スパイダー」と発音され、スタンダード＆プアーズ預託証券の略語である。SPDRグループのETF（上場投資信託）は、ボストンに本拠を置くステート・ストリート・グローバル・アドバイザーズによって運用されている。このグループの最初のETF──しかも、アメリカのETFで最も歴史が古く、現在も取引されている──はSPDRのS&P500ETFであり、ティッカーシンボルはSPYで、1993年1月に設定された。これは純資産残高が世界で最も多いETFのひとつであり、私たちの「売りシグナルを無視」ルールでも市場全体を監視するために使う。

　これまでの例と同じように、私たちが1万ドルから始めたとする。株と安全資産を80対20の比率で配分した場合、SPYに8000ドル、VFIIXに2000ドルから始めたことになる。2000年末のSPYの価格は103.09ドルだったので、8000ドルは77.6口に相当した。8000ドルに3％を足すと、2001年第1四半期の3％シグナルラインは8240ドルになる。この四半期のSPYの終値は91.94ドルだった。77.6口に91.94ドルを掛けると、たったの7135ドルで、シグナルラインの8240ドルを1105ドルも下回っていた。そのため、株式ファンドの評価額を3％シグナルラインまで引き上げるには、SPYを12口買う必要があった。SPYはその四半期に31.6セントの配当を支払った。これに77.6口を掛けると、配当は24.52ドルだった。これをVFIIXの残高に加えた。さらに、VFIIX自体も17セントの配当を払った。合わせると、配当でVFIIXの残高は2141ドルに増えた。91.94ドルでSPYを12口買うため

に、VFIIXの残高から1103ドルを使った。株式ファンドはSPYが89.6口に増えて、8238ドルになった。これは私たちの望んでいた8240ドルのシグナルラインに十分近かった。

　ここで魔法が働いていることに気づいてもらいたい。市場価格と3％シグナルラインとの差を埋めるというこの単純なプランのおかげで、2000年12月末にプランを始めた3カ月前よりも11％近く安くSPYを買えたのだ。S&P500が11％も下げた2001年第1四半期に、ほとんどの株式投資家は熱心に買いたがっただろうか？　とんでもない。その当時の時代の空気を読んでみよう。

　2001年2月22日付けのニューヨーク・タイムズ紙は、「アメリカ株式市場を覆う悲観論は昨日、さらに深まった。さえない企業収益や進むインフレを投資家が恐れたため、株価は今年の新安値を付けたからだ」と、報じた。

　2001年3月14日にBBCニュースは、「日本とアメリカの景気減速が世界に広がり、企業収益が落ちるのではないかとの恐れから、世界の株式市場は下落している」と報じた。

　2001年3月15日付けのニューヨーク・タイムズは次の記事を載せた。「株式市場は昨日、急落し、ダウ平均は5カ月ぶりに1万ドルを切った……。大方の予想では、今年に入って短期金利を2回下げたFRBは来週にも再び金利を下げると考えられている。しかし、投資家はFRBが素早い景気回復に向けて指導力を発揮できるか疑問に思っているようだ……。下落は『心配だ』と、ブッシュ大統領は言った」

　2001年3月25日号のビジネス・ウィーク誌は「資産が吹き飛ぶとき」という見出しの記事を載せた。「多くの人は恐れを抱き、突然、貧しくなった。投資家たちは今や無力になって傍観している……。株価の急落で、彼らは貴重な人生のために財布を握り締めている……。そうした行動で個人消費支出が落ちると、企業収益の低下につながり、株価はいっそう下げるという悪循環が起きる恐れがある。『ここまでの

上昇よりも急な下落になるだろう』と、多くの予測妥当性ゼロのエコノミストの１人は語っている」

この解説が出たあとの2001年第２四半期に、SPYは5.4％上昇した。

ほとんどの大衆が、様子見に徹するか売って損失の拡大を防ぐかすべき、と強調する見解に従おうとした。だが、あなたは計算機を取り出して、2001年３月末のSPYの価格が３％シグナルラインを大幅に下回っているのを確かめると、その差を埋めるために、SPYを必要な口数だけ安値で買う。それで、市場とのかかわりは終わりだ。予測をしても五分五分でしか当たらない市場で、大衆が権威者ぶって話していたとき、あなたは合計15分を使っただけで、翌四半期には彼らの運用成績を上回るのだ。思い出そう。ほとんどのジーバルたちはやがて指数そのものに負ける。３％シグナルを用いるプランは指数に勝つ。ということは、あとになれば人を惑わせるだけだったと分かるような解説で、名前がニュースに出るほとんどの「プロ」に勝つということだ。

３％シグナルプランのパフォーマンス

2001年第１四半期の終わりに行った簡単な手続きを各四半期の終わりにも行っていたら、３％シグナルを使ったポートフォリオはS&P500よりもパフォーマンスが良かった。この期間は極端な相場変動が目立っていたため、現金残高を超える買いシグナルが50回の四半期のうちの19回で点灯した。もっとも、１回の不足分はわずか58ドルで、もう１回はわずか111ドルだった。そしてほかの９回は800ドルよりも少なかった。それで、新たに必要になった現金は８回の四半期で合計３万0711ドルだった、というほうが実態に近いだろう（時たま新たに必要になる現金については、あとで説明する）。SPYをバイ・アンド・ホールドして、その配当はすべて再投資していた場合、この期間の最終残高は１万5489ドルだった。だが、プランに従って売買し、

第3章　投資パフォーマンスの目標を設定する

表6　SPYへの投資プランの比較

プランの番号	2000/12〜2013/6で見たプラン	開始残高（ドル）	新たな総現金（ドル）	最終株式残高（ドル）	最終債券残高（ドル）	最終総残高（ドル）
1	3%シグナルで運用、SPYとバンガードGNMAを80対20で新たな現金はすべて追加	10,000	30,711	60,959	10,193	71,152
2	当初の1万ドルでSPYを購入後、プラン1の新たな現金を50四半期に等分して買い付け（ドルコスト平均法）	10,000	30,711	63,667	0	63,667
3	プラン1の新たな現金を当初資金に加えたSPYのバイ・アンド・ホールド	40,711	0	63,055	0	63,055
4	3%シグナルで運用、SPYとバンガードGNMAを80対20で新たな現金なし	10,000	0	13,973	2,336	16,309
5	SPYのバイ・アンド・ホールド	10,000	0	15,489	0	15,489

19回の四半期で必要になった新たな現金を追加していたら、最終残高は7万1152ドルになっていた。この期間の極端な急落で、買いシグナルを実行し続けるために必要になった新たな現金3万0711ドル（12年半の期間に月平均で約205ドル）を除いた場合でも、最初の1万ドルは4万0441ドルに増えていた。これは指数をバイ・アンド・ホールドした場合よりも、パフォーマンスが161％良くなったということだ。

　表6では、これらの結果を要約して、同じSPYとバンガードGNMAという、株と債券の2つのファンドを用いたほかのプランと比較している。プランは最終総残高が大きいほうから順に並べている。

３％シグナルプランで債券ファンドの残高が不足していたとき、新たに現金を追加して、すべての買いシグナルに従うとパフォーマンスが良い点に注目してほしい。また、債券ファンドの残高を超えて買い付けができなかった場合のプラン４でも、プラン５を上回っている。

　パフォーマンスが最も良いプランは、すべての買いシグナルに従って現金を追加した場合の３％シグナルだった。ドルコスト平均法によるプランは、プラン１の新たな現金を50四半期すべてに等分してSPYを買い付けたものだが、プラン２に示すように、パフォーマンスはプラン１に及ばなかった。プラン１で必要な新たな現金すべてを、運用当初にSPYに投資した場合でさえ、プラン３で示すように、結果はプラン１やプラン２よりも劣っていた。最後のプラン４とプラン５は同一条件での比較で、どちらも新たな現金を追加していないが、SPYを全期間、バイ・アンド・ホールドした場合よりも３％シグナルに従ったほうが勝っている。

　ドルコスト平均法とは、毎月や年四回など、規則的なスケジュールで、決まった金額を投資する手法である。「買ったあとは忘れる」投資手法で最も人気がある２つは、ドルコスト平均法とバイ・アンド・ホールドの手法を使って株式指数に投資する方法だ。もちろん、どちらの手法も長期で見ると、ほぼすべての予測妥当性ゼロのアドバイスよりもはるかにパフォーマンスが良い。しかし、３％シグナルはこれら２つよりもさらに優れている。しかも、一部の資産を債券ファンドで持つことで、安全性も高くなっている。このため、生の数字だけでなく、リスク調整済みの数字で見ても、これら２つの手法よりも３％シグナルのほうが優れている。プラン１はプラン２に勝っているだけでなく、最終残高の14％が安全な債券になっている。プラン４とプラン５でも同様のことが言える。この利点については、あとで詳しく見ていく。

　最後になるが、３％シグナルのこの優れたパフォーマンスはドルコ

スト平均法とバイ・アンド・ホールドのプランに非常に寛容だったうえでのことだ。現実には、それらの手法を採る人のほぼ全員が、例で示したように資金をひとつの株式指数に集中させるのではなく、いくつかの異なるファンドに分散させるだろう。人々がいくつかのファンドや資産クラスに分散投資すると、長期的には株価指数をバイ・アンド・ホールドしただけの手法に負ける。これは第1章で学んだこと（ほとんどのマネジャーは市場に負ける）と、株式以外のファンドが株式ファンドに長期では負けることが原因だ。

3％シグナルがほとんど何にでも勝つことを示すために、これをありふれた競争相手ではなく、ドルコスト平均法とバイ・アンド・ホールドのもっとパフォーマンスが良いものと比べてみた。それでも、3％シグナルが一番、成績が良かった。

バイ・アンド・ホールドの神話

しかし、ここで押さえておくべき重要なポイントがある。それは、株価のひどい下落時でもバイ・アンド・ホールドを続けられる人はいないという点だ。正確な市場予測やピーター・パーフェクトの運用実績と同様に、ほとんどすべての投資家にとって、買った株を良いときも悪いときも持ち続けるというのは理屈のうえでしかあり得ない。相場が急落する時期にはメディアに恐怖を感じる見出しや論評が現れることを考えると、人々が考え得る最悪の瞬間に逃げ出して、相場が急落からほとんど回復するまで、市場に戻れないのも当然だ。

3％シグナルなら、そうした衝動を抑えられる。いつ株を安値で買い増すか、あるいは最低でも、すでに保有しているファンドを持ち続けるかを簡単な式で示してくれるからだ。SPYの50四半期すべての終値を載せた**表5**を見直してほしい。2007年第3四半期から2009年第1四半期までに、SPYの価格は46％も下落している。この期間にバイ・アンド・ホールドで投資を続けられたとすると、SPYの当初資産1万

ドルは2007年第３四半期の１万4888ドルから2009年第１四半期の8375ドルへと、44％も減ったことになる。配当を再投資しているため、残高はSPYそのものの価格下落ほどには減っていない。悲観的な解説があふれるなかで、自分の資産の評価額が44％も減っているのに、何もしないでいるときの気分を想像してほしい。
　株価の上昇期にはだれでもバイ・アンド・ホールドが優れていると思う。だが、下落期にもそう思える人はほとんどいない。資金の全額を株式で運用しているポートフォリオは、相場が崩れる直前に最も輝いて見える。例で採り上げたバイ・アンド・ホールドの投資家は、残高が１万4888ドルから１万3158ドルに、さらに１万2899ドル、１万1836ドル、9364ドル、8375ドルと減っていくのを見ながら、耐えきれずに地上付近でパラシュートを開いて脱出し、二度と株には手を出さないと誓った可能性が圧倒的に高い。少なくとも、株価がほとんど元の水準まで回復して、ジーバルたちが賢い投資家は底値で買っていかに多くの利益をものにしたか、と話し始めるまで買わないだろう。もちろん、ピーター・パーフェクト以外のだれも実際には底値で買っていない。
　相場の大幅上昇の大半は限られた日数に集中するからバイ・アンド・ホールドをすべきだ、と主張するアドバイザーたちがいる。まさにその主張に従おうとするせいで、いっそう底値近くで投げ売りしがちになる。買った株を持ち続けていれば、間違いなくそれらの日の上昇を確実にとらえられる。しかし、相場の底で含み損が最大になるときまで持ち続けるのは、心理的に耐え難いため、もう少しでついに報われそうだというときに、この手法を見捨てる可能性が一番高い。すると、皮肉なことだが、大幅上昇する限られた日に確実に投資できる戦略のせいで、実際には最も望ましい日の直前に逃げ出しがちになるのだ。
　バイ・アンド・ホールドに傾倒しているために、苦痛が最大になる

瞬間まで投資を続けたあげく、売ってしまう。彼らがその手法に傾倒していなければ、もっと早く手仕舞って、底値までの下落をある程度は免れただろう。だれでも小さな損失は無視できるし、中くらいの損失でも無視できるかもしれない。彼らがふるい落とされるのは、大きな損失が出そうなときだ。株式市場が暴落しているときに、大底まで資金を全額、株に投資し続けるのは心理的に耐えられない。結局は、「もう、ここから抜け出したい。相場が次にどうなろうと関係ない。とにかく、もうこの相場にかかわりたくない」という衝動に支配される。

　バイ・アンド・ホールドが良いと人々は言うが、実際に行うのはバイ・アンド・ベイル（買って、逃げ出す）だ。

　価格が下落することを前提に、投資家とポートフォリオの両方に対策を講じていないシステムでは、投資家が心理的に耐えきれずに、パフォーマンスを悪化させる行為に走るリスクが高くなる。投資のこの側面はたいてい、規律を守るようにという決まり文句やアドバイスを載せた小項目に追いやられている。だが、投資で失敗する主な理由は感情面での弱さなのだ。これはまったく小さなポイントではなく、重要なポイントなのだ。

　感情に振り回される投資家（つまり、すべての投資家）が犯す典型的な間違いが２つある。天井で買うことと、底値で売ることだ。どちらのほうが悪いとは言えない。どちらも、もう一方に行き着くからだ。だが、ここでは、底値で投げ出す問題を見ておく。底値売りをするときは、それと知らずに一種のマーケットタイミングの手法を取っている。儲けるためではなく、苦痛から逃れるのが動機だとしても、売るということは相場が今後も下げ続けると見ていることになる。上げると分かっていれば、価格の上昇で痛手が和らぐのをじっと見守っているだろう。しかし、けっして下げ止まらないと思うから、私たちは手仕舞うのだ。

　いつ売買すべきかを感情のままに決めてよいという戦略では、相場

上昇の大半をとらえ損なう。相場の上昇や下落は不規則に分布していて、ほとんどの日は方向感に乏しく、残りの限られた日に大きな値動きが集中している。これは数多くの調査で確認されている。

例えば、2013年2月に、投資会社のフィデリティは最悪の時期が実は投資をするのに最適な時期であることを示すチャートを公表した。それには4例が示されていて、それぞれについて弱気相場で大底を打ったあと5年間で、株式市場がどれだけ上昇したかを詳しく述べている。大恐慌が1932年5月に終わったあとは367％、1970年代に長く続いた景気後退が1982年7月に終わったあとは267％、FRBの最も劇的な金利引き上げが1994年12月に終わったあとは251％、そして、サブプライム住宅ローンに端を発する大不況が2009年3月に終わったあとは111％上昇した。

また、このリポートでは、相場が最大の上昇をした少数の日を逃していたら、パフォーマンスにどれほどの影響が及んだかも示している。1980年1月1日に1万ドルで投資を始めて、2012年12月31日までS&P500に全額を投じていたら、口座資金は33万2502ドルになっていた。しかし、最も上昇率が高かった5日――33年のうちのわずか5日――を逃していたら、残高は21万5273ドルで終わり、11万7229ドルもの利益をふいにしていた。同じ計算を最も上昇率が高かった10日、30日、50日を除いて行い、大幅上昇が集中する日を逃すとパフォーマンスがどれほどの打撃を受けるかを、説得力を持って示している。この33年の投資から最も良かった50日を除くと、口座の最終残高は33万2502ドルから、わずか2万9327ドルにまで落ちる。**表7**がその要約だ。

この種の調査に対してはたいていジーバルたちが、最悪の日を逃してもリターンは同様に改善されると反論する。どちらの場合（集中している最高の日と最悪の日を逃す）でも、結論は統計的には明らかだ。次のように問題を言い換えると、答えがいかに自明か分かる。「最も上昇した日をある程度取り除くと、私のパフォーマンスはどうなるだ

表7　1980/1/1〜2012/12/31の期間にS&P500に１万ドルを投資して、最も上昇した日を逃した影響

逃した日数	最終残高（ドル）
すべての日に投資	332,502
最も上昇した5日を逃す	215,273
最も上昇した10日を逃す	160,340
最も上昇した30日を逃す	63,494
最も上昇した50日を逃す	29,327

ろう。どうだ？　下がった」。逆に、「最も下落した日をある程度取り除くと、私のパフォーマンスはどうなるだろう。さて、どうだ。上がった」。たいした想像力がなくても、これくらいは理解できる。

　もちろん、最も上昇した日々を取り除けば、パフォーマンスは下がり、最も下落した日々を取り除くと、パフォーマンスは上がるだろう。それで、結局はどうなるか？　もちろん、どの日が最高でどの日が最悪かを前もって分かる人はだれもいないので、コイン投げに戻るしかない。相場が良い日と悪い日よりも前に手仕舞ってしまう確率はそれぞれ50％であり、良い日と悪い日よりも前に再び買う確率もそれぞれ50％だ。相場は長期的には上昇するので、悪い日は非常に良い日で補われ、差し引きすると長期的なパフォーマンスはプラスになる。このため、ほとんどの研究者が、長期保有が最善という結論に達する。

　だが、これらの良い日と悪い日にもう少し賢明に対応できれば、素晴らしくないだろうか？　上昇が積み重なって利食いすべき水準に達したことや、下落が膨れ上がって新たな資金を追加すべき水準に達したことが分かる。そういうシステムがありさえすればよいのだが。待てよ、ああ、そんなシステムがある。3％シグナルだ。このシステムなら、ほとんど常に投資をし続けられる。そして、世間がつまらないことで騒ぎ立てて、まともに考えるのが難しくなったときでも、適切

に対応できるように導いてくれる。資金の全額を投資し続けるという、理屈のうえでしか実行できない手法よりも、資金の大部分を投資し続ける実行可能な手法のほうが勝っている。

小さなリスクで市場平均並みのリターン

バイ・アンド・ホールドという手法が良いというのは幻想だが、それでもさまざまな投資計画を判断するベンチマークとして、しばしば使われている。よくある質問は、「そのプランには価値があると言えるほど、バイ・アンド・ホールドを上回るのか？」だ。3％シグナルであれば、「プランのパフォーマンス」の節で説明したように、上回ると答えられる。プランに現金を追加しないで済むくらいまで株の割合を低くすれば、その価値はいっそう高まる。

例で取り上げた期間に、3％シグナルで新たな資金追加を避けるためには、株と債券の比率を37％対63％にして、SPYに3719ドル、VFIIXに6281ドルと、慎重な投資で始めなければならなかっただろう。だれもその時点でこの比率を知ることはできない。また、私たちのプランでは残高を完璧にしておく必要はない。だが、インターネットバブルがはじけて暴落していた時期に非常に用心深く、同様の配分で投資を始めた人がいれば、2013年半ばにはSPYのバイ・アンド・ホールド並みの成績は残せていただろう。

この考え方はリスク調整済みパフォーマンスと呼ばれている。これは、投資は単なる資産成長にとどまらないという点を考慮に入れる。もちろん、どこかのだれかはお金を2倍にしたかもしれないが、その人はそのためにどれほどのリスクを冒しただろうか？　おそらく、相当のリスクだろう。一方、利益はずっと少ないが、リスクがおそらくはるかに小さかった人もいただろう。この点は重要だ。リスク許容度は人によって異なり、リスクを小さくできるなら、低いリターンでも喜んで受け入れる人もたくさんいるからだ。と言うわけで、資金の3

分の2を債券に残しながら、株に資金の3分の1しか配分せずに市場平均と同じ程度の利益を出せるなら、株にすべての資金を配分して、市場のあらゆる嵐に見舞われるポートフォリオよりも、リスク調整済みパフォーマンスは非常に高くなるだろう。

　これが資金の37％分しかSPYを買わずに投資を始めて、新たな現金をまったく追加しなかったときに、3％シグナルが達成したことだ。SPYをバイ・アンド・ホールドして配当をすべて再投資した場合の最終残高は、2万0229ドルだった。一方、わずか3719ドルのSPYで始めた3％シグナルプランの場合、最終残高はSPYが2万9508ドル、VFIIXが6647ドル、合計で3万6155ドルだった。これはSPYのバイ・アンド・ホールドよりも79％良く、株でとったリスクは小さかった。リスク調整済みパフォーマンスについては、次章で詳しく見る。

現金の不足

　株に資金のほとんどを投資しているときに相場が暴落すると、現金が時に不足するのではないかと心配になるかもしれない。現金が不足すると、ピーター・パーフェクトにそそのかされて、愚かにも予測をしようとする可能性もある。それで、先にその点について説明しておこう。

　その前に、私たちのプランは安全資産を債券で持つ。債券ファンドの資金が尽きれば債券ファンドの不足ということになるが、私はこれを現金の不足と呼んでいる。現金不足になれば、さらに現金が必要になるのはだれでも分かる。ここで実際に起きたことも同じだ。債券ファンドの資金が尽きたら、さらに現金を追加する必要がある。

　19回の四半期で、買いシグナルが債券ファンドで買える以上の株を買うように指示したため、現金不足に陥った。そのうちの1回は100ドル以下、5回は100〜300ドル、5回は500〜800ドルが必要になった。

これら11回で必要だった金額はそれほど大きくない。ほかの８回では1000ドル以上が必要だった。現金不足が最大になったのはサブプライム住宅ローンに端を発する暴落の真っ最中だった。この2008年第３四半期から2009年第１四半期までの３四半期に必要になった現金は順に、3054ドル、6537ドル、3905ドルだった。2010年第２四半期に、底打ち後の上昇過程で初めての下落が起きると、再び現金が不足した。このときは、のちに説明する「30％下げたら、売りシグナルを無視」（暴落後には株にすべての資金を配分し続ける）と呼ぶ手法を使っていたために現金不足が生じた。もしも上昇過程で、目標を超える分をプランに従って売っていたら、下落したときに買い増せるだけの現金が残っていただろう。だが、株にすべての資金を配分していたので、債券ファンドの残額はゼロで、買い増すためには新たに現金を追加するほかなかった。実は、このときは有利な状況だった。上昇時に全額を投資していれば、株式ファンドの評価益は極めて大きくなるからだ。12.5年の投資期間中、19回の四半期すべてで必要になった新たな現金は合計３万0711ドルだった。**表8**では数字を四捨五入しているが、合計金額は正確だ。

　将来に何が起きるかを事前に知ることはできない。そのため、株式市場で資金を運用していれば、こうした現金不足が時に生じる。そもそも、株と債券の完全な配分比率が事前に分かるなら、市場で売買タイミングを計ることができるため、このプランは必要ない。だれもそれが分からない以上、私たちはときどき生じる現金不足に対応する必要がある。資金を新たに追加できるかぎり、相場が下げたときは非常に良い投資機会になる。

　この期間はボラティリティが非常に高く、株式市場で最大級の暴落の２つが含まれていた。この暴落を予想していた人はほとんどいなかったし、事前に適切なポジションを取っていた人はさらに少なかった。現金が不足した19回のうちの５回は、2008年第１四半期から2009年第

表8　2001年第1四半期〜2013年第2四半期にSPYで運用したとき、19四半期で現金不足

四半期	新たに必要な現金（ドル）	四半期	新たに必要な現金（ドル）
Q301	286	Q206	575
Q202	1,124	Q407	221
Q302	1,907	Q108	2,993
Q103	643	Q208	1,383
Q104	58	Q308	3,054
Q204	204	Q408	6,537
Q304	768	Q109	3,905
Q105	727	Q210	5,162
Q205	273	Q311	779
Q405	111		30,711

　1四半期までの連続した期間で、サブプライム住宅ローン問題による暴落が起きていたときだった。最後に現金が大きく不足した2010年第2四半期も、サブプライム問題での暴落に関係していた。相場の回復途上で、株式ファンドに資金のすべてを投じていたからだ。この急落時に、多くのジーバルたちがアドバイスしたように売るのではなく、このプランが買いシグナルを適切に発したのは印象的だ。暴落中のこの勇敢な買い増しは、その後の上昇で報われた。

　もうひとつのポイントは、12.5年の投資期間で見ると、3万0711ドルは1カ月当たり平均204.74ドルであり、それほど大きな金額ではないということだ。本書のような本を読む人は自分の資産に関心を持っていて、貯金をする人なので、このくらいの現金が必要になっても、それに応じることはできただろう。退職積立勘定のように、プランに現金を定期的に入れている場合は、現金が不足する回数は大幅に減る。だが、その場合でさえ一度も不足しないという保証はない。この点に

については、第7章で詳しい例を使って明らかにする。

　同一条件で比較するために、**表6**からの抜粋を見ておこう。3％シグナルでは月平均で204.74ドルの現金が新たに必要になる。それでも、SPYの価格に関係なく、毎四半期末に同じ204.74ドルを投資するドルコスト平均法よりも、資産は増えている。毎月204.74ドルを貯金していれば、毎四半期末にSPYを614.22ドル買い増すための資金ができる。どちらのプランも同じ1万ドルの残高で始めた。3％シグナルに従うポートフォリオは株と債券の配分比率を80対20で始めた。また、どちらのプランも新たな現金は同じ3万0711ドルだった。配当をすべて再投資した場合の結果は**表9**のとおりだ。

　どちらの手法も、同じ1万ドルで始めて、新たな現金を同じ金額だけ追加している。だが、毎四半期末にSPYを614.22ドルずつ買った場合、12.5年後の残高は6万3667ドルなのに対して、3％シグナルによるプランでは7万1152ドルになり、リスクは低かった。債券ファンドの残高が1万0193ドルと、資金の14％は安全資産に配分されていたが、それでも3％シグナルでパフォーマンスは11.8％も良くなった。

　債券ファンドの資金が尽きて、株を買い増すシグナルが点灯しても、ほかに使える余裕資金は一切ないということもある。そんな場合でも、このプランの指示で、少なくとも相場の下落時に売るべきでないということは理解できる。これも役に立つ情報だ。メディアに載る大きな見出しや記事で人々がうろたえている時期には、最悪な瞬間にすべてを手仕舞いたくなる。四半期ごとに何度も適切なアドバイスを受け取ると、シグナルが信頼できるようになるので、シグナルの指示を冷静に見ることができれば、じっとしていようという自信が持てるはずだ。買うべきと分かっていても買えないときには、次善の策が取れるようになる。それは相場が回復するまで持ち株を手放さないということだ。回復後には、目標を超えた利益分を売って債券ファンドの残高を再び増やしていける。現金が尽きたところでプランが終わりになるわけで

表9　3％シグナルでSPYに投資すると、新たな現金をドルコスト平均法で運用した場合よりも優れていた

2000/12〜2013/6	開始残高（ドル）	新たな総現金（ドル）	最終株式残高（ドル）	最終債券残高（ドル）	最終総残高（ドル）
3％シグナルで運用、SPYとバンガードGNMAを80対20で新たな現金はすべて追加	10,000	30,711	60,959	10,193	71,152
当初の1万ドルでSPYを購入後、上のプランの新たな現金を50四半期に等分して買い付け（ドルコスト平均法）	10,000	30,711	63,667	0	63,667

はない。それは単なる休息期間だ。

　この最悪のシナリオ ── 悲惨ではない ── でさえ、あとで見る資金管理の手法でたいていは避けられる。

　株式市場に投資していれば、何が起きても不思議ではないので、どんな環境でも完璧に機能するプランを作ることはできない。株価がどこまで高くなるか、安くなるかを予測することは不可能なので、私たちはほぼすべての時間枠で市場に勝てるように、価格変動に対応できるプランを考え出す必要がある。3％シグナルはそんなプランだが、それでも債券ファンドで買える以上の株を買うようにというシグナルが点灯することもある。そういうときは買う絶好の機会が近いという意味なので、それに対応できる準備をできるだけしておくべきだ。

　準備できない場合もまれにはあるだろうが、そのときは株式の残高が回復して資金が増えるまで、あきらめて様子見をしておけばよい。たいしたことではない。

この章の要点

　3％シグナルでは、パフォーマンスの目標は1四半期につき3％である。株で目標を超える利益が出たときには3％シグナルラインまで売り、目標を下回っているときには、このラインまで買い増して、リバランスをする。この章でカギとなる情報は次のとおりだ。

●市場が1四半期に3％まで上げなかったときは、安全な債券ファンドを使って株式ファンドを買い増す。そして、1四半期に3％以上、上げたときには株式ファンドの利益目標を超えた分を売って、債券ファンドに移す。
●四半期ごとに見直すというスケジュールはちょうど良い。最小の作業で最大の利益が得られるからだ。見直す回数を四半期よりも多くしても、作業が増えるばかりで、パフォーマンスは良くならない。
●SPYを使って3％シグナルプランを実行すると、ドルコスト平均法やバイ・アンド・ホールドを含む効果的な手法を楽に上回った。
●バイ・アンド・ホールドの神話に気を付けよう。それは理論上でしか存在しない。相場が良い時期にはだれもがバイ・アンド・ホールドを信じるが、相場が悪くなるとだれも信じなくなる。
●3％シグナルプランは、このシグナルラインに沿って私たちを導く。このプランは上昇が積み重なって、利益を回収できる水準に達したときと、下落が膨らんで新たな現金を投資すべき水準に達したときを伝える。
●プランの一部を安全な債券ファンドで運用するので、株式市場の嵐を切り抜ける役に立つ。
●プランで株を買う資金が尽きる可能性もある。そんなときには、買いシグナルは相場が回復するまで待つようにという意味ととらえれば、役に立つ指示になる。ただし、そんな時期は歴史的には珍しか

った。と言うことは、少しずつ貯金をしていれば、こうした買いの絶好な機会を利用できるということだ。

第4章
何に投資すべきか
What Investments to Use

　ここまで、重要な概念をいくつか説明してきた。分かったことは次のことだ。まず、ほとんどの投資家は市場に負ける。また、コイン投げでのラインであれ実際の市場価格での目標ラインであれ、機械的にそれらよりも上で売って下で買えば、パフォーマンスを引き上げることができる。そして、３％シグナルを使えば、各四半期にどれだけ買うか売るかを知ることができる。さらに前章で見たように、このシグナルは2001～2013年というボラティリティ（価格変動率）が極めて大きかった期間にS&P500に勝った。

　これからは、このプランにさらに手を加えて、何に投資すればS&P500に勝てる可能性が最も高くなるかを調べていこう。S&P500に勝つために、この指数を使わなければならない理由はない。ほかのセクターの指数を使うほうが良いかもしれない。

成長性なら小型株

　ほかの投資対象だけでなく、打ち負かしたいベンチマークとしてS&P500も使い続ける。３％シグナルはS&P500に勝てた。だが、S&P500ではなく、この指数に長期的に勝つほかの指数で３％シグナルを使えば、パフォーマンスはさらに良くなる。ほかの指数で３％シ

グナルを利用すれば、二重の強みになる。

　大型株に連動するS&P500ではなく、小型株に連動する指数を使えば、エッジ（優位性）が得られる。時価総額（略語はキャップ）とは、発行済み株式数に市場価格を掛けたもので、会社の規模を表す。株式投資家が会社の規模について触れるときは、従業員数や工場数などではなく、時価総額を指している。会社の規模は時価総額を指しているため、ラージキャップ（大型株）、ミッドキャップ（中型株）、スモールキャップ（小型株）という言葉をときどき目にする。大型株、中型株、小型株の分類基準は利益成長と株価変動によって変わっていく。だが、現時点での大まかな基準は次のとおりだ。平均的な大型株の時価総額は600億ドル、中型株は50億ドル、小型株は10億ドルである。

　表10はさまざまな指数のパフォーマンスを、それらに連動するETFで比較したものだ。S&P500は大型株に、ほかの指数はほかの規模の銘柄に連動している。2013年10月31日時点における、これら6指数の年平均リターンの差に注目してほしい。

　大型株に連動する指数よりも中型株や小型株に連動する指数のほうが、パフォーマンスが良く、私たちが焦点を合わせるべき指数としてふさわしい。S&P500に勝つためには、S&Pスモールキャップ600やラッセル2000などの小型株に連動するETF（上場投資信託）を保有するのが最も簡単だ。しかし、私たちは3％シグナルを使い、それらのETFで資金を出し入れして、パフォーマンスをさらに高めるつもりだ。私たちのシグナルラインは勝つ目標である指数をすでに上回っているが、これによって基準となるラインをさらに底上げできる。小型株指数そのものがS&P500よりもパフォーマンスが良い。私たちはそれを3％シグナルでさらに向上させるつもりだ。

　小型株指数が私たちのプランに合う理由がもうひとつある。それらは大型株や中型株の指数よりもボラティリティが高い。これは価格の変動が大きいことを意味する。そして、私たちのシステムは価格の変

表10 ETFで見た各指数のパフォーマンス

証券コード	指数	構成銘柄	1年の年平均(%)	3年の年平均(%)	5年の年平均(%)	10年の年平均(%)
DIA	ダウ平均	大型株30銘柄	21.8	14.6	13.7	7.3
SPY	S&P500	大型株500銘柄	27.1	16.5	15.1	7.4
MDY	S&Pミッドキャップ400	中型株400銘柄	33.3	17.3	19.4	10.1
IJR	S&Pスモールキャップ600	小型株600銘柄	39.4	20.4	18.2	10.5
IWM	ラッセル2000	小型株2000銘柄	36.3	17.7	17.2	9.0
QQQ	ナスダック100	ナスダック上位100銘柄	29.3	17.9	21.3	9.7

動を利用している。価格が上下に動くからこそ、その指数を3％シグナルラインと比べて、安く買って高く売ることができるのだ。

　小型株指数を対象とするETFや投資信託はいくつかある。ほとんどの401kプランや退職積立勘定では大型株、中型株、小型株のどの証券も利用できるため、どの退職基金でも3％シグナルが簡単に使える。

　小型株を対象とする優れたETFを3つ挙げるとすれば、iシェアーズ・コアS&P小型株ETF（IJR）、シュワブUSスモールキャップETF（SCHA）、バンガードスモールキャップETF（VB）になる。これらは順に、S&Pスモールキャップ600指数、ダウ・ジョーンズUS小型株トータルストックマーケット指数、CRSP USスモールキャップ指数に連動している。これらのETFは信託報酬率が0.20％以下と低い。また、ポートフォリオの回転率も20％以下だ。ということは、ポートフォリオを構成する銘柄の80％は、ほとんどの年で入れ替えられてい

表11　小型株ETFとSPYとの比較（2013年10月31日現在）

証券コード	銘柄名	上場年月	利回り	信託報酬率（%）	1年の年平均（%）	3年の年平均（%）	5年の年平均（%）	10年の年平均（%）
IJR	iシェアーズ・コアS&P小型株	5/2000	1.3	0.16	39.4	20.4	18.2	10.5
SCHA	シュワブUSスモールキャップ	11/2009	1.6	0.08	37.9	19.1		
VB	バンガードスモールキャップ	1/2004	1.4	0.10	36.4	18.7	19.6	
SPY	SPDR S&P500	1/1993	1.9	0.09	27.1	16.5	15.1	7.4

ないということだ。取引費用が減るので、これは良いことだ。2013年10月31日現在の、それらのETFの概要は**表11**のとおりだ。比較のためにSPDR　S&P500ETFを示している。

　見て分かるように、3つの小型株ETFのパフォーマンスはどれも、3％シグナルプランのベンチマークである大型株ETFを楽に上回っている。

　同じ指数に連動していて、信託報酬やパフォーマンスも似ている指数連動型の投資信託も選択肢に入る。例えば、バンガードスモールキャップ投資信託（NAESX）は**表11**に載せたバンガードスモールキャップETF（VB）と同じく、CRSP USスモールキャップ指数に連動する。

　私たちのプランでは、IJRを使う。これは過去データを調べるのに十分な期間、運用されているからであり、小型株を対象とするETFのなかで最も楽に買えるので、一般的な例としてふさわしく、信託報酬率もかなり低いからだ。

　だが、もっと安いものが買えるのなら、ぜひともそちらを利用すべ

きだ。例えば、SCHAもVBも信託報酬率が低いし、退職年金制度にも同様のものがいくつかある。とは言え、これらの差はわずかであり、IJRはほかのほとんどのETFよりも信託報酬率が非常に低い。どの小型株ETFを選ぶかよりも、3％シグナルプランで小型株ETFを使うと決めることのほうがはるかに重要だ。それらのどれでも、信託報酬が妥当でうまく機能するからだ。3％シグナルプランをどの口座で運用するにしても、株式口座で利用できる最も信託報酬がかからない小型株インデックスファンドを使うことだ。

安全資産には債券

　私たちのプランでは、資金を株式ファンドと債券ファンドに配分するのだった。現役時代のほとんどで、2つの目標配分は株に80％、債券に20％であり、債券ファンドの残高の割合が高くなりすぎたら、定期的にこの比率まで戻す。運用期間のほとんどで、債券ファンドの残高がポートフォリオの30％に達したときにリバランスを行う。

　口座に新たに現金を入れたときは、それをすぐに債券ファンドに移す。そして、四半期ごとの買いシグナルで株式ファンドに移す指示が出るまで待つ。

　資金の一部を債券ファンドで持つ理由は安全のためだ。債券は株よりも価格変動がはるかに小さいうえに、株価が下げるときには債券価格が上げることもある。さらに、債券を持っておけば、着実に配当が得られる。配当で定期的に現金が入れば、投資パフォーマンスに大いに貢献するだけでなく、一安心できる。資金の一部を債券で持っておけば、株の買いシグナルが点灯したときに利用できるし、株を買うまで待ちながら、債券でかなりのリターンが得られる。安全資産を現金で持っていても、何も得られないので、その場合の総資産は長期的な上昇相場に連動するだけだろう。

表12　債券市場

全債券市場					
短期債		中期債		長期債	
国債	社債	国債	社債	国債	社債

　というわけで、資金の20％を債券ファンドで維持することを目標にする。選べる債券ファンドはたくさんあり、信託報酬率が低いETFもいろいろある。これは良いことだ。私たちのプランをどこで使うにしろ、信託報酬率が最も低い小型株インデックスファンドに資金のおよそ80％、信託報酬率が最も低い債券インデックスファンドにおよそ20％という配分比率を維持するのが目標になる。

　表12に示したように、主要な債券市場は国債と社債の短期債、中期債、長期債から成る。

　この主要な債券市場のほかに、政府住宅抵当金庫（略称はGNMAまたはジニーメイ）が発行する政府関係機関債や、しばしばジャンク債と呼ばれる高利回り債がある。ジャンク債はリスクが高すぎるので、選択肢からすぐに外せる。ジャンク（くず）という名前を見ただけで、外すのは簡単だ。一方、ジニーメイは私たちの目的にふさわしい。ジニーメイ債は米国財務省証券と同じく、政府の十分な信頼と信用に裏打ちされているからだ。

　主要な債券市場の各ETF、不動産担保証券市場のETF、それに1980年6月に上場されたバンガードGNMA投資信託を使って、バンガードの債券ETF同士を比較してみよう。バンガードGNMAを含めた理由は、2000年末からの50四半期に3％シグナルプランを使えるほど長い歴史があるからだ。このプランをこれから使い始める人たちなら、もっと低コストのETFが多くの口座で使える。2013年10月31日

表13　バンガード債券ファンドの比較（2013年10月31日時点）

証券コード	銘柄名	上場年月	利回り(%)	信託報酬率(%)	1年の年平均(%)	3年の年平均(%)	5年の年平均(%)
BND	バンガードトータル債券市場	4/2007	2.2	0.10	-1.1	2.9	5.9
BSV	バンガード短期債	4/2007	1.1	0.11	0.6	1.5	3.7
BIV	バンガード中期債	4/2007	2.9	0.11	-1.7	3.9	8.5
BLV	バンガード長期債	4/2007	3.9	0.11	-7.3	6.2	10.9
VMBS	バンガードモーゲージ担保証券	4/2009	1.1	0.12	-0.6	2.3	
VFIIX	バンガードGNMA	6/1980	2.4	0.21	-0.8	2.7	5.4

現在のデータは表13のとおりだ。

　低コストの債券インデックスファンドを提供しているのはバンガードだけではないが、この分野では首位の座にある。低コストのファンドは今後も上場されるので、運用実績によっては、それらも選択肢として考えられるかもしれない。例えば、シュワブ米国総合債券ETF（SCHZ）は2011年7月に上場され、信託報酬率はわずか0.05％だ。

　表13で、1年の年平均リターンが荒れているのは、2013年に金利が上昇するのではないか、と債券投資家たちが心配したからだ。この心配によって、債券市場で重要なトレードオフの関係が明らかになった。つまり、長期債は利回りが高く、長期的なパフォーマンスも良いが、金利の変動には敏感という点だ。3％シグナルの目標は債券投資の愛好者になることではなく、低コストの信頼できる債券インデックスファンドを使って、安全資産として利用するためだ。このため、バ

ンガードトータル債券市場ETF（BND）のような全債券市場ファンドか、バンガード中期債（BIV）のような中期債ファンドが最も良い。これらのパフォーマンスは常に変わりなく、通常は中くらいで、コストも非常に低く、まさに私たちが債券ファンドに期待しているとおりのものだ。

　表13に示された期間でも、BNDの損失はわずか－1.1％で、株式市場における鼻かぜ程度だ。さらに、債券ファンドの損失は安定的に支払われる配当で相殺される。例えば、2013年11月初めまでの6カ月で、BNDの価格は2.1％下げたが、支払われた配当は1.00ドル以上だった。これは1口当たり月に約17セントになる。配当分を足すと、BNDの損失は6カ月で57％減り、0.9％になった。長期で見ると、配当の重要性がさらに明らかになる。1976年以降の各種債券の総リターンのうち、90％ほどは価格の上昇によるのではなく、配当の支払いから得られている。

　思い出してもらいたいが、本書で取り上げた過去の例ではバンガードGNMAを債券ファンドに使った。私は3％シグナルが経済状況にかかわらずうまくいくことを、理論的にではなく、過去データを使って明らかにしたい。そのため、50四半期の初めである2000年にすでに上場されていたバンガードGNMAを例に使った。だが、2007年4月以降、もっと信託報酬がかからない債券が上場されている。あなたはそちらを利用すべきだ。自分で直接、売買できるか、少なくとも資金を入れられるトータル債券市場インデックスファンドか中期債インデックスファンドのうちで、信託報酬が最もかからないものを利用したほうがよい。

パフォーマンスで有利なIJR

　株式ファンドに前章で使ったS&P500ETF（SPY）ではなく、iシ

第4章 何に投資すべきか

表14 IJRの調節済み終値、2001年Q1〜2013年Q2までの50四半期

年	第1四半期（ドル）	第2四半期（ドル）	第3四半期（ドル）	第4四半期（ドル）
2001	30.40	34.18	28.63	34.42
2002	36.89	34.53	28.13	29.49
2003	27.73	33.31	35.72	40.85
2004	43.48	45.04	44.22	50.00
2005	48.97	50.98	53.61	53.77
2006	60.68	57.87	57.12	61.50
2007	63.28	66.50	65.35	60.92
2008	56.15	56.52	55.90	41.55
2009	34.51	42.24	49.88	52.31
2010	56.95	51.86	56.75	66.08
2011	71.12	71.03	56.89	66.61
2012	74.64	71.94	75.87	77.47
2013	86.58	90.09		

ェアーズ・コアS&P小型株ETF（IJR）を使うと、パフォーマンスがどれほど良くなるかを確かめるときだ。IJRのほうがボラティリティが高く、長期のパフォーマンスが良いのは有利だと思っているが、確かめておく必要がある。検証期間はまったく同じで、2001年の初めから2013年半ばまでの50四半期である。当初の資金も配分比率も前と同じで、1万ドルのうち8000ドルをIJRに、2000ドルをバンガードGNMAに配分するところから始める。唯一の違いは、SPYの代わりにIJRを使って3％シグナルを実行する点だ。そして、大型株ではなく小型株を使えばS&P500を大きく上回ることができるかを確かめる。

表14はIJRの50四半期の終値価格である。

IJRの2000年第4四半期の終値は32.34ドルだった。このファンドに8000ドルを配分して、247口買った。2001年第1四半期に4セントの配当が支払われた。また、この四半期の終値は30.40ドルだっ

119

表15 IJRへの投資プランの比較

プランの番号	2000/12～2013/6で見たプラン	開始残高（ドル）	新たな総現金（ドル）	最終株式残高（ドル）	最終債券残高（ドル）	最終総残高（ドル）
1	プラン2の新たな現金を当初資金に加えたIJRのバイ・アンド・ホールド	37,249	0	101,648	0	101,648
2	3％シグナルで運用、IJRとバンガードGNMAを80対20で新たな現金はすべて追加	10,000	27,249	69,318	16,403	85,721
3	当初の1万ドルでIJRを購入後、プラン2の新たな現金を50四半期に等分して買い付け（ドルコスト平均法）	10,000	27,249	78,105	0	78,105
4	3％シグナルで運用、IJRとバンガードGNMAを80対20で新たな現金なし	10,000	0	24,065	5,695	29,760
5	IJRのバイ・アンド・ホールド	10,000	0	27,289	0	27,289

た。8000ドルの株式残高からの3％シグナルラインは、前と同じ8240ドルになる。その四半期には利益が出なかった。IJRの残高は7520ドルになり、目標に720ドル足りないので、23.68口を買う必要があった。IJRと債券ファンドからの配当に加えて、債券ファンドの価格が上昇したため、債券ファンドの残高は2000ドルから2126ドルに増えた。だが、IJRを新たに買ったため、その残高は1407ドルに減った。結局、IJRは271.05口に増えて、残高は8239.92ドルになった。これは目標にほぼぴったりだ。

　表15は**表6**と同様の表だが、SPYの代わりにIJRを使ってプランを実行した結果だ。また、パフォーマンスが良かったものから順に並

べている。

　すぐに気づく違いは、私たちのプランで必要になった新たな現金をすべて当初資金に加えて、IJRをバイ・アンド・ホールドした場合に、最終残高が最も増えた点だ。これはSPYでは起きなかったことだ。だが、3つの理由で、これは役に立つ発見とは言えない。第1に、ほとんどの人は運用当初に、長期にわたって投資することになる資金の全額を用意できない。第2に、その期間にバイ・アンド・ホールドをして、最もパフォーマンスが良くなる銘柄を事前に知ることはだれにもできない。第3に、ほとんどの人が取る手法はバイ・アンド・ホールドではなく、バイ・アンド・ベイル（買って、逃げ出す）である。これらの理由から、これ以外のプランに関心を向けることにする。

　ほかのプランでは、3％シグナルの基本であるプラン2の最終総残高が最も多かった。これはプラン3のドルコスト平均法よりも、新たな現金を効果的に使っている。プラン4とプラン5では新たに現金を追加しなかった。この2つでは、3％シグナルの最終総残高が2万9760ドルで、IJRをバイ・アンド・ホールドした場合の2万7289ドルよりも良かった。

　小型株指数での3％シグナルは、現金を追加した場合もしなかった場合もパフォーマンスが良かった。これは良いことだが、真の目標はSPYで代用したS&P500での3％シグナルに勝つことだ。これも達成した。しかも、大幅にだ。**表16**はIJRとSPYを2つの重要なプランで比較している。3％シグナルプランと、そのプランで必要になる新たな現金を均等に配分したドルコスト平均法のプランだ。

　2つのプランとも、SPYよりもIJRを使うほうがパフォーマンスが良かった。プラン1とプラン3の3％プランでは、SPYを使ったときの最終残高が7万1152ドルに対して、IJRでは8万5721ドルと、20.5％も良くなった。したがって、小型株指数がプランで使うべきファンドとしてふさわしい。

表16　SPYではなく、IJRで3％シグナルを使うほうが勝った

プランの番号	2000/12〜2013/6で見たプラン	開始残高（ドル）	新たな総現金（ドル）	最終株式残高（ドル）	最終債券残高（ドル）	最終総残高（ドル）
1	3％シグナルで運用、IJRとバンガードGNMAを80対20で新たな現金はすべて追加	10,000	27,249	69,318	16,403	85,721
2	当初の1万ドルでIJRを購入後、プラン1の新たな現金を50四半期に等分して買い付け（ドルコスト平均法）	10,000	27,249	78,105	0	78,105
3	3％シグナルで運用、SPYとバンガードGNMAを80対20で新たな現金はすべて追加	10,000	30,711	60,959	10,193	71,152
4	当初の1万ドルでSPYを購入後、プラン3の新たな現金を50四半期に等分して買い付け（ドルコスト平均法）	10,000	30,711	63,667	0	63,667

　IJRでプランを実行したときも新たな現金を追加する必要があったが、SPYのときよりは少なくて済んだ。IJRを使ったときは、11回の四半期でしか現金不足に陥らなかったのに対して、SPYでは19回の四半期で不足した。**表17**はIJRで現金が不足した11回の四半期を示した表だ。数字は四捨五入しているが、合計金額は正確だ。

　3％シグナルプランで、IJRはSPYに勝てただけでなく、不足する現金も少なくて済んだ。

　また、どちらの場合も、最終残高のかなりの割合が安全な債券になっている。これは重要である。生の数字でも、リスク調整済みの数字でも、パフォーマンスが良く、リスクを抑えながら市場に勝っている。

表17 2001年第1四半期～2013年第2四半期にIJRで運用したとき、11四半期で現金不足

四半期	新たに必要な現金（ドル）	四半期	新たに必要な現金（ドル）
Q302	389	Q308	1,083
Q103	927	Q408	7,814
Q304	193	Q109	5,598
Q407	1,529	Q210	5,183
Q108	2,699	Q311	1,232
Q208	600		27,249

　プラン2と4のドルコスト平均法の最終残高は3％シグナルよりも少なく、IJRでもSPYでも資金のすべてを株に投資していて、債券は何も持っていない。一方、プラン1とプラン3の3％シグナルプランでは、最終残高が多いだけでなく、債券でかなりの資金が残されている。IJRの債券残高は8万5721ドルのうちの1万6403ドルで、総残高の19％に達していた。SPYでは、7万1152ドルのうちの1万0193ドルで、総残高の14％だった。

　これがなぜ役に立つかを知るために、2008年第4四半期に起きたように、相場が翌四半期に20％下げたらどうなるかを見ることにしよう。話を簡単にするため、IJRとSPYが20％下落して、債券価格は安定していたと仮定しよう。**表18**は4つのプランの下落前後を見たものだ。

　ほとんどの投資家がふるい落とされるような急落が1回起きると、残高は劇的に変わった。ドルコスト平均法のプランでは、株式市場に資金をすべて投資しているため、相場が20％下げると同じだけ下げた。プラン2は7万8105ドルから6万2484ドルへ、プラン4は6万3667ドルから5万0934ドルへと、残高はそれぞれ20％減った。だが、3％シグナルプランは資金のかなりを債券で持っていたため、下落の影響を弱めることができた。プラン1は8万5721ドルから7万1857ドルへ、

表18 相場が20％下落したときに、3％シグナルとドルコスト平均法が受ける影響

プランの番号	2000/12～2013/6で見たプラン	最終債券残高（ドル）	20％下落後の債券残高（ドル）	最終株式残高（ドル）	20％下落後の株式残高（ドル）	最終総残高（ドル）	20％下落後の総残高（ドル）
1	3％シグナルで運用、IJRとバンガードGNMAを80対20で新たな現金はすべて追加	16,403	16,403	69,318	55,454	85,721	71,857
2	当初の1万ドルでIJRを購入後、プラン1の新たな現金を50四半期に等分して買い付け（ドルコスト平均法）	0	0	78,105	62,484	78,105	62,484
3	3％シグナルで運用、SPYとバンガードGNMAを80対20で新たな現金はすべて追加	10,193	10,193	60,959	48,767	71,152	58,960
4	当初の1万ドルでSPYを購入後、プラン3の新たな現金を50四半期に等分して買い付け（ドルコスト平均法）	0	0	63,667	50,934	63,667	50,934

プラン3は7万1152ドルから5万8960ドルへと、残高の減少はそれぞれ16.2％と17.1％で済んだ。

　3％シグナルプランで債券残高を維持できれば、相場が下げている時期に4つの利点がある。第1に、相場の下落による痛手を抑えることができる。第2に、安値を利用して株を買うための資金として使える。第3に、安心できる。第4に、おそらく最も重要なことだが、適切な行動を取っているという自信が得られる。価格が大きく下げたあと、何が適切な行動だろうか？　もちろん、株を買うことであり、それはプランがシグナルで知らせる。これら2つの場合に、IJRの買いシグナルで必要な資金の全額、SPYではその71％を、プランの債券残高でまかなえた。

　これらはすべて十分に印象的だが、実はほとんどの人の投資法よりも3％シグナルプランのほうが、パフォーマンスで有利である。現実には、IJRを用いた3％シグナルプランは、**表18**で示したよりも大差でほとんどの投資手法を上回る。ここで示したドルコスト平均法の例のように、機械的な正確さや感情を交えない厳格さでポートフォリオを運用できる投資家はほとんどいないからだ。ほとんどの人は勘で先を読んで、すべきことを決めるが、たいていは判断を誤る。3％シグナルプランはそのシグナルに従う自信と、相場の変動に応じて動く満足感を与えてくれる。それによって、自分で判断する危険から身を守ることができる。

　最後に、たとえドルコスト平均法からけっして外れずに運用できたとしても、ほとんどの人は例で取り上げた単一の株式指数ファンドではなく、分散投資されてパフォーマンスが劣るファンドを使うだろう。単一の株式ファンドだけで運用すれば、ボラティリティが大きくなり、上昇相場でふるい落とされる可能性が高くなる。一方、ポートフォリオを分散化すれば、ボラティリティは小さくなるが、リターンも下がる。3％シグナルプランを使えば、それらの間のバランスをうまく取

ることができる。このプランは例で取り上げたドルコスト平均法に勝てるだけでなく、リスクが低く、四半期ごとに明白な指針が得られるため、心理的にも安心できるからだ。

この点を頭に入れたうえで、ピーター・パーフェクトや予測屋たちのせいで、投資家たちが大損害を被る厄介な現実世界で、3％シグナルとの比較をしよう。

ヒーローの持ち株に勝つ

ここで、ピーター・パーフェクトはまず、反論するだろう。この期間にバイ・アンド・ホールドしていたら、3％シグナルよりもパフォーマンスが良かった銘柄はいくらでもあった、と。もっと大きな魚や手ごわい相手は必ずいるし、もっと青い芝生が隣の庭に必ずあるように、パフォーマンスがもっと良かった銘柄も必ずあるだろう。

問題は、あなたもピーターもその銘柄を保有してはいなかったということだ。実際には、適切な時期に最も良い銘柄を保有している人は1人もいない。人々はそれらの銘柄について、事実が明らかになってからしか語らない。それも、たいていは、一等に当選した宝くじを買っていたら、というのと同じ夢物語だ。だが、ピーターはそんな可能性がゼロに近いことを、あたかも毎日起きているかのように話す。しかも、過去の仮定の話をするときと同じように、今後も簡単にできるかのように話すのだ。しばらく、彼の話に付き合ってみよう。

私はこれらのうまく逃げおおせた最高の株を「ヒーローの持ち株」と呼びたい。それらの株を持ち続けた人はだれもが株式市場のヒーローになった。そして、ピーターは間違いなく、自分もその1人であるかのように振る舞うだろう。ヒーローの持ち株リストのなかで、私たちが見た2000年12月から2013年6月までの50四半期に驚異的な上昇をしたのは、何と言っても栄養食品とダイエット関連の会社であるメデ

表19　MEDのバイ・アンド・ホールドとIJRとSPYによる３％シグナルの比較

2000/12～2013/6で見たプラン	開始残高（ドル）	新たな総現金（ドル）	最終現金残高（ドル）	最終株式残高（ドル）	最終総残高（ドル）
14セントでMEDを買って、全期間で保有	10,000	0	1,840,000	0	1,840,000
３％シグナルで運用、IJRとバンガードGNMAを80対20で新たな現金はすべて追加	10,000	27,249	69,318	16,403	85,721
３％シグナルで運用、SPYとバンガードGNMAを80対20で 新たな現金はすべて追加	10,000	30,711	60,959	10,193	71,152

ィファスト（MED）だった。2000年第４四半期の終値はわずか14セントだったが、2013年第２四半期の終値は25.76ドルで、１万8300％の上昇をした。これよりもヒーローにふさわしい持ち株はまず見つからないだろう。この銘柄に１万ドルを投資して、期間中に何の資金も追加しないでいたら、これまでに検討してきたプランよりもどれほど良かったかを見よう。

　決着は付いた！　次のメディファストを探しに行こう。それを買って、必死に持ち続け、ぴったりの売り時に売るのだ。あなたにはそれができる。少なくとも、ピーターにはできる。

　だが、先を見るのは過去を振り返るほど楽しくないことに突然、気づく。ひとつのメディファストの陰には、かつて有望だったが、ベア・スターンズやエンロンのように破綻して消え去った会社がいくらでもある。それらの銘柄を保有していた投資家を笑うのは簡単だが、それらの会社が考えられるほど無謀な経営をしていたわけでもない。フォーチュン誌の最も称賛される企業で、業界２位になって１年後、そして、著名なジーバル（予測妥当性ゼロ）のジム・クレーマーが自分の

司会するテレビ番組「マッド・マネー」で、「ベア・スターンズは良い会社だ……。問題はない」と、視聴者に語って１週間とたたないうちに、この会社はFRB（連邦準備制度理事会）による緊急融資を必要とした。だが、融資は受けられず、2008年３月16日に雀の涙ほどの金額でＪＰモルガンに売却された。エンロンは2001年第４四半期に倒産したが、その期の初めに16人のジーバルなアナリストのうち13人が「買い」と格付けしていた。また、この会社が破産申立をした２カ月後にニューヨーク・タイムズは、厄介な倒産面は抜きにしてだろうが、「それでも、エンロンはほかの会社のお手本になるかもしれない」と述べている。

　判断を誤った投資アイデアのリストを作れば、本書の最後まで延々と続けられるが、これらの銘柄はそのうちの２例にすぎない。どちらの銘柄も投資家たちが保有していたのは、もっと高くなるというリサーチが出回っていたからだ。もちろん、ピーター・パーフェクトがこのことに触れることはけっしてない。また、ここで取り上げたいのは、３％シグナルに対するピーターの反論だ。だから、私たちがいかに簡単にダメ株をつかまされるかという話はこの辺にして、2001年から2013年に１万8300％も上昇した輝かしい勝ち組、メディファストに再び焦点を合わせよう。幸運なジーバルたちがメディファストのようなヒーローの持ち株を保有していたら、現実の世界ではどうなるだろう？　調べてみよう。

　表20は、私たちが調べている50四半期にこの銘柄の終値がどう推移したかを、2000年末の14セントと合わせて載せたものだ。

　2000年末の14セントから2013年半ばの25.76ドルにたどり着くまでには、ピーター・パーフェクトが語るよりもはるかに多くのドラマがあった。途中に何の疑いもなく、一直線に利益が増えていく、といったことはなかった。

　この期間にジーバルたちはメディファスト社と、派手な動きをする

第4章　何に投資すべきか

表20　2000年第4四半期～2013年第2四半期のMEDの終値

年	第1四半期（ドル）	第2四半期（ドル）	第3四半期（ドル）	第4四半期（ドル）
2000				0.14
2001	0.44	0.33	0.20	0.22
2002	0.83	0.81	1.79	5.32
2003	4.94	11.25	12.35	14.10
2004	8.99	5.31	4.48	3.52
2005	2.87	3.04	4.00	5.24
2006	9.23	17.87	8.68	12.57
2007	7.16	8.95	5.58	4.85
2008	4.23	5.26	6.81	5.52
2009	4.15	11.46	21.72	30.58
2010	25.13	25.91	27.13	28.88
2011	19.75	23.73	16.15	13.72
2012	17.46	19.68	26.15	26.39
2013	22.92	25.76		

　この会社の株について言いたい放題で、株価に大きな変動があるたびに格上げや格下げが繰り返された。それらの評価は正しいときも、間違っていたときもあった。当たる確率も外れる確率も50％という予測が当てにならない環境では、それは当然のことだ。値上がり率1位になったときや、逆に新規顧客の獲得費用が増えている可能性があるというリポートが出たために、さえない業績予想に16％下落して値下がり率1位になった2006年9月5日のような日には、市場ニュースに取り上げられた。

　良い日もあった。2010年2月16日にロイター通信は、「バリー・ミンコウの詐欺発見協会（FDI）が、『ほかの継続中の調査に精力を傾けたい』と言って、ダイエット飲料および食品の製造販売を手がけるメディファストの調査を終えると、同社の株価は火曜日に17％の急上

昇をした。同社のテイク・シェイプ・フォー・ライフ直接販売子会社が『ネズミ講式販売』を行っているとのFDIの主張をきっかけに、メディファスト株は過去1カ月に大幅下落をしていた」と、報道した。FDIがメディファストの調査リポートを公表した1月8日から、調査を中止した2月12日の前日までに、株価は30.91ドルから19.04ドルまで下落していた。

　この会社の販売方式が詐欺と告発され、ネズミ講とまで言われて株価が急落しても、その株を持ち続けるというのは容易なことではない。ピーター・パーフェクトはヒーローの持ち株の話をするとき、そんな不都合な事実は無視する。私たちはそうはしない。

　メディファストに投資したピーターやほかの人たちは**表20**にまとめた50四半期に、会社に関する大量の情報に接して、買うか、売るか、持ち続けるかを毎四半期末に判断しなければならなかったと仮定する。また、この株が50四半期で最安値を付けた2000年末に、ピーターが14セントで1万ドル相当の株を買ったと、気前よく認めておく。その後、各四半期にコイン投げをする。ピーターがこの銘柄を保有していた四半期に表が出たら保有し続けたことを、裏が出たら売ったと仮定する。保有していなかった四半期には、表は買ったことを、裏は売ったことを意味する。ピーターが株の一部を売った可能性やほかの選択肢を考慮できないため、どうしても単純な仮定になる。それでも、50％の確率で投資判断を誤ると、勝ち組の銘柄でもパフォーマンスにどれほど大きく影響し得るかが、この実験で理解できるだろう。**表21**は2000年12月にメディファストを14セントで買ったあと、50四半期にコイン投げをした結果だ。

　これは驚きだ。大成功をしたあとには悲嘆に暮れる日々が、祝いの食事のあとには眠れない夜が続く。挫折感を味わったかと思うと、高揚感に包まれる。リサーチをしてもストレスを感じ、さらにリサーチをする。予測をしても当てにならないので、当たったと自慢した

り、惜しくも外したり、大きく外してすねたりを繰り返す。これほどの長期間に最もパフォーマンスが良かった銘柄のひとつでさえ、こうしたトレードの冒険物語が延々と続く。そのあげく、ピーター・パーフェクトの１万ドルはわずか４万4601ドルに増えただけだった。彼は過去を振り返って、2000年12月に14セントでこの銘柄を買っていたら、2013年６月にどれほど儲かっていたことか、と自慢げに話すだろう。だが、彼が実際に手にできたこの金額は184万ドルには遠く及ばない。理屈では完璧なトレードをさも簡単なことのように語れるが、現実には達成できないのだ。

　もちろん、これは長い期間にメディファストで経験したかもしれない苦労を、ランダムに並べたものだ。あなたがコイン投げで各四半期の行動を決める実験をすれば、異なる結果が得られるだろう。それでも、これは私たちが下したであろう判断の代用としては悪くない。また、ピーターが友人に話せるような本物の成功も含まれている。むしろ、この例はピーターに好意的すぎる。最初に14セントで買えたと仮定したため、残高が１四半期以内に３万1429ドルまで急増したからだ。彼に都合の良い仮定ををしていたために、コイン投げを始める前の利益は全期間の利益の91％を占めていた！

　コイン投げはそれほど見事な水準から始めて、かなりうまくいった。2002年の第３四半期から第４四半期までに、残高は１万9048ドルから５万6611ドルに増えた。2003年第３四半期から第４四半期までに、５万7707ドルから６万5884ドルになった。2006年第１四半期から第２四半期は、５万7466ドルから11万1259ドルになった。これがこのコイン投げで最大だった。残念ながら、３四半期後には、ピーターの残高は３万0783ドルにまで減った。ピーターが2000年に14セントで買わずに、50四半期を現金で始めて、2001年第２四半期に33セントで買ったと仮定すれば、コイン投げとその後の行動が同じでも、最終残高はわずか１万4191ドルだっただろう。このコイン投げで残高が最高だったのは、

131

表21 MEDの株価データでコイン投げ

四半期	株価（ドル）	コイン投げの結果（ドル）	行為	現金の残高（ドル）	MEDの残高（ドル）
Q400	0.14		Buy	0	10,000
Q101	0.44	Tails	Sell	31,429	0
Q201	0.33	Heads	Buy	0	31,429
Q301	0.20	Tails	Sell	19,048	0
Q401	0.22	Tails	Hold	19,048	0
Q102	0.83	Tails	Hold	19,048	0
Q202	0.81	Tails	Hold	19,048	0
Q302	1.79	Heads	Buy	0	19,048
Q402	5.32	Heads	Hold	0	56,611
Q103	4.94	Tails	Sell	52,567	0
Q203	11.25	Heads	Buy	0	52,567
Q303	12.35	Heads	Hold	0	57,707
Q403	14.10	Tails	Sell	65,884	0
Q104	8.99	Tails	Hold	65,884	0
Q204	5.31	Heads	Buy	0	65,884
Q304	4.48	Heads	Hold	0	55,586
Q404	3.52	Tails	Sell	43,675	0
Q105	2.87	Tails	Hold	43,675	0
Q205	3.04	Heads	Buy	0	43,675
Q305	4.00	Tails	Sell	57,466	0
Q405	5.24	Tails	Hold	57,466	0
Q106	9.23	Heads	Buy	0	57,466
Q206	17.87	Heads	Hold	0	111,259
Q306	8.68	Tails	Sell	54,042	0
Q406	12.57	Heads	Buy	0	54,042

第4章　何に投資すべきか

四半期	株価（ドル）	コイン投げの結果（ドル）	行為	現金の残高（ドル）	MEDの残高（ドル）
Q107	7.16	Tails	Sell	30,783	0
Q207	8.95	Tails	Hold	30,783	0
Q307	5.58	Tails	Hold	30,783	0
Q407	4.85	Heads	Buy	0	30,783
Q108	4.23	Tails	Sell	26,848	0
Q208	5.26	Heads	Buy	0	26,848
Q308	6.81	Tails	Sell	34,759	0
Q408	5.52	Tails	Hold	34,759	0
Q109	4.15	Tails	Hold	34,759	0
Q209	11.46	Heads	Buy	0	34,759
Q309	21.72	Tails	Sell	65,878	0
Q409	30.58	Heads	Buy	0	65,878
Q110	25.13	Tails	Sell	54,137	0
Q210	25.91	Heads	Buy	0	54,137
Q310	27.13	Tails	Sell	56,686	0
Q410	28.88	Heads	Buy	0	56,686
Q111	19.75	Heads	Hold	0	38,766
Q211	23.73	Tails	Sell	46,578	0
Q311	16.15	Heads	Buy	0	46,578
Q411	13.72	Tails	Sell	39,570	0
Q112	17.46	Heads	Buy	0	39,570
Q212	19.68	Tails	Sell	44,601	0
Q312	26.15	Tails	Hold	44,601	0
Q412	26.39	Tails	Hold	44,601	0
Q113	22.92	Tails	Hold	44,601	0
Q213	25.76	Tails	Hold	44,601	0

注＝「Heads」は「表」、「Tails」は「裏」、「Buy」は「買い」、「Sell」は「売り」、「Hold」は「保有」

2006年第2四半期の3万5401ドルにすぎなかった。それは3四半期後には9795ドルにまで減った。これは当初資金の1万ドルを割り込む、かなり悲惨な数字だ。

　これら四半期に取った行動はランダムに決められたものだが、それでも、行動に先立って人間がどういうことを考えそうかは想像できる。ピーターが2000年にメディファストを14セントで買ったときの明るいシナリオに戻ると、2001年第1四半期には残高があっという間に214％も急増した。これで、彼は自分の能力に自信を持ったことだろう。44セントで売った数カ月後に、33セントになっているのに気づいたときには特に自信を持ったはずだ。そこから上げると考えて再び買って、「やったぞ！」と叫んだだろう。ところが、その後は39％も下げて、苦しんだはずだ。そこで売ったあと、20セントから1.79ドルまで795％も上げたのに、現金にしたまま動かなかったからだ。それだけの上昇を眺めているのも苦しかったはずだ。間違いなく、2001年初秋から2002年初秋まで、休日や休暇や記念日を何度も台無しにしただろう。20セントから1.79ドルまで上昇したあとで買うのは、度胸がいる。この点は、ピーターを褒めるべきだろう。特に、1四半期で3倍近く上げて、5.32ドルになったのだから。もっとも、コイン投げを褒めるのは難しいが。

　これら50四半期に、メディファストが実際にどうトレードされたかは分からない。だが、株式市場での長期の運用実績から、人が投資判断の半分で間違えることは分かっている。最もパフォーマンスが良い銘柄に投資しても、人のこうした傾向でいかに悲惨な結果になるかが、この簡単な例で分かる。ヒーローの持ち株の話に出合うと、あなたは承知のうえでにこにこするだろう。「10年前にこの株を買って持ち続けていたら、どうなったか知ってるかい？」と尋ねられたら、最も適切な返しは次のようなものだ。「残念ながら、そのときには買わなかったからね。でも、君も買わなかったんだろう？　仮に買ってたとし

表22　MEDを振り返って見た夢と現実

2000/12～2013/6で見たプラン	開始残高（ドル）	新たな総現金（ドル）	最終現金残高（ドル）	最終株式残高（ドル）	最終総残高（ドル）
14セントでMEDを買って、全期間で保有（振り返って、見た夢）	10,000	0	1,840,000	0	1,840,000
3％シグナルで運用、IJRとバンガードGNMAを80対20で新たな現金はすべて追加	10,000	27,249	69,318	16,403	85,721
3％シグナルで運用、SPYとバンガードGNMAを80対20で新たな現金はすべて追加	10,000	30,711	60,959	10,193	71,152
14セントでMEDを買い、四半期ごとにトレードをして、50％の確率で判断を誤る（楽観的現実）	10,000	0	44,601	0	44,601
33セントでMEDを買い、四半期ごとにトレードをして、50％の確率で判断を誤る（悲観的現実）	10,000	0	14,191	0	14,191

ても、売るのが早すぎて、まずい時期に買い直していたのでは。それに、言うまでもないけど、今、話している株がどこまで上げるかは、そのときには分からなかったはずだよね。で、ピーター、要するに何が言いたいんだ？」

　株式市場のヒーローに関するピーターの夢物語を分析したので、前に見た比較の**表22**に現実的な結果を付け加えておこう。

　最もパフォーマンスが良い株でさえ、適切な時期に適切な額を買い、保有し、売る必要がある。だが、私たちはそれらの半分でしか適切に動けない。そのため、ヒーローの持ち株なら184万ドルの最終残高に

運用実績を良く思わせる方法

　運用実績を実際よりも良く見せたい？　ニュースレターの著者や投資アドバイザーたちはいつも、そんなことをしている。

　コツはいいとこ取りのリポートだ。メディファストの四半期ごとの株価を見ると、目覚ましい上昇が何度もあった。自分の実績をリポートしているジーバルたちはある銘柄について解説したあと、株価が下げている時期を省いて、上げている時期だけを示すこともできる。また、半分は判断を誤る典型的なトレードであれば、それほど良くなかったはずの総パフォーマンスを示さないでいることもできる。

　長期にわたって投資アイデアを出し続けていれば、たとえ一時的にでも期待できる株価チャートが必ず得られる。どんな銘柄でも、リターンが良かった時期を見つけることはできる。ダメ株にも目を引く時期は十分にある（それに、すべてを開示する責任はない）のだから、だれでも銘柄選別のプロらしく見せることはできるのだ。

なるはずなのに、楽観的シナリオでも4万4601ドル、悲観的なシナリオなら1万4191ドルで終わってしまう。

ドルコスト平均法に勝つ

　株式相場で利用できる最も良い手法はドルコスト平均法だ、と多くの投資家は主張する。彼らは余計な労力を費やして3％シグナルを使っても、パフォーマンスはドルコスト平均法とたいして変わらないと

表23　ドルコスト平均法の利点

株価（ドル）	投資額（ドル）	買った株数	総保有株数	1株当たりの平均取得額（ドル）	平均株価（ドル）
10	500	50	50	10	10
15	500	33	83	12.05	12.50
5	500	100	183	8.20	10
10	500	50	233	8.58	10
20	500	25	258	9.69	12

言う。しかし、彼らは間違っている。たしかに今までは、ドルコスト平均法が株式市場における最高の手法リストの1番目に載っていた。だが、これから3％シグナル戦略をさらに洗練させて、首位の座から降りてもらう。

　前に見たように、ドルコスト平均法は長期投資の良いプランである。投資業界のほとんどのノイズに耳を貸さずに、定期的に一定額を投資して、安値で買う株数を増やして高値では減らすという単純な手法に焦点を合わせる。これで、1株当たりの平均取得価格を投資期間の平均株価よりも下げることができる。次の**表23**で、この利点がすぐに分かる。

　この投資家は機械的に500ドル分ずつ買ったために、1株当たりに払った金額を投資期間の平均株価よりも低く抑えることができた。ドルコスト平均法はこの単純さのために人気がある。同じ銘柄で3％シグナルとドルコスト平均法が競い合えば、上昇が長く続く時期を含む期間であれば、ドルコスト平均法が最終残高で勝つこともある。

　これは要するに、両者にトレードオフの関係があるからだ。ドルコスト平均法では保有する株をけっして売らないので、安全な債券残高もない。常に、全額を投資する。3％シグナルプランには債券残高が

あり、めったに株に全額を投資することはない。長期の上昇相場では、ドルコスト平均法は資金をすべて株に投資しているため、有利になる。３％シグナルプランでは、四半期ごとに利益が３％を上回っていたら、その分を売るため、株式への投資比率が下がるのだ。

株にすべての資金を配分することの弱点

ドルコスト平均法の問題点は、株にすべての資金を配分するプランで含み損が増えていても、適切に対応できないところだ。この点については第３章の「バイ・アンド・ホールドの神話」で触れたし、この章の「パフォーマンスで有利なIJR」でも、３％シグナルを使えば20％の下落の影響をいかに抑えられるかを説明するときにも述べた。ドルコスト平均法では、株価が下げて安くなった時期には投資額を増やすか、少なくとも退職積立口座に入れると決めている掛け金を出し続けなければならない。それなのに、この手法に頼る多くの投資家はまさにその時期にそれを止めてしまう。この手法には何の指針もない。ただ、世界で何が起きていようと、資金を投じ続けるべきという考え方があるだけだ。これでは心理的に不満が残る。私たちは世界と無関係ではいられないからだ。私たちはニュースを読み、ポートフォリオの残高がニュースに反応して変動するのを見ると、動きたくなる。あー、まずい。それで問題が起きることはすでに分かっている。株式市場で動くということは、50％の失敗率で動くことを意味するのだ。

３％シグナルの素晴らしさは、動きたいという私たちの欲求に応えて、適切な行動を指示してくれるところだ。相場が下げているときには、買いなさい。大きく下げていたら、たくさん買いなさい。上げているときには、売りなさい。大きく上げていたら、たくさん売りなさい、と。これらの判断は必ずしも正しいわけではない。例えば、前の四半期に大きく上げたからといって、次の２回の四半期も大きく上げ

続けるかどうかは、知りようがない。第4四半期に大幅に上げたので売るという合理的な判断をしたものの、その翌年の第1、第2四半期も大幅に上げ続けて、判断は結局、間違っていたということもあり得る。だが、四半期ごとに合理的に行動していれば、やがては勝てる。ここの例では、自分の判断で動こうとすると、これまでの株価上昇に勢いがあるので、第2四半期の天井で資金をすべて賭ける可能性が大いにある。だが、株価はそんなときに限って急落する。資金をすべて投資したばかりの人は、痛手が最も大きくなる。それで、損切りをして資金を再び現金に戻す。その後は、相場が底を打ち、再び上げ始めるが、ぶつぶつ言いながら様子見を続けるので、被った痛手からの回復は長引く。しかし、3％シグナルを使えば、天井で買わずに済むのだ。

　ドルコスト平均法にはこのリスクがある。資金をすべて株に投資するうえに、毎月か毎四半期ごとに機械的に買うのでは、実はポートフォリオを管理していることにはならないのでは、という疑いを捨てきれないからだ。「これは自動操縦にすぎない。状況の変化に対応できないので、このプランを見張っていなくては」と、私たちは思う。正解だ！　たしかに、変化に対応できない。だが、残念ながら、自分で判断をしても、信頼できる対応はできない。50％の確率で判断を誤っても信頼できると考えるのなら、話は別だが。現実の世界でドルコスト平均法を使うと、株に資金をすべて配分しているので、残高は長期的に膨らんでいく。だが、相場が総崩れになって残高が急減すると、人々はあわてふためく。彼らは資金の一部かすべてを現金化する。だが、その後、いつ買い直すべきかについて、ジーバルたちのアドバイスを別にすれば、何の指針も得られない。それで、このプランはうまく機能しなくなる。平均コストを下げるためには、厳しい規律の下に買い続ける必要があるが、定期的に投資すべき資金は現金のまま増えていく。やがて、彼らのほとんどは再び定期的に買い始めるが、買いの絶好の機会はすでに過ぎ去っていて、次に下げて底を打つときまで

やってこない。だが、そのときが来たら、買うべきなのに、また売ってしまう。

このため、ドルコスト平均法を利用する人々は口座の資金が将来、どれくらいまで増えるか、知りようがない。彼らがこの手法をいじらないとしても、株にすべての資金を振り向けていると、その評価額は相場と共に変動する。安全資産用の口座を利用して、予想できる成長ラインに合わせて投資額を調整するシステムがないからだ。ドルコスト平均法を利用したときの口座残高は、今四半期末にいくらになるだろうか？　だれにも分からない。3％シグナルの株式ファンドは今四半期末にリバランスをしたあと、いくらになるだろうか？　前四半期よりも3％多い額だ。そして、前四半期はその前の四半期よりも3％多い。

ドルコスト平均法を用いる投資家が直面するもうひとつの問題は、定期的に投資する額をいくらに決めるかだ。前にドルコスト平均法と3％シグナルを比較したときは、50四半期に3％シグナルで必要になった新たな現金を等分して、四半期ごとの額を決めた。だが、現実には、そんなシステムはあり得ない。50四半期に相場がどうなるかを前もって知ることはできない。そのため、3％シグナルで現金をいくら追加する必要があるかも分からない。また、ドルコスト平均法のプランで積み立てる額は、そのときにいくら払えるかで決まるときもあるので、選択肢は少なくなる。しかし、やがて投資家が退職積立口座への掛け金を増やせるようになり、経済が成長して投資残高も増えてくると、指針がないことが問題になる。この最後の部分は、一般に考えられる以上に重要だ。

例えば、1カ月に100ドルだと覚えやすいので、ドルコスト平均法で積み立てる額を四半期当たり300ドルに決めたとしよう。すると、年間に投資した額は1200ドルになり、5年後には6000ドルに達している。それが年率10％で増えていたら、総残高は7326ドルになってい

バリュー平均法の年間リターンのほうが良い

マイケル・エデルソンはその著書『バリュー・アベレージング（Value Averaging : The Safe and Easy Strategy for Higher Investment Returns）』のなかで、シミュレーションした相場でドルコスト平均法とバリュー平均法の戦略を300回実行している。2つの戦略は似通った成績だったが、バリュー平均法が最初の100回のうちの84回、次の100回のうちの90回、その次の100回のうちの89回で勝った。彼は年間リターンを比較して、「バリュー平均法はドルコスト平均法よりも平均で1.4％リターンが良い」ことを発見した。次の**表24**は、彼の本の2006年版の**表8.1**から採ったものだ。

表24　バリュー平均法はドルコスト平均法に勝つ

シミュレーション回数	ドルコスト平均法の年間リターン（％）	バリュー平均法の年間リターン（％）
最初の100回	15.74	17.03
2回目の100回	13.85	15.35
3回目の100回	14.88	16.28

る。四半期で300ドルのペースで積み立てると、5年後にはかなりの額に達していて、そこから300ドルずつ積み立てるのでは不十分になる。時がたつにつれて、投資残高に対する比率はますます下がっていく。収入は増え、インフレで物価は上昇し、やがてこの積立額ではもはや不適切になる。

　3％シグナルでは、これはけっして問題にならない。このプランで

は、一定の比率で投資残高が増えていくので、売買の指針も最初から最後まで残高と比例している。最初の株式ファンドの残高が1000ドルであれば、このプランでは残高が今四半期にわずか30ドル増えればよい。何十年か後に残高が30万ドルになっていれば、残高はその翌四半期に9000ドル増える必要がある。このプランの手法ではこの額が自動的に決まるので、株式ファンドの残高にかかわらず、四半期ごとの行動は無意味にならない。さらに、株式ファンドの残高が増えると、売りシグナルによって現金が増える。この現金は債券ファンドに回されて、その後の買いシグナルのほとんどで利用できるので、たとえ株式残高が増えていっても心配ない。例えば、今四半期に9000ドルを新たに追加する必要はない。その一部かすべてが、株価の上昇で得た現金で賄われるだろう。そうならなくても、それまでの上昇時に売って得た現金で、不足分を補えるだろう。

ドルコスト平均法では、たとえ増えた収入に合わせて投資額を増やしても、口座の残高に比べると色あせる額でしかなくなる。非常に楽観的な仮定をして、ドルコスト平均法のプランで年に4回、300ドルずつ積み立て始めたあと、自分の収入が5年で4倍になったとする。それで、四半期ごとの積立額を1200ドルに引き上げて、年に4800ドルまで増やしたとする。すると、次の5年の終わりには積立額が合計で3万ドルになっている。全期間の年間リターンが同じ10％だったとすると、口座の残高は4万1103ドルに達している。5年前の四半期に300ドルずつ積み立てていたときでも、この額は口座残高のわずか4％でしかなかった。10年後には、四半期ごとに積み立てていた1200ドルは口座残高のわずか3％でしかなくなっている。そのため、1四半期につき1200ドルでもたいした変化はもたらせない。もう、話の先は見えただろう。積み立てた額が増えていくと、結局は1回の掛け金の比重が落ちていく。これは相場が大きく下げたときに、この掛け金では意味のある行動を取れなくなるということだ。

10年間、四半期ごとにきちんと積み立てた結果、口座残高が４万1103ドルになっていたとする。だが、翌四半期に相場が40％の急落をしたら、口座の評価額は２万4662ドルにまで落ちる。ドルコスト平均法で取るべき適切な行動は、下げたときにも四半期ごとの掛け金を出し続けて、買う株数を増やすことだ。しかし、１四半期に1200ドル、また次の四半期に1200ドルを出しても、すでに口座の評価額は１万6441ドルも減っている。これでは、わずかな水で燃えさかる火を消しているような気分に陥る。それで、もっと動きたいと思う。だが、その行動はまさに、「バイ・アンド・ホールドの神話」で読んだことと同じ、底値で逃げ出すことかもしれない。「同じ額を出し続けさえすればいいんだ」と思う反面、「いつまでたっても十分な効果は得られないし、残高は消えていくだけだ。この状態を止めなければ」とも考える。そして、結局は逃げ出すのだ。
　３％シグナルでも、ドルコスト平均法と同じく、四半期ごとに投資するだろう。ただし、過去に投資した額の半分で積み立てられた債券残高と、株式ファンドを売って得た現金のおかげで、買うための資金は増やせている（この点については次章でまた取り上げる）。暴落しているときに、株を買えるだけの資金があると心強い。何か賢明なことをしているだけで、それに従い続ける自信が得られる。「何か、しなければ」という自分の直感に対して、「今、３％シグナルに従って何かをしている。結局、それでいつもうまくいく。今度もうまくいくだろう」と、考えることができる

ファンド数を増やすほど、パフォーマンスは落ちる

　ドルコスト平均法とバイ・アンド・ホールドで単一の株式ファンドを使うと、こうした深刻な弱点があるため、彼らは必ずと言ってよいほどさまざまなファンドや資産クラスに分散する。例えば、毎月や毎

四半期の掛け金は小型株ファンドだけに投資されることはない。おそらく、大型株ファンド、成長と配当を追求するグロース・アンド・インカム・ファンド、国際株式ファンド、債券ファンド、国債ファンドなどに分散されるだろう。若いころには、この配分は結局、高成長株に40％、安定株に30％、債券に20％、国債に10％になるかもしれない。こうした分散投資をするとパフォーマンスは落ちて、資産の80％を小型株に集中させる３％シグナルにまず負けるだろう。資金の80％を小型株に振り向けるのは、非常に積極的でリスクも高くなる。ただし、残りの20％の資金と新たに追加する現金で、相場が弱いときに株を買う備えがある。この手法が、株式市場を利用するほかのほぼすべての手法よりもパフォーマンスが良いと分かれば、ストレスも軽くなるだろう。

　と言うわけで、３％シグナルは現実のどんなドルコスト平均法プランよりも多くの資金を小型株グループにつぎ込む。例で示したように、ドルコスト平均法を実行するために、３％シグナルの運用期間で必要だった新たな現金を等分して小型株に配分するのは、後知恵にすぎない。だれもそうはできない。ピーター・パーフェクトが絶えず示唆するように、ぴったり底で買って天井で売ることがだれにもできないのと同じだ。だが、前に示したように、３％シグナルは小型株ファンドにすべてを投資するという、この架空のドルコスト平均法のリターンですら上回った。また、リスク調整済みのリターンはもっと良かった。

　ドルコスト平均法は良い投資法だ。資産形成という重大な目標を達成するのに、株式市場でジーバルたちのコイン投げに賭けるよりはドルコスト平均法に頼るほうが良い。それは間違いないが、この手法は３％シグナルには及ばない。理由はいくつかある。まず、常に株にすべての資金を配分しているために、単一のファンドに焦点を合わせるとリスク調整済みのパフォーマンスで劣るし、たいていは絶対的なパフォーマンスでも劣るからだ。また、市場で何かイベントが起きると、

表25　ドルコスト平均法よりも3%シグナルが良い理由

ドルコスト平均法	3%シグナル
単一ファンドを使うと、常に株にすべての資金を配分することになるので、市場リスクが最大になる。	債券残高があるので、市場リスクが抑えられると同時に、適切な時期に株を買う資金が得られる。
投資対象を管理していたいという欲求に応えてくれないので、自分で判断するようになる。すると、完全なプランから逸脱してしまう。	相場の変動に応じて四半期ごとにシグナルが点灯するので、管理していたいという欲求を満足させられる。そのため、プランから逸脱する恐れが少ない。
相場に応じて定期的な掛け金の額を変える指針がない。	買うべきか売るべきかや、いくら売買すべきかをシグナルですべて指示してくれる。
投資残高は計画的に増やすのではなく、相場の変動に任せる。	債券残高の助けを借りて、四半期ごとに3%という予想できるスケジュールで株式ファンドの残高を増やす。
売買指針がないため、安全性を確保して安心できる唯一の方法として、パフォーマンスが劣る資産クラスに分散投資する。	売買の指示があるために、ボラティリティを利用して安心して高い利益を追求できるので、成長性が高い小型株に集中投資できる。

私たちはそれに対応したくなるが、それに応えてくれない。さらに、相場の変動や長く運用しているうちに変化するポートフォリオの価値に応じて掛け金を増減するための指針がない。そして、明確な売買手法がないと、成長株に集中投資するストレスに耐えられないので、結局はパフォーマンスが劣る資産クラスに分散投資をするからだ。次の**表25**はこれら2つのプランを比べたものだ。

30%下げたら、売りシグナルを無視

　前の節のドルコスト平均法についてと、前の章の「バイ・アンド・ホールドの神話」で述べたように、株にすべての資金を配分するプランの最大の弱点のひとつは、相場が底を打つころに苦痛に耐え難くなり、売って損失を確定してしまうために、その後の上昇で利益を得る

機会を失うことだ。3％シグナルプランは安値で買うか、投資できる現金がない場合には少なくとも売らないように指示することで、この問題を回避する。

しばらく、どうすれば株にすべての資金を配分するプランがうまくいくかに焦点を合わせる。ちょっと、付き合ってほしい。バイ・アンド・ホールドの投資家が相場の急落を無視して、持ち株を保有し続けられたら、その後の上昇で利益を得るだろう。ドルコスト平均法を使う投資家がプランどおりに、底を打つまで株にすべての資金を振り向け続けるなら、彼らもその後の上昇で利益を得るだろう。私たちのプランでは相場の回復をもっと利用できるように、暴落時により多く投資しようとする。大幅下落後の上昇でさらに利益を上げるために、何か調整できることがあるだろうか？

ある！ 相場が30％以上、下げたときはいつでも、株を売らずにいることだ。私はこれを、「30％下げたら、売りシグナルを無視」のルールと呼んでいる。つまり、株式市場が急落したあと、上昇時に売って現金化するのではなく、株を売らずにいるのだ。

ここで2つの言葉を定義しておかなければならない。30％の下落は、直近の2年でSPYの四半期の終値で計算する（1日の終値や日中の価格ではない）。SPYはこの目的にふさわしい。このインデックスが株式市場全体の代用として優れているだけでなく、私たちのとらえようとしているのが株式市場全体の反騰だからだ。SPYではなく、特定セクターなどに絞り込んだインデックスか個別株を使えば、直近2年の高値から30％下げたあと、反騰しない可能性もある。SPYであれば、そういうときに大きく反騰する可能性が高い。私たちは四半期の終値しか使わないので、直近2年を見るということは、8つの価格を確認するということだ。記憶に役立つヒントは、「SPY（スパイ）を見張れ」だ。

30％の下落後に無視する売りシグナルは4回である。それは4四半期連続で点灯するかもしれないし、買いシグナルが間に2～3回、点

灯するかもしれない。買いシグナルにはいつものように従う。相場がすぐに回復しない場合を考えて、この手法には期限を設けておかなければならない。それは2年である。まとめると、「30％下げたら、売りシグナルを無視」のルールは次のとおりだ。

- 四半期の終値で見たSPYの価格が、直近2年以内の高値から30％下落したとき、売りシグナルを無視のルールを適用する。
- このルールは次の4回の売りシグナルを無視するという意味だ。それらは続けて点灯するかもしれないし、買いシグナルが間に入るかもしれない。どちらにせよ、無視するのは4回の売りシグナルだけだ。
- 売りシグナルを4回無視するか、2年がたったら、通常のプランに戻す。

おそらく、2年の期限は必要ないだろう。過去の検証では、30％以上の下落後2年以内に、プランで4回の売りシグナルが必ず点灯した。それでも、期限を設ける理由は、30％の下落後に2年以上、相場が横ばいする可能性はゼロではないからだ。そうなったとき、相場は劇的な回復をしていない。その場合、その後の買いシグナルで利益を得るために、プランを通常のルールに戻しておく必要がある。相場は長く横ばいを続けたあと再び下げて、プランで買いシグナルが点灯する可能性も出てくるからだ。そうした非常事態に備えて、利益の一部を現金化しておいたほうがよい。だから、2年以上、このルールを適用すべきではない。同様に、30％下げるのに2年以上かかる場合、急上昇する可能性も少なくなる。

ルールが分かったところで、どうしてそれがパフォーマンスを高めるのかという話に戻ろう。

3％シグナルプランでは、相場が下げたときに安値で買うように指示する。それはやがて報われるだろう。暴落で大底を付けたあとすぐ

表26　2007〜2009年の暴落で現金が尽きる

四半期	SPYの価格（ドル）	IJRの価格（ドル）	シグナル前のIJRの残高（ドル）	シグナル前の現金残高（ドル）	シグナル	シグナル後の口数	シグナル後のIJRの残高（ドル）	シグナル後の現金残高（ドル）	シグナル後の総残高（ドル）
Q406	122.91	61.50	0	10,000	Buy 81.30	81.3	5,000	5,000	10,000
Q107	123.73	63.28	5,145	5,000	Buy 0.08	81.38	5,150	4,995	10,145
Q207	131.64	66.50	5,412	4,995	Sell 1.62	79.76	5,304	5,103	10,407
Q307	134.16	65.35	5,212	5,103	Buy 3.84	83.6	5,463	4,852	10,315
Q407	129.24	60.92	5,093	4,852	Buy 8.76	92.36	5,627	4,318	9,945
Q108	117.23	56.15	5,186	4,318	Buy 10.86	103.22	5,796	3,708	9,504
Q208	114.25	56.52	5,834	3,708	Buy 2.40	105.62	5,970	3,573	9,542
Q308	104.15	55.90	5,904	3,573	Buy 4.38	110.00	6,149	3,328	9,477
Q408	81.69	41.55	4,571	3,328	Buy 42.42	152.42	6,333	1,565	7,898
Q109	72.50	34.51	5,260	1,565	Buy 36.60	189.02	6,523	$302	6,825

注＝「Buy」は「買い」、「Sell」は「売り」

に相場が急騰して、利益が積み重なっていくことはよくある。それでも、ほとんどの人は買っても安全という兆候が現れるまで待つ。だが通常、そうした兆候はかなり上昇してからしか現れないので、彼らはそこで利益をとらえ損なう。3％シグナルプランでは、四半期で大きく上昇したときに、目標を超える利益を売るように指示する。しかし、このルールでは売りシグナルを4回無視して、最も強く上昇している時期に株を売らないでおく。通常どおりシグナルに従うのはそのあとだ。

　2007〜2009年の暴落とその後の上昇を使って、簡単な比較をしよう。3％シグナルプランで2006年末に1万ドルの残高から始めて、IJRに半分を投資し、残り半分をその後に株を買うために現金で残す（今回は債券ではない）。2009年第1四半期までの暴落は**表26**のようだった。

表27　相場回復期にすべての売りシグナルに従ったときに受ける不利益

四半期	SPYの価格（ドル）	IJRの価格（ドル）	シグナル前のIJRの残高	シグナル前の現金残高（ドル）	シグナル	シグナル後の口数	シグナル後のIJRの残高	シグナル後の現金残高（ドル）	シグナル後の総残高（ドル）
Q209	84.30	42.24	7,988	302	Sell 30.05	158.97	6,715	1,566	8,281
Q309	97.27	49.88	7,929	1,566	Sell 20.30	138.67	6,917	2,579	9,496
Q409	103.21	52.31	7,254	2,579	Sell 2.48	136.19	7,124	2,708	9,833
Q110	108.81	56.95	7,756	2,708	Sell 7.34	128.85	7,338	3,126	10,464
Q210	96.45	51.86	6,682	3,126	Buy 16.89	145.74	7,558	2,251	9,809
Q310	107.21	56.75	8,271	2,251	Sell 8.57	137.17	7,784	2,737	10,521
Q410	118.75	66.08	9,064	2,737	Sell 15.84	121.33	8,017	3,784	11,801
Q111	125.75	71.12	8,629	3,784	Sell 5.22	116.11	8,258	4,155	12,413

注＝「Buy」は「買い」、「Sell」は「売り」

　シグナルに従っていたおかげで、IJRの残高は四半期に欠かさず3％ずつ増えた。それでも、弱気相場の底である2009年第1四半期末の時点で、総残高は32％減って、現金はほぼ尽きていた。相場は私たちが気づかないうちに、回復し始めるものだ。「30％下げたら、売りシグナルを無視」のルールを厳守しないで、プランの売りシグナルに従っていたら、2年後の口座残高は**表27**のようになっていた。

　底入れしてすぐに上昇を始めたときが、相場回復の最も強い時期になることに注目してほしい。2009年第1四半期末に34.51ドルだったIJRは、2010年第1四半期末には56.95ドルになり、65％も上げている。この大幅な上昇局面で売ったために、利益を抑えることになった。それでも、総残高は上昇期の最初の2年で82％増えていて、プランはうまく機能している。だが、「売りシグナルを無視」のルールを適用して、SPYが30％下げたあと最初の4回の売りシグナルを無視していたら、結果はもっと良かっただろう。

表28　売りシグナルを4回無視する利点

四半期	SPYの価格（ドル）	IJRの価格（ドル）	シグナル前のIJRの残高（ドル）	シグナル前の現金残高（ドル）	シグナル	シグナル後の口数	シグナル後のIJRの残高（ドル）	シグナル後の現金残高（ドル）	シグナル後の総残高（ドル）
Q209	84.30	42.24	7,988	302	売りシグナル1を無視	189.02	7,984	302	8,286
Q309	97.27	49.88	9,428	302	売りシグナル2を無視	189.02	9,428	302	9,730
Q409	103.21	52.31	9,888	302	売りシグナル3を無視	189.02	9,888	302	10,190
Q110	108.81	56.95	10,765	302	売りシグナル4を無視	189.02	10,765	302	11,067
Q210	96.45	51.86	9,803	302	24.78口の買い（5.82口しか買えず）	194.84	10,104	0	10,105
Q310	107.21	56.75	11,057	0	Sell 11.45	183.39	10,407	650	11,057
Q410	118.75	66.08	12,118	650	Sell 21.17	162.22	10,719	2,049	12,768
Q111	125.75	71.12	11,537	2,049	Sell 6.98	154.24	10,970	2,616	13,586

注＝「Sell」は「売り」

　四半期末の価格――確認する必要がある唯一の価格――で、SPYが天井を付けたのは2007年第3四半期で、134.16ドルだった。ルールを適用するのは、これよりも30％下の93.91ドル以下になったときだ。SPYは2008年第4四半期に93.91ドルを割り、2年以内に次の4回の売りシグナルを無視するルールを適用することになった。次の2009年第1四半期のシグナルは買いシグナルだったので、いつものように従った。このルールで無視するのは売りシグナルだけである。30％下げたあと、さらに買いシグナルが点灯するということは、相場がまだ弱含みであることを意味するので、使える現金がある範囲で株を買い増

したほうがよい。どうしてか？　相場の回復は間近であり、前もって買っておけば、得られる利益が大きくなるからだ。

　無視すべき最初の売りシグナルは次の2009年第2四半期に点灯し、その後3回は2010年第1四半期まで連続して点灯した。だが、常にこうなるわけではない。買いシグナルと無視すべき売りシグナルが入り交じることもある。だが、サブプライム住宅ローンに端を発する暴落が2009年第1四半期に底入れしたあとは、「4回の無視」が連続した。**表28**はこのルールを守りながら、まったく同じ回復局面でまったく同じ額を投資した結果だ。

　どれほど良くなったか、見てほしい。SPYが30％下げたあと、最初の4回の売りシグナルを無視しなかった場合、2011年第1四半期末の残高は1万2413ドルだったが、このルールに従うと、1万3586ドルになった。4回の売りシグナルを無視したために現金が少なすぎて、2010年第2四半期には買いシグナルどおりに買えなかった。それでも、残高は9％増えている。

　このルールでうまくいく理由はすぐに分かる。株式市場が大きく上昇する時期には、資金を株に投資し続けておくのが一番だからだ。大きく上昇する確率が一番高いのは、短期間に大きく下げたあとの一定期間であり、私たちはこの両方の期間とも2年と定義している。弱気相場では通常、20％下げると考えられている。そのため、30％以上下げた場合に限定したルールを使うことはめったにないものの、プランを修正するこのルールは非常に役に立つ。

　ルールがこの時期にうまくいったのは偶然で、ほかの時期にはそれほど役に立たないのではないか、と疑う人もいるかもしれない。だが、実際には1993年から2013年までの20年で、すべての売りシグナルに従う標準的なプランよりも、このルールに従うほうがパフォーマンスは良かった。相場回復期に買いシグナルが点灯したときに、2010年第2四半期のように現金が不足して十分に買えなかった場合でもだ。また、

30％以上の下げに限るのが最も良く、資金不足に陥りながらも、パフォーマンスは最大になった。相場が25％、35％、40％、45％下げたときなどに限定してみても、うまくいかなかった。

SPYの代わりにS&P500指数そのものを使って、1950～2013年で検証すると、このルールを適用できるときは1970年、1974年、2002年、2009年のわずか4回にすぎなかった。売りシグナルを無視してS&P500に集中投資した場合、プランの残高は1970年に38％増え、1974年には62％、2002年には14％、2009年には43％増えた。

次章で説明するが、底値買い用の口座を利用して資金不足を避けると、このルールの効果はいっそう高まる。この口座を作っておけば、相場回復期にルールに十分に従えるだけでなく、上昇の途中で現れる最初の「押目買い」の機会も利用できる。

ほかのファンドを使った場合

これまで説明してきたように、このプランでは、成長性が高い証券に小型株ファンドを、安全性が高い証券に債券ファンドを利用する。だが、証券を変えても、まったく同じ戦略で四半期につき3％の成長を目指せるだろうか、という疑問が浮かんでも不思議ではない。小型株インデックスファンドとは別の銘柄で、同じように使えて結果が良いものはあるだろうか？　何年もこのプランを研究していて、私は利用できるほぼすべての投資対象を検証した。だが、3％シグナルの基本プランに一貫して意味があるほどの差を付けて勝てるものはなかった。いくつかの例を見てみよう。

ほかの市場分類

株式市場を分類する方法はいくらでも考えられる。私たちはすでに

時価総額、つまり企業規模で分類をした。そして、大型株指数よりも小型株指数のほうがボラティリティ（価格変動率）が大きくてリターンが高くなるため、優れていると分かった。ほかに、セクター別や業界別に分類する方法もある。株式をグループ分けして、幅広いほうから狭いほうに並べると、セクター、業界、会社の順になる。このリストを下から上に調べていけば、グループ内でパフォーマンスが良い会社ではなく、パフォーマンスが良いグループを見つけられる可能性が高くなる。

　幅広い市場よりも特定セクターのほうがパフォーマンスで上回るかどうかを調べるのは簡単だ。例えば、S&P500は9つのセクターに分類されていて、それぞれを代表するETFがSPDR（スパイダー）から発行されている。しかし、小型株に長期で勝てるセクターはひとつもない。あるセクターがほかのセクターよりも良くなる時期はあるが、どのセクターがいつ良くなるかを予測しようとすれば、おなじみの問題にぶつかる。

　次の期にパフォーマンスが最も良くなるセクターや業種を選ぶのは、パフォーマンスが最も良くなる株を選ぶのと同様にうまくいったためしがなく、いかに危険な賭けかはすでに分かっている。同じ問題にぶつかるのだ。どういう条件を満たせば、底を打ったと言えるのか。いつそれを買うのか。いつそれを売って、ほかのセクターや業種に移るのか。そこにどれだけの資金を配分するのか、といった問題だ。ジーバル連中は個別株の予測とまったく同じ理由で、セクターや業種の予測も下手だ。だから、私たちはこの手法をためらいなしに捨てられる。

　では、世界の特定地域や個々の国に焦点を合わせるのはどうだろう？　同じことだ。自国の株を選ぶのが難しいのなら、海外株を選ぶことや、海外のなかで良さそうな国を選ぶのも同様に難しい。おなじみの落とし穴のほかに、国で分散化をすれば、複雑な為替や地政学的リスクに対処しなければならなくなる。私たちの投資ポートフォリオ

で不必要なものがひとつあるとすれば、それは複雑さを加えることだ。だから、これも捨てられる。

　まだ続けられるが、結果はもう分かるはずだ。株をさまざまに分類しても、50％は判断を誤るという根本的な問題は避けようがない。個別株や、国、業種、セクターであれこれ選んでも、ダーツ投げやコイン投げをするのと代わりない。ジーバル連中に頼ろうとしても、彼らの相場観はさらに幅広くて、予測の精度はあなたと変わりない。思い出すべき数字は50％だ。

　過去データの検証から、特定セクターがかなりの差でIJRに勝ったと分かったとしても、そのセクターが次も勝てるかどうかは知りようがない。これは、私たちのプランで市場全般から前期に良かったセクターに移るのと同じことで、株式市場で繰り広げられる典型的な賭けでしかない。そのセクターはその後10年、強いかもしれないし、そうでないかもしれない。

　だが、私の検証では、IJRよりも相当にパフォーマンスが良かったセクターはひとつもないので、この賭けについて検討する必要すらない。さらに、ほぼすべての証券会社や退職積立勘定では小型株ファンドを選べるが、特定セクターのファンドを選べるところは限られている。これだけでも、決め手になるかもしれない。しかも、自分の口座でセクター別ファンドを選べなくても、逃すものは何もないとすでに分かっている。利用できる小型株ファンドのなかで最も低コストのものを使って、３％シグナルを実行するだけにしよう。そうすればうまくいくだろう。

特定の条件で絞り込んだファンド

　何らかのフィルターで絞り込んで、市場サイクルのどの時期でもとらえられる銘柄を買うという株式投資法もある。これなら人気セクタ

ーが移り変わるという問題を避けられるため、特定セクターのファンドを買うよりも良い。例えば、ハイテク株を買うのではなく、割安な株、急成長している企業の株、あるいは自分の尊敬する投資家たちが広く保有している株といった条件で絞り込んで、それらに当てはまる銘柄を買うことが考えられる。これらのフィルターは私たちの手法に合う銘柄しか選び出さないため、市場サイクルのどの時期でも使える。1年前に割安だった株も、今では割安ではないかもしれない。だが、フィルターで絞り込めば、そうした問題は避けられる。特定セクターを買うと、そうはいかない。一般消費財セクターは、人気がなくなっても一般消費財の株しか含まれないからだ。

　最も一般的なフィルターは、成長株かバリュー株で絞り込むものだ。成長株を好むかバリュー株を好むかは、株式投資家を分ける際の最も基本であり、大型株を好むか小型株を好むかよりも彼らの性格にかかわる。成長株を好む投資家は、会社の規模や業種よりも成長率に関心があり、さまざまな規模と業種の成長株でポートフォリオを作るのが一般的だ。もっとも、成長率は小型株のほうが高いので、おそらく小型株に比重が置かれるだろうが。同様に、バリュー投資家は会社の規模や業種に関係なく割安な株を探す。成長株は収益率が高く、売り上げが伸びていて、株価は通常、上昇傾向にある。バリュー株とは、PBR（株価純資産倍率）、PER（株価収益率）、PSR（株価売上高比率）で測った株価が割安なものを指す。成長株かバリュー株かのどちらかに集中投資すれば、3％シグナルのパフォーマンスは一貫して良くなるだろうか？

　結論から言うと、良くはならない。成長株にもバリュー株にも、時価総額ごと、つまり企業規模ごとの指数がある。そのため、S&P500を構成する大型株のうちで、成長株とバリュー株の投資基準を満たすそれぞれの指数を、S&P500指数そのものと比較することができる。同様の比較は、中型株で構成されるS&P400や、小型株で構成される

S&P600を使っても行える。結果は、セクター別の指数で３％プランを実行した場合と似たものになる。そのときどきの人気に応じて成長株やバリュー株のパフォーマンスが良くなる時期はあった。しかし、長期的に見て小型株全般の指数を大きく上回ることはなかった。

また、ほぼすべての口座では、一般的な小型株ファンドを利用できる。だが、成長株やバリュー株だけに特化した小型株ファンドを利用できるところは少ない。たとえ利用できても、元になる指数よりも信託報酬が高くなる。これらの点を考えると、一般的な小型株インデックスファンドで最も信託報酬がかからないものに集中するのが一番楽である。

個別株

３％シグナルは、市場でいつでもうまく機能し、可能なかぎり生活のじゃまにならずに、望むだけ長期にわたって運用できる手法を提供する、という考え方で考案したものだ。いつでもうまく機能する、という条件を満たすためには、何かに特化した指数や個別株ではなく、幅広い銘柄で構成される株式指数でプランを実行すべきだ。人気が移り変わり、再び上昇する保証がないものを選ぶのは望ましくない。いつ保有して、いつ売るべきかという判断が必要になるからで、私たちはそれがどれほど愚かな行為か分かっている。というわけで、基本プランはIJRか、同様の幅広い小型株指数で行う。それは一度、設定したら忘れていても安心できる手法として、あらゆる相場環境でかなりうまく機能する。

だが、このプランでは個別株も使える。そして、たいていはどんなピーター・パーフェクトよりもはるかにうまく、仕掛けと手仕舞いのタイミングを計ることができる。プランがうまくいく理由は、３％の成長ラインに沿って、安く買って高く売るように指示するからだ。個

人の判断はまったく必要ない。計算機さえあればよいのだ。ピーター・パーフェクトの手法は、半分しか当たらないのに、いつ売買すべきか分かると思い込む人間の誤った考え方に基づいている。そのため、株価が高騰する銘柄を売買すれば、理屈では完璧なはずだが、実際には平均以下のパフォーマンスしか得られない。この章の最初に、ヒーローの持ち株としてメディファストを取り上げたときに、確認したとおりだ。

　企業のなかには規模が非常に大きくて成功しているために、一生とはいかないまでも、極めて長期にわたって３％シグナルでうまく使えるものがある。例えば、ダウ平均を構成する大企業のうちで、多角化が進んでいるグローバル企業はそれ自体が指数のようなものだ。エクソンモービル、IBM、ウォルマートのように配当を払う複合企業体の株を保有するのは、例えば、石油販売、IT、小売りを対象とするセクターファンドを保有するのに似ている。そのため、複合企業体の株は３％シグナルで使える銘柄の選択肢に入る。たしかに、ゼネラルモーターズが2009年に経営破綻したように、それらは個別企業に投資する際のリスクを伴うが、そのリスクは低い。そうした巨大企業の失敗はたいてい一時的で、そこからの回復局面で利益が得られる可能性がある。３％シグナルなら、その機会をとらえられる。株価が３％成長ラインを下回ると、適切な株数を買うように指示し、その後にこのラインを上回って上昇してきたら、適切な株数を売るように指示するからだ。大きく下げるほど多く買い、大きく上げるほど多く売る。

　規模は大きくないが、経営に積極的な会社を使っても、うまくいく。個別企業特有の問題や倒産のリスクは高まるが、全ポートフォリオのほんの一部で利用する価値はあるかもしれない。蓄えの大半を退職積立勘定に回して、小型株ファンドで３％シグナルを実行しながら、別に個別株に投資するための口座を用意する方法もある。タイミングをうまく計って多少のお金を儲けて、ピーター・パーフェクトの大部の

表29　2000/12〜2013/6に3%シグナルで10銘柄を利用した結果

2000/12〜2013/6で見たプラン	開始残高（ドル）	新たな総現金（ドル）	最終現金残高（ドル）	最終株式残高（ドル）	最終総残高（ドル）
メディファスト	10,000	28,168,633	50,972,179	8,786,211	59,758,390
アップル	10,000	171,966	721,646	0	721,646
ディラード	10,000	63,382	564,312	140,797	705,109
カンザスシティー・サザン	10,000	35,528	271,739	67,935	339,674
パネラ	10,000	31,704	199,755	66,123	265,878
スターバックス	10,000	51,805	196,835	65,717	262,552
マクドナルド	10,000	9,477	86,946	11,486	98,432
IJR（S&P小型株600に連動）	10,000	27,249	69,318	16,403	85,721
IBM	10,000	15,094	70,620	5,063	75,683
SPY（S&P500に連動）	10,000	30,711	60,959	10,193	71,152
エクソンモービル	10,000	24,914	67,910	0	67,910
ウォルマート	10,000	20,939	50,013	4,196	54,209

　株式物語に自分の章が加えられる。そんなわずかな可能性に賭けて、積極的にトレードをしたい銘柄もあるだろう。もう分かっているだろうが、これらの高騰株に頼って資産形成プランを立てることはできない。だが、歴史が長く信頼できるIJR以上に、3%シグナルでうまくいく銘柄が見つかるかもしれない。それらは中核プランでIJRやそれと似たファンドの代わりには使えないが、プランに追加することはで

きる。ただし、それらから得られるどんな利益もまったくのおまけであり、わずかな運の産物である。

　個別株を使うなら、報酬の一部として自社株を受け取る口座を利用するのが良い方法だ。この種の口座のひとつの問題は、自社株が何千株にもなるまで放っておくことだ。そんな状況で会社に問題が生じて、株価が下げると、リスクが高まる。それまでは従業員持ち株用の口座に多額の残高があったはずなのに、それが突然に半減する。さらに悪いことに、株価が半分になるほどの問題が会社に生じると、リストラの憂き目に遭うこともある。これこそ泣きっ面にハチだ。あなたは、「これが解雇通知と最近の退職積立勘定の明細書だ」と、上司に言われる。解雇通知で、昼までに社員証を返してオフィスを出て行くようにと告げられ、退職積立勘定の明細書で、資産が思っていた額の半分になったことを知る。それも、まさに職業安定所に向かおうとしているときにだ。

　この二重の災難を避けるには、３％シグナルで自社株口座を管理して、衝撃を和らげるために安全な債券の割合を高めておくことだ。そうすれば、自分の幸福をひとつの会社の運命に託しすぎることもない。

　これらのことを頭に入れたうえで、2000年12月から2013年６月までの50四半期で、基本の３％シグナルプランを個別株の10銘柄で使うと、標準的なIJRやSPYと比べて、どうなったかを見たのが**表29**だ。

　結果はごた混ぜだった。おなじみのメディファストは面白いように上げ続けて、最終残高は5975万8390ドルと、目玉が飛び出るほどの額になった。これは素晴らしい。ただし、この残高に達するには、新たに2816万8633ドルの現金を追加する必要があった。この期間に2800万ドルの余裕資金があったら、プランでメディファストを利用して、6000万ドルに増やすのも良い方法だっただろう。だが、この本の読者で、これだけの資金を用意できる人はほとんどいないと思う。おそらく、メディファスト、アップル、ディラード、スターバックスに必要

な資金は用意できなかっただろう。

　３万5528ドルの新たな現金が用意できた人は、カンザスシティー・サザンで報われた。パネラも非常に良かった。マクドナルドとIBMは、IJRとSPYよりも新たな現金が少なくて済んだ。それでも、マクドナルドはこれら２つのインデックスファンドのETFよりもパフォーマンスが良く、最終残高はIJRの８万5721ドルに対して、９万8432ドルだった。また、新たに必要になった現金はIJRの２万7249ドルに対して、わずか9477ドルだった。アップルなら簡単に選べたと思う人もいるだろう。だが、この投資期間が始まる2000年には、アイポッドもアイフォーンもアイパッドもまだ発明されていなかった。そのため、アップルに投資するのは、今、考えるよりもはるかに難しかった。

　マクドナルドは、必要になる新たな現金とパフォーマンスのバランスが最も良かった。問題は2000年に、その後の50四半期でマクドナルドがエクソンやIBMやウォルマートよりも良くなると知る方法はなかったし、これからの50四半期にどの株がほかの株よりも良くなりそうかを知る方法もないところにある。

　とは言え、ジーバル連中に助けを求めるわけにはいかない。2000年９月に、マクドナルドはドル高のため、海外からの利益が抑えられることを心配していて、事実、そうなった。すると、バンク・オブ・アメリカでマクドナルド担当のジーバルは格下げをした。会社側が計画どおりに成長を続けるだろう、と発表したにもかかわらずだ。フォーチュン誌は2002年４月の記事に、「沈むマクドナルド、６期連続で期待外れの利益」という大見出しを付けた。そして、記事では、アーガス・リサーチのジーバルが、「１月に『売り』と格付けしただけでなく、今月にマクドナルドをカバーから外すと発表した。どうしてか？　顧客が興味を失っているからだ。同社はもはや成長企業ではない」と言ったと報じた。

　もう分かるだろうが、私たちが見た50四半期にマクドナルドを保有

し続けるのは、けっして簡単なことではなかった。ジーバルたちがマクドナルドをダメ株と発表したときに、必死になってこの株を買っておけば儲かったが、それは振り返って見たときに初めて分かることだ。マクドナルドは2002年4月の30ドルから2003年3月の13ドルまで下げたので、この株を買う時間はたっぷりとあった。そして、3％プランでは買いシグナルが出ていた。株価は2003年3月の安値から2012年1月には100ドルへと、目覚ましい上昇をした。この例の場合、アーガスのジーバルが2002年1月に、その後の急落を避けるために売るようにと促したのは適切だった。しかし、顧客が興味を失っているので、カバーから外すというその後の判断はまったく間違っていた。長期的に見れば、この株に興味を持たせて、その後1年の安値のうちに、できるだけ多くの株を計画的に買うように、と顧客にアドバイスするほうがはるかに良かった。そうしていたら、3％シグナルの結果が証明するように、マクドナルドの株価が再び上昇したときに相当な利益を得られただろう。しかし、ジーバルたちは、大きく下げた段階ではその株をさんざんこき下ろして無視し、大きく上げた段階では絶賛するものだ。これは利益を生む考えとはまさに正反対の行為だ。3％シグナルはマスコミのこうした過ちを犯さないために、計算に頼っている。

ところで、危ない株を避けることとなると、ジーバルたちはまったく役に立たない。バロンズ紙の2008年6月2日付けの「GMは買い」という特集記事は、「ゼネラルモーターズ（GM）の業績回復は今後、加速して、大胆な株主にかなりの利益をもたらす可能性がある」という書き出しで始まっていた。GMが加速したのは結構なことだが、1年後にはレンガ塀に激突して、経営破綻した。

私たちが先ほど検証した10銘柄のうちの勝ち組にあまり興奮しないほうがよい。それらの多くは、その期間に最もパフォーマンスが良かった銘柄が、3％シグナルで利用しても非常に良かったというだけの話だからだ。不思議なことは何もない。今になって分かることを当時

表30　2000/12～2013/6に３％シグナルで10銘柄を利用（新たな現金なし）

2000/12～2013/6で見たプラン	開始残高（ドル）	新たな総現金（ドル）	最終現金残高（ドル）	最終株式残高（ドル）	最終総残高（ドル）
メディファスト	10,000	0	2,958,948	510,042	3,468,990
アップル	10,000	0	430,358	0	430,358
パネラ	10,000	0	96,765	32,031	128,796
カンザスシティー・サザン	10,000	0	100,146	25,036	125,182
ディラード	10,000	0	67,775	16,910	84,685
スターバックス	10,000	0	41,316	13,794	55,110
マクドナルド	10,000	0	34,398	4,544	38,942
エクソンモービル	10,000	0	29,878	0	29,878
IBM	10,000	0	29,266	2,098	31,364
IJR（S&P小型株600に連動）	10,000	0	24,065	5,695	29,760
ウォルマート	10,000	0	16,649	1,397	18,046
SPY（S&P500に連動）	10,000	0	13,973	2,336	16,309

　知っていたら、メディファストを2000年に14セントで買っていたのと同じように、３％シグナルでIJRではなく、マクドナルドを利用していただろう。これは見かけは華やかだが、後知恵バイアスだ。

　プランでどの株を使うべきかよりも役立つことは、個別株に手を出すと決めたら、３％シグナルを利用するほうが良いということだ。第

4章で、メディファストで大金持ちになったピーター・パーフェクトの物語を、骨抜きにしたことを覚えているだろうか？　彼は1万ドルを184万ドルに変えたという話をした。私たちは株価が大きく変動したので、50％の確率で誤った行動を取ったと仮定した。すると、最終残高は楽観的な展開でも4万4601ドル、悲観的な展開ではわずか1万4191ドルに落ちてしまった。対照的に、3％プランでこの株を保有して、新たな現金はまったく追加しなかった場合、1万ドルは最終的に347万ドルになり、そのうち債券が51万ドルになっていた。この最終残高はバイ・アンド・ホールドよりも90％良く、人の判断に頼って50％は誤る場合よりもなんと75倍も良い。

　先ほど取り上げたすべての銘柄をこの観点から見たいという人もいるだろう。それで、それら10銘柄にIJRとSPYを加えて、通常のプランで新たな現金を追加しない場合の最終残高を、大きいほうから順に載せたのが**表30**だ。

　3％シグナルプランは個別株を運用するのにも良い。だが、どの株が最も良いのか、かなり良いのか、あるいはその企業が破綻しないのかすら事前に分からない。それが相変わらず玉にキズだ。忘れないでおこう。個別株に投資すると、会社が経営破綻して、その会社の株が無価値になることもある。しかし、株価指数は破綻しない。

　私は資金のすべてではなくても、ほとんどをIJRか同様の小型株インデックスファンドを使った、信頼できるプランで運用するように勧める。リスクをとって、資金の一部を個別株で運用したいと思ったときは、中核プランとは分けた3％プランで行うことだ。そうすれば、人々がしがちなように銘柄選びを間違ったとしても、少なくとも自分の直感に頼って最悪の結果を招くことは防げる。そして、株価の変動を利用してかなりの利益を得られるようにプランが指示してくれる。もしも、私たちが調べた期間のメディファストやアップル、パネラ、カンザスシティー・サザン、ディラードのような勝ち組をつかん

成長前のアップル

　アップルほどの人気を誇る会社なら、2000年12月時点でも明らかに買いと判断できたと思うかもしれない。だが、それは間違っている。スティーブ・ジョブズはその3年前にアップルのトップに復帰していたが、その年の夏まで、CEO（最高経営責任者）という肩書きの前には「暫定」という語が付けられていた。今日、人気ある商品のどれひとつとして世に出ていなかった。たしかに、iMac G3はあったが、バイク用ヘルメットにテレビを詰め込んだような形で、今日のiMacのように洗練されたパソコンではなかった。

　2000年10月19日にCNETニュースは、「水曜日に利益が予想を下回ると発表したアップル・コンピュータの株価は、木曜日に9％下落した」と報じた。2カ月後に、リーマン・ブラザーズのジーバルは、アップルの利益が予想を40％も下回るというのは「長い間、見てきたなかでも、これほど見通しを誤った例は少ない」と言い、景気減速だけが原因ではなく、アップル自体の失敗なので、特に気がかりだと述べた。

　偶像化された会社の株でさえ、適切な時期に買って、問題が生じても持ち続け、だれもが熱を上げているときに売るというのは至難の業だ。私たちは自分ならできると思う。振り返って見ると、自分にもできたと言う。ピーター・パーフェクトは実際にそうしたと言う。そして、ジーバルはそういう予測ができるふりをする。だが、それらはすべてコイン投げと同じ確率でしかない。調べた50四半期初めの時点で、アップル株が大きく上げると期待すべき理由はそれほどなかった。特に期待されていなかったほかの何百もの会社は、予想どおりの結果に終わった。それらの中から私た

> ちが特にアップルを選んだと考える理由はほとんどないし、今後の50四半期に勝ち組を選ぶと考える理由もない。

でいたら、ストレスがかかる判断を下すことなく、株価の上昇につれて利食いをしていけるだろう。

より安全な組み合わせ

　この節の大部分で、3％シグナルプランの成長性が高い資産として、小型株ファンドよりもリターンが高いものがないかを調べた。そして、うまくいくものもあると分かった。おそらく、ほかにも使えるものがあるだろう。だが、3％プランでリスクとリターンのバランスが最も良いのは本書で取り上げた基本プランである。

　リターンを高めることよりも、リスクを減らすほうに関心がある人もいるかもしれない。そうであれば、方法はいくつかある。最も簡単なのは債券への資金配分を増やすことだ。まだ若くても、パフォーマンスを高めるよりも安心できる投資をしたい、と考える人もいるだろう。債券への配分目標を30％、40％、あるいは50％に引き上げれば、それは達成できる。しかし、この点は慎重に考えてほしい。株式と債券を80対20の比率で配分する基本プランはかなり安全で、最終的には債券への配分を高めた場合よりもリターンが良くなることはほぼ保証されているからだ。

　これよりもさらに思い切って安全性を重視したければ、債券の代わりに現金を使えばよい。それで、金利リスクは避けられる。債券の代わりに現金を使えば変動がないので、これほど安全なものはない。ただし、債券からは定期的に配当を得られるが、金融市場の金利は配当とは比べものにならないので、長期で見ても債券ほど資産は増えない。

不安を感じないで済むことは間違いないが、この点も慎重に検討したほうがよい。現金よりも債券でプランを実行したほうがはるかにパフォーマンスが良くなるし、債券インデックスファンドも極めて安全だからだ。

　最後に、プランの小型株インデックスファンドに代えて、株式市場全体を対象とするインデックスファンドを使うこともできる。これを使えば、小型株が長期にわたって市場に負ける状況を避けられるうえに、わずか0.05％の信託報酬率で済む。バンガード・トータル・ストック・マーケットETF（VTI）はアメリカの株式市場で投資可能な銘柄をすべてカバーしていて、あらゆる会社規模と特色を持つ銘柄で構成されている。VTIで成長性を追求し、バンガード・米国トータル債券市場ETF（BND）で安全性を確保するという形で、３％シグナルを実行するのも常に有効な組み合わせだ。

　それでも、私は成長性を小型株インデックスファンド、安全性を債券インデックスファンドで追求し、退職するまでのほとんどの期間で、株式と債券の配分目標を80対20にする基本プランを勧める。だが、もっと安心したければ、より安全な組み合わせでプランを実行することもできる。そうしても、ピーター・パーフェクトやジーバルに惑わされずに済むだろう。

この章の要点

　私たちの目標は大型株で構成するS&P500に勝つことだが、そのためにほかの指数を使ってはならないという決まりはない。プランでは資金のほとんどを小型株ファンドで運用して、債券で安全性を確保する。小型株ファンドはボラティリティが高いので、プランのパフォーマンスが良くなる。そして、資金を債券ファンドから機械的に株に移すため、株にすべての資金を配分するドルコスト平均法よりもプラン

をうまく維持できる。この章でカギとなる情報は次のとおりだ。

- 小型株は大型株よりもボラティリティが高いため、パフォーマンスが良い。ボラティリティが高いと、安く買って高く売るように指示するシグナルで、利益をさらに増やせるからだ。高いパフォーマンスと目標を超える利益を現金化する仕組みが二重の強みとなる。
- ３％シグナルプランに本当に対抗できるのは、ドルコスト平均法だけだ。これは株式市場で何が起きても、一定スケジュールで資金を投資し続ける方法である。
- ドルコスト平均法の弱点は常に株にすべての資金を配分しているため、相場の変動に対応する仕組みがない点だ。これでは相場が大きく下げている時期に、投資家は落ち着けない。そのため、残高が急減すると、彼らの多くはまずいときに狼狽売りをする。
- 単一の株式ファンドでドルコスト平均法を使うと精神的な負担が大きいため、ほとんどの人は多くのファンドに分散投資する。そうすると、３％シグナルのカギとなる小型株への集中投資に比べて、パフォーマンスが落ちる。
- ３％シグナルプランは相場の変動に応じて機械的に売買を指示するので、投資家は安心して最後までプランに従える。また、小型株の高いパフォーマンスがプランに役立つ。
- これらの利点のおかげで、同じファンドを使っても、３％シグナルプランのほうがドルコスト平均法よりも運用成績が良くなる。また、ほかのファンドの大部分は私たちのプランで使った株式指数よりもパフォーマンスが悪いため、それらのファンドをドルコスト平均法で運用すれば、３％シグナルプランよりもはるかに劣る。
- 過去２年のSPYの四半期の終値を基準にして、高値よりも30％下落したときを相場が極端に下げたときと定義すると、プランではその時期のあと、次の４回の売りシグナルを一時的に無視して、株式フ

ァンドに全額投資する。このルールを、「30％下げたら、売りシグナルを無視」と呼んでいる。
●このルールは、極端な急落後には大幅に上昇する確率が高いという過去のデータを利用したものだ。この時期に株に全額投資して、できるだけ多くの利益を得ようとするのだ。
●プランで、セクター別のファンド、成長株や割安株に特化したファンド、個別株、あるいは債券の代わりに現金を使うことなども可能だ。しかし、小型株と債券に80対20で投資する基本プランのパフォーマンスに比べると、どれも説得力に欠ける。

第5章
このプランでの資金管理
Managing Money in the Plan

　前章では、どうして株式相場で苦労するのか、どうすればパフォーマンスを上げるために機械的に安値で買って高値で売ることができるか、四半期につき３％の資産成長が売買の基準としてなぜ最もふさわしいシグナルラインになるのか、それに小型株インデックスファンドと債券インデックスファンドが３％シグナルプランにとって理想的な投資対象だということを学んだ。次は、資金管理について説明したい。

　どこで３％シグナルプランを実行しようと、定期的により多くの現金を債券ファンドに入れることになるだろう。個人退職口座では、おそらく月に１回入れるだろうし、雇用主退職積立勘定では通常、給料が支払われるたびに入金される。また、非退職証券取引口座では、自分が普段使っている銀行から定期的に資金を移し、幸運にも資金に余裕が出たときにもそこに移すように計画しているかもしれない。

　上昇相場が長く続き、その間に下落が何回も起きて買いシグナルが点灯する事態に陥らなければ、株式ファンドの売りシグナルが点灯する。その現金と口座に定期的に入る現金によって債券ファンドの残高が増えていくと、やがて株式残高に比べて比率が高くなりすぎることもある。資金のほとんどは、長期的に見れば上昇する株式相場に合わせて増えていくように動かしたほうがよい。それには、債券残高が極端に増えないようにする必要がある。一方、株式相場は時折、暴落す

ることもある。そうなると、多すぎると思われた債券残高も、下落が続く時期に安値で株を買うための資金として役立つことになる。そこで、これらのバランスをうまく取る必要がある。

　この章では、現金残高が増えすぎたときに徐々に投資する方法や、プランの債券残高の管理法、底値買い用の口座を作る利点、そして、年を重ねてリスクを避けたくなるにつれて、債券残高を調節する方法について述べる。

現金残高が多いとき

　多額の現金残高を管理するには慎重さが要求される。大金をすべてつぎ込んだら、そこが相場の天井で、数カ月後には3分の1が消えていた、という事態は絶対に避けたい。しかし、わずかな金利よりは稼げるように資金を動かすべきだということも、おそらく分かっているだろう。

　歴史的に見ると、これまでは大金をすぐに株式市場に投じたほうが良い結果になった。しかし、私たちは感情に左右される生き物である。そのうえ、過去に繰り返し流れたニュースから、投資をしていたら大失敗に終わったであろうときを正確に覚えている。例えば、1987年のブラックマンデーのあとに出た雑誌の特集記事や、1997年に起きたアジア通貨危機のころのコメンテーターのあわてぶり。2000年にネットバブルがはじけたあとになされた「私は警告していた」というジーバルたちの講演。サブプライム住宅ローン問題で、2008年に相場が暴落していた間、どれだけの資産が失われたかを刻々と伝え続ける報道。これらのニュースやそのほかの金融関連の災難で受けたストレスは、私たちの脳裏に焼き付いていて、できるかぎりお金でそんな苦しみを味わうことは避けようとする。多額の現金を投資したら、今が最悪の瞬間だったという確率は低くても、私たちはその可能性を考えて

しまう。そのため、相場が強くなる時期を様子見して過ごしやすい。

　こういう事態を避けるために、現金残高が多すぎるときはそれを４等分して、その後の４回の買いシグナルに分けて投資することを勧めたい。株を買う機会が続けて現れるとは限らない。四半期ごとのシグナルが４回、買いを指示するまで２～３年かかるかもしれない。いずれにしろ、買うときにはシグナルで指示された数量に、余分な現金を加えて投資するのだ。この方法は、別のポートフォリオの資金を３％シグナルプランに移す際にもうまく機能する。その場合には、プランの買いシグナルが点灯するたびに、そのポートフォリオの残高の４分の１を売って、それを買い注文に加えることになる。

　例えば、プランに移したい資金が10万ドルであれば、それを４等分して、その後４回の買いシグナルで２万5000ドルずつ加えていく。現在の株式ファンドの残高を基準にして、翌四半期末に3000ドルの買いシグナルが点灯したら、それに２万5000ドルを加えて、合計２万8000ドルを投資する。例えば、株式ファンドの四半期末の終値が88ドルだったら、3000ドルで34口ではなく、２万8000ドルで318口を買う。プランに資金を移したあとは、増えた株式ファンドの残高を基準にして、次の四半期の３％シグナルラインを計算する。

　このように四半期末に４回に分けて買ったら、多額の現金残高もプランでうまく使われるだろう。現金を分けてプランに移している間に相場が下げ続けたら、さらに割安に買えるので気分が良くなる。現金をすべて移す前に相場が上げ続けたら、すでに現金の一部を投資していることに満足できる。私は不安定な相場で味わう失望を和らげるために、ゆっくりと資金を動かすほうを大いに好む。

　純粋主義者はこの手法をあざ笑うかもしれない。そしてたぶん、相場は下げるときよりも上げるときのほうがはるかに多いという統計を引用するだろう。人々は常に合理的な選択をする冷静なマシンではない。それにもかかわらず、彼らはいつまでたってもその事実を無視す

る。感情は判断に大きく影響する。そのため、頭と心のバランスをうまく保つには、ゆっくりと資金を動かすほうが良いのだ。そうすれば、多額の現金残高がプランで有効に使われるのを、落ち着いて見ていられる。

一生、増減する債券ファンドの残高

　３％シグナルの株式側も債券側も、残高は変動する。株式側は相場の日々の変動と、四半期末の売買シグナルに影響を受ける。債券側は積立金や、ときどき行うかもしれない現金の引き出し、それに株式側と同じ売買シグナルに影響される。驚くかもしれないが、実はあなたは株式側よりも債券側に深くかかわることになる。それは四半期末ごとの取引の一部であるだけでなく、通常は現金を預けるという形で取引がない時期にもかかわるからだ。プランに入れる新たな現金はすべて、最初に債券ファンドに移す。その後は、四半期末の成長目標に合わせて、株式ファンドに移す。この点については次節で説明する。

　このため、債券残高は月ごとや四半期ごとに変化する。呼吸で空気が出入りする肺のように、債券ファンドは資金を吸ったり吐いたりする。肺と同じで、これは債券ファンドが通常果たす役割だ。資金を吸って増えたり、吐き出して減ったりしても、驚くには当たらない。とは言っても、資金は肺の中の空気と同じで、増えすぎても減りすぎてもならない。

　本書のほとんどの例では、株式と債券の比率が80対20のところから始めているが、これは頭に入れておくべき良い比率だ。これなら、相場が大きく下げたときに、株を安値で買うための十分な資金が債券ファンドの口座から得られる。一方、資金の大半は相場の長期的な上昇傾向に沿って増え続ける。株式と債券の比率が５対95や、25対75、50対50では、相場の上昇をあまりにも多く逃してしまう。だが、95対５

では債券ファンドの残高が少なすぎて、相場が下げたときに何回も株を買い損ねる。残高の比率はこれらの極端な比率の中間にあるのが望ましく、80対20はほとんどの相場環境でうまくいく。あらゆる相場環境で、というわけにいかないのは、すでに知ってのとおりだ。だが、ほとんどの場合、この比率でうまくいく。したがって、この比率を基本と考え、3％シグナルが注意を促したときには、定期的にこの比率に戻すべきだ。

ほとんどの人は退職積立勘定で3％シグナルプランを実行するだろう。そして、それがうまくいくと分かると、おそらく非退職証券取引口座でも使うだろう。だが、ここでは資金管理について述べる。それが退職積立勘定に関係するからだ。この勘定には定期的に現金が入ってくるため、普通はその債券側が増えていく。株式側と債券側との間を動く資金は、長期的に見ればかなり良いバランスを保つだろう。強気相場や弱気相場が長く続くときには、平均から外れることもときどきあるが、その場合でも、最終的には平均に回帰して、プランは基本の80対20のほうに戻る。それでも時には、基本にもっと素早く戻すために介入する必要が出てくる。

退職積立勘定で増えていく債券残高を3％シグナルプランの株式側に移し続けるために、使える手法が2つある。放っておけば、初めに投資した株式残高が1四半期当たり3％ずつ増え続けるように、プランのシグナルは点灯する。増え続ける債券残高を何らかの方法で調節しないと、買いシグナルの金額は、口座の総残高に比べて着実に減っていき、資金の多くがシステムで生かされないままになる。これを避けるために、新たな現金をプランに移して、株式側と債券側の比率を調整する方法を2つ考えたい。

成長目標の変更

　思い出してもらいたいが、プランに移す新たな現金は、最初に債券ファンドに入れる。株式ファンドと債券ファンドの比率に合わせて分配するのではない。そうではなく、その四半期に債券ファンドに入った新たな現金の半分を株式ファンドに加えたうえで、四半期の株式ファンドの成長目標を調整する。3％シグナルでは金額にかかわらず、新たな現金はすべて、最初に債券ファンドに入れる。

　プランに新たな現金を組み込む第1の方法は、増えていく債券ファンドの残高に合わせて四半期ごとのシグナルを引き上げることだ。この方法は新たな現金が一定のペースで債券ファンドに入ってくる場合に最もうまくいく。例えば、退職積立勘定に給料の6％に加えて、その半分の額を雇用主が上乗せして拠出する場合、合わせて給料の9％が口座に入ってくる。例えば、1カ月の給料が6000ドルで、2週間おきに支払われるなら、9％は2週間で270ドル、あるいは1カ月で540ドルになる。年間では6480ドルが退職積立勘定の債券ファンドに入ってくる。この残高が1万ドルのときに3％プランを実行し始めたとすると、新たに入る年間6480ドルの資金は1年目ですでに当初の残高の65％に達する。プランに入ってくる現金の割合がこれほど高くなるのであれば、システムに組み入れる必要がある。

　この例の月に540ドルは、四半期では1620ドルになる。プランの初めの四半期に投資した8000ドル（当初の総残高1万ドルの80％を株式側に割り当てた場合）に対する3％の成長目標額は、四半期にわずか240ドルで、合計で8240ドルだ。新たに入ってくる現金は四半期当たりのプランの成長目標よりも7倍近く多い。この現金をすべて組み入れるには、成長目標を3％ではなく、23％にする必要がある！　つまり、3％のシグナルラインに達するために8000ドルに240ドルを足し、これに新たに入る現金1620ドルを加えると、合計で9860ドルになる。

だが、思い出してほしい。私たちは株式側と債券側の比率を80対20にするように心がけている。そのため、どの四半期にも現金をすべて株式ファンドに入れるべきではない。新たな現金の一部は株式市場に投じられるべきだが、一部は債券ファンドに残して、将来に買いシグナルが点灯した場合に備えるべきだ。では、新たな現金をポートフォリオの比率に合わせて、株式側に80％を取り、債券側に20％を残しておくべきだろうか？　そう思うかもしれないが、実際には新たに入った現金を2等分して、半分を株式ファンドの成長目標に加え、半分は債券ファンドに残しておくほうがよい。

そうするのは、株式相場が上昇しやすいことと、株式ファンドに3％の成長目標を設定しているため、その残高は当然増えていくからだ。債券ファンドを基本の20％の比率に保つには、新たな現金の半分をそこに残しておくのが最も良いのだ。簡単だろう。四半期ごとに債券ファンドに入る現金を2等分して、この場合なら1620ドルのうちの810ドルを成長目標に組み込む。プランの最初の四半期には（株式ファンドを8000ドルで始めた場合）、新たな現金を組み入れたあとの四半期の残高目標は9050ドルになる。公式は次のとおりだ。

8000ドルの株式残高＋3％の成長（240ドル）　　＋50％の新たな現金（810ドル）＝9050ドルの目標額

修正した目標を達成するためには、この四半期に13％成長する必要がある。株式市場がこれほど上げることはめったにないので、プランを始めたばかりで残高が少ない時期には、ほぼ毎四半期に株式を余分に買い増していかなければならない。それでも、問題はない。引き上げた成長目標に必要な資金は、すでに債券ファンドに入っているからだ。公式の「50％の新たな現金」部分は、四半期に口座に入れた現金に基づいている。それはすでに口座に入っていて、いつでも株式ファ

ンドを買うことができる。もっとも、ほとんどの人はここまで極端なことにはならない。まず、退職積立プランを始めるときに、月に6000ドルも稼いでいる人はほとんどいない。第2に、6000ドルを稼ぐころには、退職積立プランの残高は増えているため、毎月新たに入る現金で大きくバランスが崩れることはない。

とは言え、大きくバランスが崩れるのは良い状況でもある。それは多額の現金をプランに振り向けているという意味だからだ。これは私たちのほとんどが歓迎すべき問題だ。自分がその問題に直面しているときには、黙っていよう。退職積立勘定に大金がどんどん入ってきて管理が大変だ、などという話をクリスマスパーティーで聞きたい人などいないからだ。それに、この手法でプランに現金を組み込んでいても、やがて積立勘定の残高がもっと増えると、新たな現金でバランスが大きく崩れることもなくなる。

3年間、給与が変わらないと仮定して、例を見てみよう。各四半期に入ってくる現金1620ドルのうち、半分の810ドルは債券ファンドに残し、あと半分の810ドルは各四半期末に株式側に移す。また、株式側は四半期ごとにぴったり3％ずつ成長するので、売買シグナルは点灯しない。この場合、プランがどうなるかを見よう。現実には3年もあれば、売買シグナルは必ず点灯する。だが、ここでは3％シグナルプランで新たな現金がどのように吸収されていくかを説明するために、**表31**のような仮定をする。

3年後の債券ファンドの最終残高1万0910ドルは、退職積立勘定の総残高3万2358ドルの34％に当たる。最終行の右端の2万2902ドルを総残高と間違わないでもらいたい。それはその四半期の株式側の目標残高である。その四半期の初めの総残高は、債券残高と株式残高の項目を足した数字で、3万2358ドルになる。債券残高の1万0910ドルを総残高で割ると0.34なので、総残高に対する割合は34％になる。

この3年の終わりに、株と債券の比率は66対34になった。基本の比

第5章 このプランでの資金管理

表31　四半期ごとに入る現金の半分がプランでどう吸収されるか

四半期	退職積立勘定の債券残高（ドル）	退職積立勘定の株式残高（ドル）	四半期に入る現金（ドル）	株式残高の目標（ドル）＝3％の成長＋四半期の現金の50％（810ドル）
Q1	2,000	8,000	1,620	9,050
Q2	2,810	9,050	1,620	10,132
Q3	3,620	10,132	1,620	11,245
Q4	4,430	11,245	1,620	12,393
Q1	5,240	12,393	1,620	13,575
Q2	6,050	13,575	1,620	14,792
Q3	6,860	14,792	1,620	16,046
Q4	7,670	16,046	1,620	17,337
Q1	8,480	17,337	1,620	18,667
Q2	9,290	18,667	1,620	20,037
Q3	10,100	20,037	1,620	21,448
Q4	10,910	21,448	1,620	22,902

率からこれだけ外れた理由は、四半期当たり3％しか増えない株式残高に新たな現金が加えられるのに対して、債券残高にも株式残高と同じだけの現金が入るからだ。株式残高は8000ドルから始まるのに対して、債券残高はわずか2000ドルから始まるので、各四半期末に新たに入る現金を2等分すると、株式側に比べて債券側の比重が大きくなる。例えば、第2四半期の810ドルは、前四半期の債券残高の41％に当たる。しかし、株式残高に対しては10％にしか相当しない。当然ながら、四半期ごとに入る現金を2等分すれば、総残高に対する債券残高の割合は株式残高よりも速く大きくなる。

　現実の相場は変動しているので、1四半期にぴったり3％のリターンが得られることはない。相場が変動すれば買ったり売ったりするので、買いシグナルで株を買うと、債券残高がゼロになることもある。

そのため、総残高に対する割合が常に高まるわけではない。また、売りシグナルで債券ファンドに現金が入れば、その割合はいっそう高まることになる。あなたは株式側に入れる現金を少し増やし、債券側に残す現金を少し減らすように毎回、調整して、80対20の基本比率から大きく外れないようにすべきだと考えるかもしれない。しかし、株式相場は予測をしても妥当性がない環境であり、当たったり外れたりの繰り返しであることを考えると、それだけの価値はない。相場でいつ、どれほどバランスが崩れるかを事前に知ることはできないからだ。

幸いにも、バランスが崩れても私たちにとっては問題にならない。新たな現金をプランに組み入れる方法は分かったので、80対20の基本比率から外れた場合に、どう対応するかを見ることにしよう。

注文数量の調整

株式と債券の比率はほとんどの場合、80対20の近くで変動するが、これは放っておいて問題ない。ほとんどの相場環境では75対25から85対15に変わり、また元に戻るような動きをするだろう。しかし、時にこの妥当な変動幅から外れるため、介入して基本に戻す必要が出てくる。

妥当な変動範囲は70対30と90対10の間にある。解釈にもよるが、相場の変動に対応するには20％の幅が望ましい。各四半期の終わりに、債券残高を総残高で割って、債券残高の比率を確かめる。この比率が10％以下であれば、あとで説明するように債券ファンドに現金を入れたほうがよい。逆に、それが30％以上であれば、株式ファンドの次の買い注文を増やして、債券残高の割合を基本の20％に戻すのが良い。

例えば、債券残高が1万ドルで総残高が5万ドルであれば、債券残高の割合はぴったり20％、株式残高はぴったり80％になる。その後に債券残高が1万5000ドル、総残高が7万ドルになれば、債券の割合は

21％になる。債券が２万ドルで総残高が８万ドルになれば25％になる。そして、債券が３万ドルで総残高が９万ドルになれば33％になる。この時点で、債券に現金を入れすぎているので、株のほうに現金を移す必要がある。そのためには、次の買いシグナルを待ち、十分な債券残高を利用して買う数量を増やして、株式側で有効に活用できるようにする。それでは、買う数量をどれだけ増やせばよいだろうか？　見てみよう。

余分な現金を生かす

　このプランをざっと見た人のほとんどは、買いシグナルの金額が大きいほど、現金を追加したいと思うだろう。買いシグナルの金額が大きいほど、割安で買えるからだ。株式ファンドは四半期に価格が３％上げることを目標にしている。それが２％しか上げなかったら、少し割安になる。１％しか上げなければ、もっと割安になる。５％下げると、非常に割安になる。と言うわけで、買いシグナルの額が大きいほど、株式は割安になるため、資金をより多く株式側に移すのに適した時期になる。

　私はこの点を考慮して、元のプランを洗練させた。つまり、市場全体の四半期の上昇率が３％シグナルラインに達しない場合、その比率を四捨五入して１％不足するたびに、増えすぎた債券側の資金を使って買い注文を10％増やす。例えば、市場が四半期に２％しか上げなかったら、３％の成長目標を１％下回っているので、買い注文を10％増やす。こうすれば、割安度が高くなるほど債券残高を戦略的に使える額が増えていく。これこそ望むことだ。これを債券残高の割合が20％に下がるまで続ける。そして、20％に達したら標準的なプランの買い注文に戻す。

増えすぎた現金の扱いは金額の大きさで決める

　私たちは株に資金を移した途端に急落しないか恐れる。それを避けるひとつの方法として、多額の現金が手元にある場合には4四半期に分けて買うことを、前に検討した。だが、債券残高が30％を超えたために20％に戻すときは、株を分けて買うのではなく、一挙に買うほうがよい。どうしてそういう違いが出るのか？　それはこれら2種類の現金に対して、私たちが抱く感情が異なるからだ。

　債券残高が30％に達したら、次の買いシグナルが点灯したときに、債券の増えすぎた部分も含めて買う株数を計算し、債券残高を20％に戻す。株を余分に買えるのは、それまでの売りシグナルで現金がたまるようにプランを設計しているからであり、ここで使う現金は資金全体に比べればそれほど多くない。だから、買う株数を増やしてもそれほど神経質にならずに済む。プランがうまく機能しているのを見ていれば、そのシグナルに従っておけばうまくいくという自信を持てるからだ。そのため、買いシグナルに従って、過去の売りシグナルで得た余分な現金を動かすのに、過度なストレスはかからないだろう。

　しかし、当初から多額の現金残高がある場合や、思いがけない収入があったのでプランに入れるという場合には、話が変わる。第1に、それが資金全体に占める割合はおそらく、プランの余分な債券残高よりもはるかに大きいだろう。第2に、突然転がり込んできた大金は心配になる。まずい時期に株を買って、そのお金が消えてしまえば、とんでもない額を浪費してしまった、とひどく悔やむことになるからだ。だが、4回の買いシグナルに分けて徐々に資金を株式側に移せば、慎重に運用できるので、お金を大

切に使っていないと気に病むこともあまりなくなる。

　この手法はうまくいくように思えたが、あとになって複雑すぎると分かった。実際には、債券残高が30％に達するまで待ったあと、次の買いシグナルでその余分な現金を使って株を買い、債券残高を一挙に20％まで戻すほうがよい。たとえ、買いシグナルの指示する数量が大きくてもだ。これは直感に反するかもしれないが、正しい。また、第４章の「ドルコスト平均法に勝つ」の節で見たように、債券と株の資金配分にはトレードオフの関係があり、どちらか一方に偏るのは良くない。

　膨らみすぎた債券残高を減らすときは、株を買う数量を微調整するよりも、一度に買うほうがよい。多額の債券残高を素早く移せるほど、株式相場がたびたび大きく下げることはないからだ。結局、相場サイクルが何回か繰り返される間、それらの現金は債券側に残ったままになる。相場は長期的には上昇する傾向があるので、最初に買う機会が訪れたときに余分な現金を使うほうが、ほとんどの状況でうまくいく。注意してもらいたいのは、20％の基本水準に戻すのに、債券残高の増えすぎた分しか使っていないという点だ。また、債券残高が30％に増えるまで放っておくため、残高が少なすぎて買いシグナルが点灯しても株を買う資金が足りない、という事態も避けられる。

　そうした事態に備える必要はないと考えてはならない。相場がある方向に動くと、その後には反対方向に動くと、人は当然のように考える。引っ張られたゴムバンドが元に戻るのと同じだ、と言われることもある。株価が今四半期に８％下げたら、ゴムバンドは下に引っ張られすぎたので、今にも上に戻ると考える。株価が大きく下げるほど極端に引っ張られているので、やがて大きく反発するはずと考えるのだ。それはそのとおりだが、重要なのは「やがて」という点だ。知っての

とおり、「やがて」がいつ始まるのか、だれにも分からない。最近の相場をざっと振り返るだけでそれははっきりする。

　表32は2003年から2012年までの四半期で、バンガード500インデックスファンドのリターンが3％以下だったときを示している。このファンドはS&P500に連動している。ここで示した期間は合計で22四半期だ。そのうち、翌四半期のリターンが3％以上だったのは9四半期にすぎない。残りの13四半期ではその翌四半期にも3％を下回った。22四半期内のうちの13四半期は59％になる。ポートフォリオの株を買い増すように促した四半期の半分以上が、翌四半期にも少なくとももう一度買いシグナルを点灯させた。表で強調している部分は、その後のリターンが良かった9回である。なお、左の列の期間は必ずしも連続していない点に注意しよう。

　この**表23**を見れば、欲張りすぎて、現在の買いシグナルで債券残高のすべてを株に移すべきではないと分かる。2004年の第3四半期のように、下落は1回で終わるかもしれない。しかし、2007年第4四半期のように、そこが新しい下降トレンドの始まりかもしれない。この期間に債券残高をすべて株に移していたら、その後の5四半期のはるかに割安な株価を利用できなかっただろう。その時期の相場は極めて悪かったので、債券残高をどう動かしても、株を買う資金はおそらく底をつき、プラン以外から資金を新たに加える必要に迫られただろう。そういう時期でも、3％シグナルプランや、先ほど説明した債券残高を分けて株を買う方法に従って買い注文を分散すれば、プランで運用している資金をもっと長く利用できただろう。この手法は退職積立勘定などのように、定期的に現金が入る口座で資金が底をつかない状況のほとんどで、うまくいくはずだ。

　相場が異常なほどひどい時期であっても、現金が増えすぎたときに注文数量を増やすこの手法はかなりうまくいく。余分な債券残高の比率を20％に戻したら、もう買い注文を増やさないからだ。20％の水準

表32　2003～2012年にS&P500が低迷した四半期

上昇率が3％以下の四半期	今四半期のパフォーマンス (%)	翌四半期のパフォーマンス (%)
Q103	-3.2	15.4
Q303	2.6	12.1
Q104	1.7	1.7
Q204	1.7	-1.9
Q304	-1.9	9.2
Q105	-2.2	1.3
Q205	1.3	3.6
Q405	2.1	4.2
Q206	-1.5	5.6
Q107	0.6	6.2
Q307	2.1	-3.4
Q407	-3.4	-9.5
Q108	-9.5	-2.8
Q208	-2.8	-8.4
Q308	-8.4	-21.9
Q408	-21.9	-11.0
Q109	-11.0	16.0
Q210	-11.5	11.3
Q211	0.1	-13.9
Q311	-13.9	11.8
Q212	-2.8	6.3
Q412	-0.4	10.6

に達したら、それ以降は注文数量を基本に戻すことになる。

現金の不足に対応する

　ここまでは、債券ファンドの現金が増えすぎたという喜ばしい状況にどう対応すべきかを述べてきた。では、現金が少なすぎるという喜ばしくない状況にはどう対応すべきだろうか？

債券ファンドの残高が増えすぎた場合には、株の注文数量をいつものように調整するのではなく、最初の買いシグナルでそれらを一挙に株に移す。株式相場は長期的に見れば上昇するからだ。同じ理由で、売りシグナルが点灯したときにも、指示された株数以上は売らないようにする。相場が長期的には上昇するということは、相場が下げたときに株を十分に買えるように債券残高を妥当な水準に維持しつつ、できるだけ多くの現金を株で運用できるようなリバランスを心がけるということだ。債券残高の妥当な水準は基本の20％である。これが総残高の30％まで増えたら20％に戻す。逆に10％まで減ったら、危険な水準まで落ちていることを示すので、現金を追加すべきだ。

　とは言え、常に新たな現金を用意できるわけではない。その場合には、株式ファンドの一部を売って債券口座に現金を入れられるほど相場が回復するまで、ひたすら待つしかない。債券ファンドの資金が尽きる前に、相場は回復することが多い。だが、常にではない。サブプライム住宅ローン問題で暴落したときのように、債券ファンドの残高がゼロになることもある。追加できる資金がほかになければ、定期的に口座に入る現金や売りシグナルで得られる現金で、再び債券ファンドに現金が補充されるまで、買いシグナルを無視するしかない。

　債券ファンドの資金が基本水準に戻るまでに数四半期か数年かかり、それに慣れるしかない場合もある。だが、これはまだよい。最悪なのは、長期にわたって債券残高に現金がほとんどないために、バイ・アンド・ホールドをする平凡な投資家になってしまうことだ。そのときは、相場の下落が続く間、株を塩漬けする人たちのように、やがて相場が回復するまでひたすら待つしかない。安値で買い、相場の回復を利用して稼ぐことはできない。しかし、ジーバルを信奉する多くの人々のように、相場が底を打つころに耐えきれなくなって最悪の時期に売る、ということもない。ただ待つだけだ。相場が強含み、株価がしばらく上昇すれば、やがて売りシグナルが点灯して債券ファンドに現金

が入るだろう。

　債券ファンドの資金が足りないときは、新たに現金を追加するのが最も良い。それ以外にうまい方法はない。現金を追加すれば、プランの意図どおりに強い買いシグナルをうまく利用できる。債券ファンドの残高がゼロになるのは、下げ相場が長期に及ぶか、相場が短期間に急落するときだけだ。いずれの場合でも、ジーバルたちがことごとく相場判断を誤って、人前で落ち込んで歯ぎしりしているときがまさに買い時なのだ。そのときが、「いいぞ」とつぶやきながら、「買い」のボタンを押せるときだ。ただし、債券ファンドに株を買えるだけの資金がなければどうしようもない。

　この当たり前の事実にひとつだけ例外がある。それを次に述べよう。

「底値買い」用の口座を持つ

　３％シグナルプランを実行している期間のほとんどで、債券残高は株を買うのに十分なほどあるだろう。年金積立勘定に定期的に振り込まれる掛け金と、相場の上昇時に株を売って得た現金があるからだ。しかし、まれにではあるが、資金が底をつくこともある。そのときに備えて、「底値買い」用の口座を用意しておくほうがよい。使い道が決まっていない現金をその口座で積み立てておき、解説者たちの間違ったアドバイスで狼狽売りをしたくなる時期に、すぐに買えるようにするためだ。

　口座の債券ファンドには定期的に資金が入ってくるので、その半分を株式ファンドの成長目標を達成するために使い、あとの半分は債券ファンドに残しておく。この資金に加えて、株式相場は上げるときのほうが多いので、対処すべき問題はたいてい資金不足ではなく、債券ファンドにある余分な残高をどう使うかになる。しかし、相場に暗黒の日が訪れて暴落するときもある。そんなときに多少でも余計に投資

できる現金があれば、暴落を逆にうまく利用できる。そのときにどう動くべきかを指示するツールはすでに手にしている。３％シグナルプランだ。あと必要なのは、暴落を利用するための資金力だけだ。

　底値買い用の口座を使うことはめったにないので、ゆっくりと増やしていけばよい。第７章では、マークという架空の人物が登場する。彼は2000年12月から2013年６月の50四半期に、勤務先の退職積立勘定で３％シグナルプランを運用している。その期間に彼の年収は５万4000ドルから８万2000ドルに増え、退職勘定に定期的に振り込まれる掛け金もそれに見合う一般的な額だった。この期間に彼がプランで運用している資金以外の現金を必要としたのは、３四半期だけだった。しかも、この期間には株式市場で最悪の時期が含まれていた。それでも、検証期間の94％はプランの売りシグナルで得られた現金と、定期的に退職勘定に振り込まれていたお金で足りた。新たな現金が必要になったのは期間の６％だけだった。94％の期間で警戒が不要だったと分かると、ほっとする。これは株式市場でめったにない暴落がたとえ起きても、逆にその暴落を利用するための資金を底値買い用の口座に少しずつためる時間がたっぷりあるということだ。

　毎月や毎４四半期に入金する必要はない。だが、収入が少し多かったときに、家のカーペットを張り直すか家族全員の歯を白くするのを我慢できるなら、口座にも少しはお金を入れよう。たまにある臨時収入を蓄えるだけでも、資金は着実に増えていく。もちろん、定期的に入金できれば、それに越したことはない。その貯蓄はまさかの時の蓄えと底値買い用の口座という２つの役目を果たせる。

　会社で定期的に受け取るボーナスの一部や、自分が行っている事業で利益が急増したときの一部を蓄えるか、プレゼントや、税金の還付金、不動産の売却益を蓄えるのも良い方法だ。そうした一時収入も底値買い用の口座に入れることを検討するとよい。そのため口座としては、証券会社か銀行の安全な口座なら何を利用してもかまわない。

昇給したときに、昇給分の一部を回すという方法も考えられる。昇給分は退職積立勘定の口座に一部を入れるのは当然として、おそらくほかの目的のためにも使うだろう。その資金配分リストに底値買い用の口座を加えて、そこに定期的に入れてもよい。それは昇給分の５％程度のわずかな額かもしれない。ほぼすべての期間で、その資金は手つかずのまま残るので、株式市場であれ通常の生活上のことであれ、何か緊急事態があったときに予備の資金があるという安心感が得られる。私はへそくりには大賛成なのだ。

予備の資金はいくらあればよいか？

　底値買い用の口座にはいくらあればよいだろうか？　自分のできる範囲で良いが、私は覚えやすいように「次の20％」としている。３％プランでは債券残高の割合を20％に維持していて、増えすぎたときにはその割合まで戻し、減りすぎたときにはその水準まで引き上げるようにしている。底値買い用の残高も同じ金額を目標にしておけば、覚えやすい。
　もちろん、これら２つを合わせると大金になるので、やりくりするのは簡単ではない。とは言え、時間はたっぷりとあるので、運用当初はなんとかなるだろう。株式に8000ドル、債券に2000ドルから始めた例では、底値買い用口座の目標額も2000ドルになる。やがて、退職積立口座の残高が２万ドルになれば、債券残高と底値買い用の口座のそれぞれの目標額は4000ドルになる。これは想像できないほど速いペースではないだろう。
　例えば、３％シグナルプランは2000年末に株に8000ドル、債券に2000ドルから始めた。四半期ごとに退職勘定で300ドルを受け取り、2003年の第４四半期には総残高が２万ドルに、2006年の第１四半期には３万ドルに達した。債券ファンドの4000ドルの目標残高に合わせて、

底値買い用の口座にさらに2000ドルを積み立てるまで、最初は3年、次は2年の時間的余裕があった。サブプライム住宅ローンをきっかけにして相場が暴落すると、2008年第4四半期に債券残高がなくなり、プラン内の資金ではその後2四半期の大幅な下落時に株を買えなくなった。だが、そこに至る2年間におそらく底値買い用の口座に1000ドルは積み立てていただろう。すると、その口座の残高は合計7000ドルに達していたことになる。それは2008年第4四半期に、プランの買いシグナルで指示された金額の80％に相当する。これは悪くない数字だ。その当時、ほとんどの人は何をしていただろうか？ マウスを素早くクリックして、株を売っていたのだ。

　覚えておいてほしいが、それら2四半期の買いシグナルはプランの要求した額のなかでも極端に大きかったものだ。四半期で見た相場の下落がかつてないほど大きかったからだ。IJR（iシェアーズ・コアS&P小型株ETF）はその期間に26％、2009年の第1四半期には17％下げた。だから、そこでの買いシグナルの半分を実行できなくても、かなり良いほうだ。それに、そこまで多額の資金が必要になることはめったにない。

　というわけで、底値買い用の口座という「まさかのとき」に備える資金を蓄えるのは簡単ではないが、不可能ではないし、そうする価値も十分にある。それに、蓄えることに何かリスクはあるだろうか？ 緊急時のために予備の現金を持っておくことがリスクだろうか？ めったにないことだが、3％シグナルプランがある日、「底値買いをするときだ」とささやいても、問題ない。サブプライム問題で下落したときにそうしていたら、喜んだことだろう。2008年第4四半期に買いシグナルに従って買っていたら、IJRの価格は2009年末までに26％上昇していた。また、2009年第1四半期に買っていたら、26％上昇していたのだ。これこそ、まさに底値買いだ。

最大の危機

　相場の下落が激しいために、３％プランで債券残高や底値買い用の口座の資金だけでなく、ほかにかき集められるだけのお金をすべて使っても、買いシグナルがさらに買い増すように指示するとき、最大の危機が迫っている。
　これは、だれもが予想するような理由のためではない。老後の生活資金が相場の下落ですべて消え去りそうだ、というのは最大の危機ではない。逆だ。そのときに底値近くで売ってしまうという、まったく誤った行動に走りやすいから最大の危機なのだ。口座にあるお金をすべて投じたのに、うまくいかないと、相場が崩壊して二度と回復しないかのように見えてくる。
　前に説明したように、バイ・アンド・ホールドやドルコスト平均法を用いる投資家たちは、持ち続けるのも売るのもつらいというジレンマに陥る。３％シグナルプランのほうが優れている理由は、ほぼすべての状況でそうしたジレンマを避けることができるだけでなく、確かな手法で小型株に集中投資をすれば、より高いリターンを狙うことができるからだ。しかし、どれほど準備に怠りなくても、相場の下げがきつすぎて、株を買う資金が尽きてしまうこともある。３％シグナルプランで債券が少なくとも総残高の20％あり、底値買い用の口座にもかなりの資金があるときに相場の下落が始まり、その後も下げが続いて資金がすべてなくなれば、極めて深刻な災難に直面しているのは間違いない。しかし、そうした災難はこれまでにもあった。これまで見たなかで最大かつ最悪な災難であっても、「今まででは」最大ということだ。顧客をだます銀行幹部や政治屋たちのせいで、これから何度か暴落が起きれば、いつかもっと大きな災難に出合うだろう。
　相場の下落に買い向かって、底値まで叩きのめされ、資金は底をつき、「いやあ、感謝するよ。あなたの言っていたようにはならないね」

と私に言いたくて、私の電話番号を探しているときには、売買シグナルを見てみよう。それは何と告げているだろうか？　買いだ。買えなければ、次善の策は何だろう？　持ち続けることだ。そのとき、バイ・アンド・ホールドの投資家よりも良いことは何もやっていない。ただし、あなたは彼らよりも有利だ。買いシグナルがあるからだ。それが点灯しても、買えるだけの資金はないかもしれない。だが、やがて相場は回復するということは分かっている。そう思える理由は、明日の相場が今日の安値よりも上げているからだ。たとえ、買いシグナルに従って買えなくても、そのシグナルで相場の回復をじっと待っていても大丈夫だ、という自信を持つことができる。

　人生での苦難を乗り越えるカギは心構えにある。そして、これもそんな苦難のひとつだ。資金が尽きて最大の危機が迫ると、先を読みたくなる。それを知っていれば、実際にそんな感情にとらわれても驚かずに済む。「こうなることもあるとは気づいていた。自分もそんな感情にとらわれる可能性があると分かっていた。そして、今、そうなっている。自分は苦痛から逃れたいという予想どおりの感情に襲われているだけだ。だが、それは間違った振る舞いだと分かっている。相場はやがて回復する。ニュースには耳を貸さずに、確実なシグナルに集中すべきだ。それはやがて、買いの指示を出す。それでも、今は現金がないので、ただ待ち続けるしかない。今が最大の危機だということは分かっている。ここで底値売りをしたら、長年かけて積み立ててきた資産をたった一度の感情的で不合理な振る舞いで台無しにすることになる」と自分に向かって語りかけることができる。

　現金を十分に用意していたら、そんな目には一度も遭わないか、遭ってもごくまれなことだ。だが、その可能性を無視することもできない。万が一そうなったときには、気を引き締めてシグナルを見守り、小型株インデックスファンドに集中投資し続けることだ。そうすれば、やがて報われる。この言葉で安心できるかどうか分からないが、あな

表33　3%プランで目標とする配分スケジュール

退職前後の年数	株式への配分（%）	債券への配分（%）	リバランスするときの債券比率（%）
10年以上	80	20	30
5〜10年	70	30	40
0〜5年	60	40	50
退職	50	50	55
退職後5年	40	60	65
退職後10年	30	70	75
退職後15年	20	80	85

たのお金と共に私のお金もそこに投資されていて、相場の回復をじっと待っているはずだ。

年を重ねるにつれて、債券残高を調整する

　現役時代のほとんどでは、株と債券を80対20という基本比率に維持しておけばうまくいく。しかし、年を重ねるにつれて、株を減らして債券を増やし、安全性を高めていくほうがよい。このプランでそうするのは簡単で、ファンドも2つのままでよい。偶然性や自分の判断に何も任せたくないので、私の勧める基本比率の調整スケジュールを次に示した。また、この章の「余分な現金を生かす」の節で説明したように、債券残高が増えすぎたときに基本に戻すときの水準を載せたのが**表33**だ。

　多くのファイナンシャルプランナーはこれを見て、単純すぎると思うだろう。彼らは数字に正確であれば、生活の安定度が増すと言わんばかりに、内訳に小数点以下まで示した詳細な調査を見せたがる。私は前に、50歳向けのプランを見たことがある。それによると、米国株

に41％、海外株式に17％、米国債に33％、海外債券に8％、そして、物価連動債（TIPS）に1％の分散投資を勧めていた。そんな配分をしたうえに、その比率を維持するには、かなりの時間をかける必要があるだろう。おそらく、もっとうまい方法が考えられるはずだ。

　彼らがほかの資産クラスに分散投資して達成しようとしている安全策は、3％シグナルプランに含まれている。資産クラスで重要な唯一の違いはボラティリティ（価格変動率）であり、それはオンかオフで切り替える照明スイッチとみなせば分かりやすい。株式側はボラティリティが高く、債券側は低い。現役時代のほとんどで、資金の80％をボラティリティが最も高く、パフォーマンスが最も良い主要資産クラスの小型株に投資すれば、最も成績が良くなるだろう。20％の債券残高は、相場が急落してもパフォーマンスをさらに高めるための資金源になる。また、ボラティリティを恐れるのではなく、それを利用することで安心感も得られる。

　退職まで10年以内になったら、株式の割合を70％に下げ、債券の割合を30％に上げる。そして債券残高がこの期間に40％まで増えたら、リバランスをする。このときには次の買いシグナルを利用して、増えた債券分を株に回し、株と債券の比率を70対30に戻す。退職まで5年以内になったら、株と債券の目標比率を60対40に調整し、リバランスする水準は50％に引き上げる。退職後は株の割合を5年ごとに10％ずつ下げて、退職から15年後に株と債券の比率が20対80になるまで続ける。退職後は債券の割合が非常に高くなるので、リバランスする水準は毎回、5％ずつしか引き上げない。そのため、退職から15年後に株と債券の比率を20対80にしたときには、債券が85％に達したらリバランスすることになる。

　3％シグナルプランは現役時代の資産成長エンジンとして利用するのが最もふさわしい。収入から定期的に退職積立口座に掛け金を振り込むことに加えて、退職まで長年にわたって相場の回復を利用してい

れば、プランに必要な燃料と精神的余裕が得られる。退職間近や退職後になると、資産を増やすことよりも、資産を維持してそこから収入を得ることのほうが重要になる。債券の割合を高めると、その目標を達成できる。

退職したら、3％シグナルプランは現役時代に役に立ったが、今は退職したのでこのプランでの運用も終わりにしたい、と考えるかもしれない。そう考えたときは、このプランを使うのは終わりにして、退職後の資産の3分の1を配当が得られる大型株インデックスファンドに、3分の1を債券インデックスファンドに、残り3分の1を国債と現金に分けるという伝統的な配分に従ってもよい。このように配分しておけば、何が起きても資産は大きく増えも減りもしない。退職後はそれで満足できる。

3％シグナルプランを続けて、債券の割合を増やして退職後の収入を得るにしろ、このプランをやめて退職後の伝統的な資産配分に従うにしろ、現役時代の大半で株と債券を80対20の比率で運用して増えた資産を、どう扱うか決めるだけだ。突然、おかしなことを考えて、ジーバルのアドバイスに従い始めないかぎり、何も問題は起きないだろう。

まとめると

3％シグナルプランにこの資金管理法を加えると、ジーバルやピーター・パーフェクトに惑わされずに、退職後の資金をほとんど確実に増やしていける。

退職積立勘定に定期的に振り込む掛け金を、利益成長の目標に合わせるために半分を株式側に、あとの半分は債券側に割り当てる。こうすれば、新たに入れた現金の半分を毎四半期末に株式ファンドに移して、ドルコスト平均法の利点の多くを生かせる。また、債券側に移し

た残り半分で、将来に株式ファンドを買い増すときの資金も維持できる。相場が長期にわたって上昇するか、バブル的状況になれば、株式ファンドを売るシグナルが点灯するため、債券ファンドの残高が増える。その割合が30％以上になったら、最初の買いシグナルで割安な株式ファンドを買って、機械的に20％まで下げる。相場が下げて株式ファンドが割安になれば、ほとんどの場合は残しておいた債券ファンドを使って買い増す絶好の機会になる。しかし、極端な下げで債券ファンドの残高がゼロになることもまれにある。その場合には、底値買い用の口座に蓄えておいたお金で、極めて割安になった株式ファンドを買い増せばよい。その口座の資金すら尽きたときには、シグナルに従ってひたすら相場の回復を待つだけだ。

　３％シグナルプランで資金を運用すれば、良いときも悪いときも、出来高が急増するときもその後の閑散相場でもうまくいく。毎四半期にプランがうまく機能しているのを見ていると、状況が把握できるので、マスコミに過激な大見出しで誤った危機感をあおられても、プランを自分の判断で変える必要はないと確信できる。

　ほとんどの時期に、債券ファンドの残高は口座の20％前後にとどまり、株と債券の比率を基本の80対20に維持できるだろう。債券ファンドの残高が30％まで増えたら、増えた分を次の買いシグナルで株式ファンドに移す。その時期になると、ジーバルたちがこの四半期の相場は期待外れで、今後も下落が続くと話しているだろう。あなたはその機会を利用して買い注文を出し、その後の相場は予測できないという考えを貫く。だが、先が分からないのはあなたに限らない。彼らも同じなのだ。

　退職積立勘定に余計にお金が振り込まれたときに行う成長目標の調整や、債券残高を調整するリバランスの手法は、人生の浮き沈みに合わせて柔軟に変えられる。収入が増えて四半期ごとに口座に入れる現金も増えたら、成長目標を引き上げて株を買う金額を増やすだけだ。

求職中のために、積立勘定に四半期ごとの入金ができなくなったらどうするか？ 問題ない。入れなければよいだけだ。臨時収入があったので、プランに入れたいというときはどうするか？ いったん、債券ファンドに全部入れる。それで債券ファンドの割合が30％以上になるのなら、プランの買いシグナルを待って余分な資金を株に移し、株と債券の比率が80対20になるように調整する。年を重ねるにつれて、株を減らして債券を増やす。

ジーバルたちの役割はどこにあるのか？ どこにもない。彼らが毎日、口角泡を飛ばしながらノイズだけを生み出している間に、あなたはこれらの手法と計算機を年に4回使うだけで、彼らよりもはるかに上手に資金を運用できるだろう。

この章の要点

長期的な投資プランでは普通、定期的に現金を追加していくだけだが、3％シグナルプランは入ってくる現金を独自の方法で動かす。口座に大金があるときは、時間をかけて投資する。定期的に振り込まれる少額の資金はまず債券ファンドに入れて、そのうちの半分を3％の成長目標に追加して、株式側に新たな現金を組み入れる。プランの口座以外に底値買い用の口座を作っておけば、債券ファンドの残高以上に株式ファンドを買い増すめったにない機会に、買いシグナルに応じることができる。この章でカギとなる情報は次のとおりだ。

● 大金を株に投資したら、直後に相場が下落してショックを受けた、という事態を避けるために、その現金を4等分して、その後の四半期ごとの買いシグナルに分けて投資する。
● 私たちの基本プランでは、株式側に80％、債券側に20％を配分の目標にする。この比率は相場に応じて変動する。債券側の割合が30％

を超えたら、リバランスをして元の比率に戻す。
- ●株式市場は一時的に下げても長期的には上昇するので、新たに入れる現金の一部を債券ファンドに残しておき、適切な配分比率を維持して株式ファンドを買い増すときの資金を用意しておく必要がある。
- ●口座に振り込まれる現金の最も良い配分比率は50対50だ。新たな現金はすべて債券ファンドに入れる。そして、その半分を成長目標に加えて株式ファンドで運用できるようにする。成長目標の公式は、「株式ファンドの残高＋３％の成長＋新たに口座に入れた現金の50％」である。
- ●現役時代の大半で、株式側と債券側の80対20という基本の配分目標は、70対30から90対10の間が妥当な変動範囲だ。年を重ねるにつれて、株を減らして、債券を増やす。債券が増えすぎたら、リバランスをする。
- ●四半期ごとに資金を動かしたあと、債券の割合がリバランスの水準に達していた場合（株と債券の比率が80対20のときには30％）、次の買いシグナルを待って、債券ファンドの残高の余分な資金を株式ファンドに移して、目標の水準まで下げる。
- ●買いの絶好の機会というまれな瞬間が訪れたときに、賢明に振る舞うには、プラン以外に底値買い用の口座を作っておくことだ。その口座ではゆっくりとお金を増やしていける。これを使う機会はほとんどないからだ。
- ●債券残高も底値買い用の口座残高もゼロになると、底値売りというまったく誤った行動に走りやすい。そういうときでも、プランでは買いシグナルが点灯するため、相場がやがて回復するまで待つ勇気が出る。

第6章
プランの実際
The Plan in Action

　これで、3％シグナルプランで運用を始めるための情報は十分に得られた。第2章で、このプランは退職積立勘定で使うのが最も良いと述べた。この章で確認するように、四半期ごとの売りシグナルに従って利益を出しても課税されないからだ。だが、このプランは退職積立勘定かどうかにかかわらず、どの口座でも使える。いろいろな食材を収納できるキッチンがたくさんあるように、いろいろな銘柄を選べる口座もたくさんある。同じ料理をどのキッチンで作っても似た味になるように、同じプランをどの口座で使っても十分に安心できる運用ができる。どこにいても同じように料理を作るためのカギは何だろうか？　似た食材と適切な調理器具を用意することだ。では、どの口座でこのプランを使っても、うまくいくためのカギは何だろうか？　似た銘柄を選べることと、それらを四半期ごとに売買できることだ。プランの「食材」は単純で、株式ファンドと債券ファンドだけなので、このプランは今持っているどの口座でも使える。まだ口座を開いていなくても、開くのは簡単だ。要するに、だれでもこのプランを使って、すぐに自分のお金を運用できるようになる。

　この章では、3％シグナルプランをどこで運用しようと従う必要がある四半期ごとの手続きや、コストを低く抑えることがどうして重要なのか、インデックスファンドをどう使えば機械的に運用できるのか

を簡単に説明する。さらに、税金について見たあと、一般的な証券口座や雇用主退職積立勘定でこのプランをどう使うかも簡単に説明する。

四半期ごとの手続き

いよいよ核心に入るときだ。この節では、四半期ごとに行う５段階の手続きを簡単に見たあと、それらを詳しく説明していく。この手続きは簡単なうえに年に４回繰り返すので、すぐに覚えられる。

まず、四半期末ごとにIJR（ｉシェアーズ・コアS&P小型株ETF）か、自分で買っているほかの株式ファンドの残高を確認する。四半期ごとに口座に振り込まれる現金の50％分を別にして、株式ファンドの残高が前四半期よりも３％以上増えていたら、目標を超えた分を売って債券ファンドに移す。目標とぴったり同じであれば、何もしない。目標を下回っていたら、債券ファンドを売って、株式ファンドを目標まで買い増す。あまり起きないことだが、見守るべき状況が２つある。債券ファンドの残高が口座の総残高の30％に達しているかどうかと、相場が四半期末の終値で見た高値よりも30％以上、下げているかどうかだ。

この手続きの５段階を簡単に述べると、次のようになる。

1. 前四半期末の株式ファンドの残高に1.03を掛けて、３％上昇したときの残高を計算する。その金額に退職積立勘定に振り込まれる現金の50％を足して、その四半期のシグナルラインを計算する。
2. シグナルラインから株式ファンドの現在の残高を引いて、プラスであれば目標に達していない分を買い増す。ゼロに近ければ、何もしない。マイナスならば、目標を超えている分を売る。計算結果を株式ファンドの現在の価格で割って、売買口数を決める。端数は四捨五入すればよい。

3. シグナルが買いのときは、債券ファンドを必要な金額分売って、株式ファンドを買う資金にする。シグナルが売りのときには、株式ファンドを売った分を債券ファンドに移す。
4. シグナルが売りであれば、債券ファンドの割合がまだリバランスの水準以下かどうかを確認する。人生の大半でこの水準は総残高の30％である。30％以上になっていたらメモを取っておき、次の買いシグナルが点灯したときに、増えすぎた残高分を株式ファンドに移して、債券ファンドの割合を目標水準まで引き下げる。人生の大半で、この水準は20％である。
5. SPY（S&P500ETF）が、四半期の終値で見た直近2年の高値よりも30％以上、下げていないかを確認する。下げていたら「30％下げたら、売りシグナルを無視」のルールに従って、次の4回の売りシグナルを無視する。これはめったにないことだが、適切な行動をするために重要なことだ。

次に、この5段階をもっと詳しく見ていこう。

1. 前四半期末の株式ファンドの残高に1.03を掛けて、3％上昇したときの残高を計算する。その金額に退職積立勘定に振り込まれる現金の50％を足して、その四半期のシグナルラインを計算する。例えば、前四半期末の株式ファンドの残高が1万2845ドルで、今四半期に積立勘定に入ったお金が660ドルだったら、計算は次のようになる。

1万2845ドル×1.03＝1万3230ドル　　（今四半期に3％上昇したときの残高）
660ドル÷2＝330ドル　　　　　　　　（積立勘定に四半期ごとに入る金額）
1万3230ドル＋330ドル＝1万3560ドル（今四半期のシグナルライン）

この計算で得られた今四半期末の株式ファンドの残高がシグナルラインになり、来四半期には、残高をこのラインよりも3％増やすことを目標にする。

2. シグナルラインから株式ファンドの現在の残高を引いて、プラスであれば目標に達していない分を買い増す。ゼロに近ければ、何もしない。マイナスならば、目標を超えている分を売る。計算結果を株式ファンドの現在の価格で割って、売買口数を決める。現在の残高が1万2976ドル、株式ファンドの価格が49.17ドルになっているとすると、売買口数は第1段階のシグナルラインを使って次のように計算する。

1万3560ドル－1万2976ドル＝＋584ドル（株式ファンドを584ドル分、買う）
584ドル÷49.17ドル＝11.88　　　　　（49.17ドルで11.88口を買う）

　現在の残高が1万4110ドル、株式ファンドの価格が53.47ドルであれば、次のようになる。

1万3560ドル－1万4110ドル＝－550ドル（株式ファンドを550ドル分、売る）
－550ドル÷53.47ドル＝－10.29　　　　（53.47ドルで10.29口を売る）

　実際には、口数は四捨五入したほうが便利だ。例えば、11.88口ではなく12口で買い注文を出すほうが簡単だし、10.29口で売るよりも10口で売るほうが簡単だ。端数の小さな差はプランを長年運用していれば事実上、意味がなくなる。たとえ、わずかな差があっても、端数は切り上げと切り下げで打ち消しあう。それに、残高が増えるにつれて端数の影響は徐々になくなっていく。だから、四捨五入をしよう！

3．シグナルが買いのときは、その金額を債券ファンドの現在の価格で割って、何口売れば株式ファンドを買えるかを調べる。第2段階で株式ファンドを584ドル買う例を使うと、債券ファンドの価格が11.83ドルのときの計算は次のようになる。

584ドル ÷ 11.83ドル = 49.37　　　（債券ファンドを11.83ドルで49.37口売る）

　シグナルが売りのときには、売った分をすぐに債券ファンドに移す。最近では注文はすぐに執行されるので、株式ファンドを売って得た現金はほんの2～3秒で債券ファンドに移り、一度ログインしたときにすべての処理が終わる。

4．シグナルが売りなら、債券ファンドの割合がまだリバランスの水準に達していないかを確認する。人生の大半でこの水準は30％である。債券ファンドの残高を総残高で割って、結果が0.30未満であれば何もしない。0.30以上のときにはメモを取っておき、超えている残高分を次の買いシグナルが点灯したときに株式ファンドに移して、債券ファンドの割合を目標水準まで引き下げる。人生の大半で、この水準は20％である。第2段階の売りシグナルで売ったあと、債券ファンドの残高が2416ドル、総残高が1万5976ドルになっていたら、計算は次のようになる。

2416ドル ÷ 1万5976ドル = 0.15（債券ファンドの割合は15％なので問題ない）

　債券ファンドの残高が今四半期のリバランス水準である4793ドル以上になっていたら、20％を超えている額を次の買いシグナルが点灯したときに株式ファンドに移すようにメモを残しておく必要がある。

5．最後に、SPYが四半期の終値で見た直近2年の高値よりも30％以上、下げていないかを確認する。下げていたら「30％下げたら、売りシグナルを無視」のルールに従って、次の4回の売りシグナルを無視する。

　これほどの急落はニュースで大きく取り上げられるので、たいていはだれでもすぐに気づく。四半期の終値を見ていると、30％も下げているのに思いがけず気づいた、というほど現在の出来事に無関心な投資家はまずいない。四半期末に口座の残高を確認したあとの10大発言に、「ちょっと見て。これは明らかに相当の弱気相場だよ」という言葉は入らないだろう。たとえ、どれほど徹底してニュースに無関心でいても、相場の下げが続くと四半期ごとに買いシグナルが点灯して債券ファンドの割合が落ちていくため、何か厄介なことが起きていると気づくはずだ。

　それで、株式相場の大きな下げにはおそらくだれもが気づき、ここ数四半期を振り返って、「30％下げたら、売りシグナルを無視」のルールを適用する段階に入っているかどうかを確かめることになる。これはたまにしか起きないことだが、適切な行動を取るために重要なことだ。多額の利益を得られるかどうかは、弱気相場の底値近くで買って、相場の回復過程で資金のすべてを株式市場に投資し続けられるかどうか、にかかっているからだ。この2つのうちのどちらかを実行するだけでも、最終残高は大きく増える。2つともきちんと行うことができれば、人生が変わるかもしれない。

　というわけで、「SPY（スパイ）を監視しろ」を習慣にしておき、この貴重なルールを適用するほど相場が下げているかどうかを確かめるのは価値あることだ。

　この作業を手助けするために、私は無料で使えるオンラインのツ

ールを作っている。これは本書に関するほかの情報と共に、http://jasonkelly.com/3sig/ で公開している。

大切なのは経費をかけないこと

　金融業界は契約書のただし書きという概念を考え出した。金融会社の法務担当の小悪魔たちほど、重要な細則を読みづらいところに書いて分かりにくくするのが得意な連中はいないだろう。経費のわずかな違いでも、やがては大金になるということを彼らは知っている。そのため、彼らはそのことを知られないように最大限の努力をする。なぜか？　顧客が１セント節約すれば、彼らの収入が１セント減るため、クレジットカードの手数料をこっそり取り、サブプライム住宅ローンの危機をもたらした金融業界の錬金術師たちは、退職勘定でも顧客からお金をむしり取りたいからだ。

　３％シグナルプランでは、ジーバルたちが運用する最も信託報酬が高い銘柄の大半を避けて、利用できるインデックスファンドのうちで最も信託報酬が安いものを好むため、不必要な経費の大半を避けることができる。このプランはもともとパフォーマンスが良いが、それとは別に、低コストのインデックスファンドに資金を配分するので、一生に何万ドル、ひょっとすると10万ドル以上を節約できるかもしれない。１セントの節約は１セントの儲けという精神でいれば、節約したお金の合計を戦略の優れたパフォーマンスの一部ととらえられるはずだ。手数料を減らしてお金を節約して最も良いことは、相場の気まぐれで変動するパフォーマンスとは異なり、確実に利益になるという点だ。手数料の節約には確実性があるが、パフォーマンスには確実性がない。

　３％シグナルプランで低コストのインデックスファンドを使って節約をすると、いかに大きな利益になるかを確かめておこう。

労働省は「401kプランの手数料について」のなかで、被雇用者が退職積立勘定で高い手数料を支払うと、いかに多くの利益を失うかを明らかにしている。示されている例では、退職まで35年ある労働者が401kプランの口座で２万5000ドルを運用している。退職までの35年の投資リターンが年率７％で、信託報酬率が0.5％とすると、その後の掛け金がゼロでも、退職時の口座残高は22万7000ドルに達する。しかし、手数料が1.5％だと、口座残高は16万3000ドルにとどまる。一見するとたいした差ではないように見えるが、退職勘定の残高は28％も減る。経費は可能なかぎりかけないほうが良いのではないか？　この点は信じたほうがよい。

　高い手数料を避けるのがどれほど良いかを明らかにするために、年間の運用経費が増えるとどういう影響があるかを見ておこう。**表34**は、当初の投資金額２万5000ドルを年率10％のリターンで、30年運用を続けた場合を示している。経費として消えるお金が口座に残っていれば、そこからも投資リターンが得られる。そのため、高い経費率は機会費用（ほかのものを選んでいたら、得られたはずの利益）とも関係している。消えた手数料を投資していれば、利益はそれだけ大きくなる可能性があったのに、それを逃すからだ。機会費用は推測できる。手数料は長期にわたって払うので、その時間差を考慮したうえで、経費を同じ投資リターンで運用した場合の将来価値を計算すればよい。表の組み合わせにこの観点を加えると、驚くべき結果が得られる。

　表34は経費の上昇がいかに大きな影響を及ぼすかをあからさまに示している。２万5000ドルの投資が年率10％で増えているときに、1.5％という一見何でもない年間手数料を30年間払い続けると、４万9838ドルにもなる。この金額をそのまま投資し続けていた場合、30年後の最終残高は10万9188ドル増える。手数料を払わなかった場合の最終残高43万6235ドルから失われた金額は、支払った手数料と逃した機会費用を加えた15万9026ドルになる。手数料と機会費用で失った金額

表34　経費の上昇が投資に及ぼす影響

当初の投資額（ドル）	年間リターン（%）	保有年数	手数料差し引き前の最終残高（ドル）	年間手数料（%）	最終残高から手数料と機会経費を引いた額（ドル）	手数料の総額（ドル）	機会費用（ドル）	最終残高の減少率（%）
25,000	10	30	436,235	0.10	423,336	4,430	8,469	3.0
25,000	10	30	436,235	0.20	410,806	8,679	16,750	5.8
25,000	10	30	436,235	0.50	375,329	20,390	40,516	14.0
25,000	10	30	436,235	1.00	322,683	36,792	76,760	26.0
25,000	10	30	436,235	1.50	277,209	49,838	109,188	36.5

は、投資の潜在価値の36.5％という途方もない数字である。

　モーニングスターの投資信託調査部のラッセル・キンネル部長は、モーニングスターの格付けにファンドの信託報酬率がどの程度の説明力があるかを調べる調査を2010年に行った。彼は調査リポートの初めに、「信託報酬率にどれくらい気を付けるべきか？　毎回だ」と述べている。予測をしても妥当性が得られない環境で仕事をしているマネジャーたちは、株価指数に負ける。また、彼らのアクティブ運用ファンドはインデックスファンドよりも信託報酬率が高い。そのため、信託報酬率を低くすれば、良いことが２つある。まず、支払うお金を減らせば、運用成績を直接引き上げることができる。そして、悪影響を及ぼすマネジャーたちの干渉も減るだろう。自分たちの管理手数料が減るほど、顧客に対する興味を失うからだ。

　これを踏まえると、キンネルの調査結果は当然の結論である。調査では、どの資産クラスでどの期間を取っても、低コストのファンドが高コストのファンドに勝ち、信託報酬が多くかかるほど悪い結果で終わる確率が高まることを示している。そして、信託報酬率がパフォーマンスの説明に効果を発揮することを明らかにして、利用できるファ

ンドで最も低コストのものを探す必要性を強調している。これを聞くと、「安物買いの銭失い」ということわざが脳裏をかすめるかもしれない。しかし、投資信託を選ぶときには、多く支払うほど損をするのだ。2005年に繰上償還されずに運用されていた国内株式ファンドのなかで、手数料が安い上位20％のうちで市場平均を上回ったのは48％だった。一方、手数料が高い上位20％のうちで市場平均を上回ったのは24％にすぎなかった。低コストのファンドのほうが高コストのファンドよりも、2倍も成功する確率が高かった。

　キンネルはリポートを次の率直なアドバイスで締めくくっている。「投資家はファンドを選ぶ際、まず信託報酬率で絞り込むべきだ。それは現在でも、パフォーマンスを予測するうえで最も信頼できる手法だ。手数料が安い上位20％か40％に焦点を合わせて選んでいけば、成功への道を進んでいる」

　あとで退職プランを具体的に見ていくときに、私が最も低コストの小型株インデックスファンドと債券インデックスファンドを探し出していることが分かるだろう。あなたも自分の口座で同じことをするはずだ。この節を読めば、そうすべき理由が分かる。経費を減らすと、長期投資で得られる利益の流出を少なくすることができる。また、低コストのインデックスファンドに焦点を絞れば、予測妥当性ゼロの投資マネジャーや彼らの50％の失敗率の悪影響から逃れられる。

　経費を減らせば、利益は確実に押し上げられる。そのため、3％シグナルプランでは、口座で利用できる最も低コストのファンドで資産運用を行う。

税金で考慮すべきこと

　どの金融関係の本でも、税金の話題に関心が集まることはめったにない。だが、死と税金という人生で避けられない2つのうちでは、少

なくともましなほうではある。それに、3％シグナルプランで考慮すべき税金の問題は複雑ではないので、急いで片付けることにしよう。

3％シグナルプランでは年に4回、四半期末ごとに資金を動かすので、退職積立勘定ではない口座では四半期末ごとに税金に悩まされる可能性もある。プランでは、利用しているIJRか別のファンドが四半期に3％以上の利益を出したときにしか売らないので、株式ファンドを売ると必ず売却益が発生する。IJRを買って1年未満に売って利益を出すと、短期譲渡所得税が課される。短期譲渡所得税は通常の所得税と同じ税率なので、1年以上、保有していた資産を売ったときに課される長期譲渡所得税よりも不利になる。長期保有をしていた株式の売却益には、非投機的な資産形成に報いるために、税の優遇があるからだ。税率区分が10〜15％の人は非課税になり、25％以上であれば売却益に対して15％しか課税されないのだ。ほとんどの投資家は後者の区分に入るので、1年以上たって売った場合は15％、そうでなければ25％以上の税率で課税されることになる。

これは退職積立勘定ではない口座で3％プランを実行すれば、四半期ごとの売却益に対して税率が高い短期譲渡所得税を課される恐れがあるということだ。幸いにも、ほとんどの人は家族用の貯蓄の大半を退職積立勘定の口座で行っている。これは課税を繰り延べされるか非課税なので、短期でも長期でも譲渡所得税の問題は避けられる。従来型IRA（traditional IRA）の場合、引き出しを始めるまでは、税金の心配をせずにその口座で好きなだけ売買できる。引き出しを始めたら、所得税を通常の税率で払えばよい。退職後は収入が減るので、この税率はたいてい現役時代よりも下がる。そのため、現役時代よりも支払う税金は少なくて済む。ロスIRA（Roth IRA）の場合は、退職積立勘定に振り込まれるお金はすでに課税されている。その代わりに、口座開設から5年以上たっていて、59歳半よりも前に引き出しをしないかぎりは、売却益に対して課税されることはない。この条件を満たし

ていれば、ロスIRAの口座から引き出すときに何も課税されない。ロスIRAが非課税の口座であるのに対して、従来型IRAは課税繰り延べの口座である。

これらの仕組みから、どちらの口座でも四半期ごとに売却益に課税される心配をすることなく、３％シグナルプランを実行できる。ほとんどの人が退職積立勘定でこのプランを利用したいと考えているので、これは素晴らしい偶然の一致だ。

退職積立勘定でない口座では、１年以内に資産を売って売却益が発生した場合、短期譲渡所得税を通常の所得税と同じ税率で課される恐れがある。その場合でも、IJRをいつ買ったかを記録しておき、プランで売りシグナルが点灯したときに、買って１年以上たった分を選んで売れば問題ない。ほとんどの証券会社はこの作業に必要なサービスを提供している。また、３％シグナルプランでは取引が非常に少ないので、自分でも簡単にできる。例えば、プランの取引が**表35**のようになっていたとしよう。

昨年の第４四半期には、73口を売る必要があった。このときに、昨年の第１～３四半期か一昨年の第４四半期に買った分を売っていたら、短期譲渡所得税の税率で課税されていた。だが、それ以前に買った分を売れば、長期譲渡所得税の税率15％で支払うことができた。同様に、今年の第３四半期に短期譲渡所得税を避けるためには、昨年第３四半期よりも前に買った分を売る必要があったが、表を見れば分かるように、簡単にそうできた。昨年の第２四半期に17口買っていたので、今年の第３四半期に９口売るにはそれで十分だった。

このプランでの運用をしばらく続けていれば、１年以上前に買ったIJRが口座にたくさん残るようになるので、短期譲渡所得税を簡単に避けられるようになる。また、売却益は四半期ごとに、３％を超える分にしか発生しないので、売る頻度も金額も限られてくる。そのため課税対象の売却益もそれほど大きくならない。しかし、そこそこの利

表35　3％シグナルプランでの取引例

四半期	行動	価格（ドル）
昨年の第1四半期	12口買う	93.71
昨年の第2四半期	17口買う	95.24
昨年の第3四半期	65口買う	93.32
昨年の第4四半期	73口売る	101.71
今年の第1四半期	65口買う	99.65
今年の第2四半期	20口買う	101.09
今年の第3四半期	9口売る	104.80
今年の第4四半期	17口買う	106.62

益に対して15％の長期譲渡所得税を時たま払うだけでも、長い目で見ると資産形成の妨げになるので、税の優遇措置がある口座でプランを実行するのが最も望ましい。

IRA（個人退職積立勘定）

まず、IRAで見られる誤解を解いておく必要がある。

IRAは5000万人のアメリカ人が利用しているものであり、風変わりなものでも取るに足りないものでもない。それなのに、2番手の退職積立プランで、雇用主か政府が提供する本物のプランを利用できないときに使うものとみなされることがときどきある。だが、これは間違っている。ここで事実をはっきりさせて、あなたがIRAを利用しているのなら、その口座は3％シグナルを実行するのに申し分ないということを知ってもらいたい。

私が退職積立勘定で3％シグナルを実行する話をすると、雇用主が提供する401kなどの年金プランに加入していない人はがっかりす

ることがある。「僕は本物の退職積立口座を持ってないんだ。ただのIRAなんだよ」と、ある友人に言われたことがある。

　これはおかしな言い方だと思う。だれでもIRAが個人退職積立勘定だと知っているからだ。IRAの頭文字が何を表しているかを見ればよい。individual retirement account（個人退職口座）だ。人々が私の友人のように、IRAが本物の退職積立勘定ではないと言うとき、雇用主が提供する多くの年金プランとは異なり、自分で掛け金を払うだけで、会社は掛け金に上乗せして払ってくれないと言いたいようだ。これは多くの場合、正しいし、会社が上乗せしてくれればありがたい。それでも、IRAや雇用主退職積立勘定ではない口座にも、401kと同様に税の優遇はある。そして、雇用主退職積立勘定とそれ以外の口座の主な違いはこの点にあるのだ。会社が掛け金を上乗せしてくれるからではなく、税の優遇があるから、退職積立勘定なのだ。

　それに、掛け金について知ってもらいたいことがある。雇用主が設定するIRAには、会社が掛け金を上乗せするIRAもあるのだ。あとでいくつか示すが、それらのIRAは大企業の退職積立プランよりも有利になることばかりだ。雇用主から掛け金の上乗せがあるという同じ利点のほかに、口座で買える銘柄が増えるからだ。

　たとえ会社からの上乗せ分がないIRAでも、幅広い選択肢がある。例えば、401kのなかには限られた銘柄しか選べないものもあるが、IRAでは手数料が安い銘柄をたくさん選べる。大手証券会社ならどこでもIRAの口座を開設できるので、そこで取り扱っているすべての銘柄を取引できる。401kによっては、従業員はひとつの証券会社の少数の投資信託しか利用できないところもある。それらの証券会社は利用者から法外な手数料を取っている場合もある。この点については、あとで述べる。

　だから、退職積立口座がIRAだけしかないからといって、悲観すべきではない。IRAで何も問題はない。それは３％シグナルプランを実

行するのにふさわしい。このプランはどのIRAでもお守りの働きをする。IRAには次のようなものがある。

● 従来型IRA（traditional IRA）やロスIRA（Roth IRA）。銀行か証券会社で開設するもので、ほぼすべての銘柄を取引できる。これらは通常、自分だけで運用するもので、会社あるいは第三者はかかわらない。
● SEP-IRA（simplified employee pension IRA、簡易小企業被用者年金IRA）。会社の従業員のために雇用主が提供するIRA（このように、IRAでも雇用主がかかわることができるものもある。雇用主は従業員の給料の25％まで掛け金を出すことができる）。
● SIMPLE IRA（savings incentive match plan for employees IRA、従業員のための貯蓄奨励拠出プランIRA）。名前が示すように、雇用主が従業員のために提供する年金プランで、雇用主が掛け金を上乗せする。

　加入している退職積立口座がIRAだけで、雇用主からの上乗せ分がなくても、残念に思う理由はない。税金の心配をすることなく、そこで3％シグナルプランを実行できるうえに、手数料が最も安いファンドを全銘柄から探すことができるからだ。とは言え、私たちのプランがうまく機能するために必要なファンドは2つだけなので、困ることはないだろう。それでも、手数料がもっと安いファンドをたまたま見つけたら、IRAで使えると知っておくのは良いことだ。あらかじめ用意されているファンドリストに縛られる必要はないのだ。
　IRAには利点があることを押さえたうえで、退職積立勘定以外の口座で運用している資金も含めて、それを証券口座でどう使えばよいのかという話に移ろう。

典型的な証券取引口座

証券業界は歴史が長いので、普通の口座でも、先ほど見た従来型IRAやロスIRAなどの退職積立用の口座でも、選べる銘柄は多い。401kのように会社が提供するプランについては次の節で扱う。次に挙げる証券会社は両方の口座を開設できるうえに、どちらの口座でもIJRなどの小型株ファンドを利用できる。

イートレード	etrade.com
フィデリティ	fidelity.com
ファーストレード	firstrade.com
シュワブ	schwab.com
スコットトレード	scottrade.com
シェアビルダー	sharebuilder.com
TDアメリトレード	tdameritrade.com
トレードキング	tradeking.com
バンガード	vangard.com

どこの証券会社でも簡単に口座を開設できるし、退職積立勘定を前の雇用主から従来型IRAに移すことも簡単にできる。これによって、以前よりも有利になることもある。例えば、前の職場では取引できなかったファンドを利用できるし、初めての家の購入費や一定条件を満たした場合の教育費に口座の資金を利用しても、罰金を科されずに済む。だが、おそらく最も良いのは、IJRも含めてほかのETF（上場投資信託）や多くの投資信託、株、債券、CD（譲渡性預金）など、選べる銘柄が格段に増えることだろう。

近年の証券会社は手数料を安くしている。口座手数料はもう取らないし、オンライントレードの手数料はほとんどの証券会社で10ドルも

しない。何よりも良いのは、私たちの味方であるIJRも含めて、多くのETFの手数料をゼロにしているところが何社かあることだ。ウソではない。それらの証券会社に口座を作れば、毎四半期にIJRを手数料なしで売買できる。ETFを買ったあと少なくとも30日は売らないこと、という条件がたいてい付くが、3％シグナルプランは自動的にこの条件を満たすので、その点を心配する必要はない。シュワブでは、IJRに相当するシュワブ小型株コアETF（SCHA）を手数料なしで売買でき、信託報酬率はたったの0.08％だ。バンガードでは、IJRに相当するバンガード・スモール・キャップ（VB）を手数料なしで売買でき、信託報酬率もわずか0.10％だ。ほかの多くの証券会社でも、手数料なしでIJRそのものを売買できるうえに、信託報酬率は0.16％と非常に安い。

　要するに、選択を誤るほうが難しいのだ。先ほど挙げたどの証券会社でも、手数料がゼロか非常に安い適切な口座で、IJRか同様のETFをすぐに売買できる。それらの会社のホームページで最新の情報を見比べて、どこが最も自分にふさわしいかを決めるとよい。

口座に現金を入れる

　すべては現金から始まる。すでに別の証券会社に持っている口座をそのまま移すのでないかぎり、新しく作る証券口座に現金を入れる必要がある。本書の例では１万ドルの残高から始めたが、いくらから始めてもかまわない。

　証券口座に現金を入れるには、ログイン後に「口座」の項目を探して、「入出金」か「現金を移す」などの項目に進む。そこで、自分の銀行預金口座と証券口座をつなげば、１回限りでも繰り返しでも入出金の操作ができるようになる。

証券の売買

すべての証券口座は証券を簡単に売買できるようにしている。それが彼らの仕事だから、これは当たり前だ。3％シグナルプランを実行する準備ができたら、証券会社のサイトで「取引」の項目から「株式・ETF」の項目に移り、買いたい証券の取引コードや数量、注文方法などを指定する。

口座に現金を1万ドル入れて取引を始めたと仮定して、債券ファンドを2000ドル分、IJRを8000ドル分買うとする。このときIJRの前日の終値が96.26ドルだったとしよう。8000ドルを96.26ドルで割れば、買う数量は83.11口になるが、83口でもほとんど差がないし追跡もしやすい。また、買い指値は96ドルでかまわないと考えたとする。それで、96ドルで83口のIJRを買う指値注文を入れる。その価格で注文が約定すれば、現金のうちの7968ドルが使われる。指値注文が何を意味するかよく分からない？　それなら、次の節を読んでほしい。

成り行き注文と指値注文

『大化け株とレバレッジで勝つケリー流株式投資法』（東洋経済新報社）から少し引用しながら、成り行き注文と指値注文の違いを見ておこう。

成り行き注文は「証券会社に、現在の売り気配値で証券を買うようにと指示する。それだけのことだ。その注文がフロアに届いたときの取引価格がいくらであっても、それがあなたの買値になる。今日の通信速度では、その価格は注文を出したときの価格とぴったり同じでなくても、それにかなり近いだろう」。先ほどのIJRの例では、83口で成り行き注文を入れることになり、翌日の始値が96.09ドルであれば、おそらく96.09ドルで買えるだろう。ぴったり同じでなくても、96.05ドルか96.15ドルほどのかなり近い価格で約定するだろう。

次は指値注文の説明だが、その前に言っておきたいことがある。成り行き注文は簡単で、３％シグナルプランではまったく問題なく使える。指値注文でもっと安く買おうとしてもかまわないが、このプランでは四半期ごとというゆったりしたペースで売買するので、指値注文で多少の得をしても、たいていは手間をかけるほどの違いにはならない。それに、指値注文である四半期に得をしても、別の四半期の指値注文でその利益は打ち消されるだろう。すると、成り行き注文を使うほうがずっと良さそうに思える。それでも、指値注文も有効な売買法なので、プランでどう役立つかを見ておこう。

　指値注文は証券会社に、「指定した価格か、もっと良い条件で証券を売買するようにと指示する注文だ。つまり、10ドルで売るように指示すると、証券会社は10ドルかそれよりも高く売る。20ドルで買うように指示すると、証券会社は20ドルかそれよりも安く買う」。IJRの例では、96ドル以下で買う注文を入れて、取り消すまでその注文を維持するように指示した。「指値注文を入れる場合、当日限り注文かGTC（注文取り消しまで有効）注文を指定する。当日限り注文はたとえ約定しなくても、当日の大引けで有効期限が切れる」。GTC注文は約定するまで有効である。約定しないまま有効期限が切れる可能性もある。GTC注文の有効期限は証券会社によって初期設定が異なる。フィデリティは６カ月、TDアメリトレードは４カ月に設定されている。ほかの証券会社もそれぞれの期間を設定しているが、最大で６カ月である。

　各四半期末にはまず、口座の残高とIJRの終値を調べて、３％の成長目標を上回っているか下回っているかを確かめる。そして、IJRを何口売るか買うかすれば目標水準に合わせられるかを計算する。IJRを96ドルで83口買うという指値注文をして、ぴったり96ドルで約定したら、株式ファンドの残高は7968ドルになり、今四半期の３％成長目標は8207ドルになる。7968ドルにその３％を足すか1.03を掛ければ、

8207ドルと計算できる。ここから、今四半期のIJRの価格目標も簡単に計算できる。96ドルに3％を足すか1.03を掛ければよいだけだ。結果は98.88ドルだ。今四半期末のIJRが98.88ドルを下回っていれば、その残高は8207ドルに達していないので、その分を買い増すことになる。ぴったり98.88ドルなら、残高は8207ドルなので何もしない。98.88ドルを超えていたら、残高は目標の8207ドルを超えているので、その分を売ることになる。

仮に今四半期末のIJRが97.74ドルと目標に届かず、83口で8112ドルになったとしよう。これは目標に95ドル不足しているので、97.74ドルで95ドル相当のIJRを買う必要がある。理屈ではIJRを0.97口買えばよいことになるが、現実にはほぼ間違いなく、単純で十分に近い価格で約定する成り行き注文で1口を買うだろう。翌日に97.75ドルで買えたら、IJRの残高は84口で8211ドルになり、目標の8207ドルに十分近いので、今四半期はそれで終わりにする。翌四半期の目標は新たな残高8211ドルに3％を足した8457ドルになる。

逆に今四半期の相場が非常に良く、ジーバルたちはあらゆる強気発言や科学技術の躍進を口にしている。また、チャートから先行きは明るいと見て、目標価格を引き上げているとしよう。それでも、四半期末にはいつものように彼らのおしゃべりを無視して、忠実に数字だけを見る。IJRのその四半期の終値は109.48ドルで、残高は84口で9196ドルになっていたとする。これは目標の8457ドルを大きく上回っている。素晴らしい！　そこで、今四半期の利益目標を超えた739ドル分を売る。これは6.8口になるが、四捨五入して7口にしただろう。

四半期末の手続きをしているこの辺りで、あなたはおそらく鉛筆を置いて考えるだろう。「IJRはいい感じで109ドルまで上げてきて、まだ好調だ。ひょっとしたら、今四半期は売るのをやめたほうがいいのではないか」と。これはだれもが経験することだ。あなたはたぶん、私がお説教を始めて、やり方を変えたがる自分の性格ではなくプラン

のほうに従うように言う、と思っているだろう。安心してほしい。思い出そう。このプランの強みのひとつは、合理的なシグナルを出しながら、感情も認めるところだ。そして、時には目標の数字をちょっと変えたいという気持ちに応えることができる。相場の上昇で含み益が増えていくのを見て、できるかぎりそのままにしておきたいと考えるのは自然なことだ。IJRのように急上昇する銘柄でもっと利益を出せたらよいのに、と座って考えているときに、良いニュースがある。3％シグナルプランに従いつつ、少し変えたいという望みもかなえる方法があるのだ。それについて次に説明しよう。

トレイリングストップとそのほかのトレード戦術

　成り行き注文でも指値注文でも買うことができるように、売るときにもどちらの注文方法も使える。成り行き注文で売れば、IJRを現在の買い気配値で売ることができる。夜間に注文を出せば、翌日の寄り付きに前日の終値にかなり近い価格で約定するだろう。この場合、証券会社のサイトの「取引」の項目に戻って、成り行き注文でIJRを7口売る指示を出す。そして109.50ドルで約定したら、保有分は7口少ない77口になり、キャッシュファンドは767ドル増える（売った7口×売値109.50ドル）。この現金は債券ファンドに移す。IJRの残高は8432ドルになり、翌四半期の目標はここから3％多い8685ドルになる。

　しかし、相場が活況を呈して、一服する前に大きく値上がりしそうだったら、どうしただろうか？　例えば、IJRを109.50ドルで売った2週間後に114.50ドルになっていたら、気分は良くないだろう。売った7口を持っていたら、あと35ドルが手に入った。これはシャンパンで祝うような額ではない。だが、このプランで四半期に売る口数はそのうち、7口から70口、700口と増えていく。そうなると、逃した利益も35ドルから350ドル、3500ドルと増えていく。

　プランに従いながらも、安く売りすぎて失望することのないように

するひとつの方法は、トレイリングストップ注文を使うことだ。次の文章は私の著書『大化け株とレバレッジで勝つケリー流株式投資法』（東洋経済新報社）でこの注文方法について説明した部分だ。

> 上昇トレンドが続くかぎり、株を持っていたほうがよい。そして、それができるのがトレイリングストップの特徴である。この注文は価格が上昇すると価格のあとを自動的に「追いかける」が、価格が下げてもその水準にとどまる。この注文では、売りの逆指値を現在の価格よりもどれくらい下に離して置くかを指示する。どの逆指値注文にも言えることだが、この注文では、すぐに売る成り行き注文か、指定した価格で売る指値注文かを指示する。現在の価格からどれだけ下に逆指値を置くかは、価格か比率（％）で指示する。私は比率のほうをよく使う。注文を現在の価格から離すほど、売り注文に引っ掛かる可能性は小さくなる。だが、売り注文が執行されたときの損失も大きくなる。通常は10％下にトレイリングストップを置くのが一般的と言えるだろう。

ここの例では、IJRを7口売る必要があり、理屈では成り行き注文で売るべきだった。しかし、強気相場が続いているのを見て、上昇トレンドでできるだけ多くの利益を得たいと考えたとしよう。その場合、7口を売るように成り行き注文を入れる代わりに、トレイリングストップ注文を置くこともできた。現在の価格よりも10％離してトレイリングストップを置けば、IJRは四半期の終値の109.48ドルから10％下の98.53ドルまで下げるのを許すことになり、四半期の利益をすべて失うリスクをとることになる。もちろん、これはまずい。私たちのプランでは毎四半期に3％の利益を得ることしか目標にしていないので、1％か2％のいわゆる「狭い」逆指値を使う必要がある。

その四半期に大きく上げているのを見て、もっと高値で売ることを

表36　IJRの上昇後の価格と２％下のトレイリングストップ

IJRの価格（ドル）	２％下のトレイリングストップの価格（ドル）
111	108.78
113	110.74
115	112.70
120	117.60
130	127.40

目指しながら、IJRの四半期の終値から最大で２％下げるリスクを許容したとしよう。この注文を置いたあと、最大のリスクはIJRがすぐに109.48ドルから107.29ドルまで２％下げることだ。この場合、成り行き注文を入れて109.50ドルで売っていたら得られていたはずの767ドルの利益を、７口で751ドルまで減らしたことになる。一方、うまくいった場合——成り行き注文ではなくトレイリングストップを選んだ以上、明らかにそうなると信じているだろう——、IJRは上げ続ける。上げるたびに、売りの逆指値も自動的に引き上げられて、より多くの利益が確保される。

　ここでは楽観的に考えて、今四半期は良いほうに動いたと仮定しよう。２％下にトレイリングストップを置いたあと、IJRは四半期の終値である109.48ドルから**表36**のように上げて、２％下のトレイリングストップもそれにつれて引き上げられた。

　これは記憶に残る四半期で、IJRは109.48ドルから130ドルまで19％上げた。こうしたことは実際にも起きる。2003年の第２四半期に、IJRは20％上昇し、同じ年の第４四半期には140％上昇した。2009年の第２、第３四半期には、サブプライム住宅ローン問題による暴落後の反騰で、それぞれ22％と18％上昇した。2010年の第４四半期には16％、2011年の第４四半期には17％上昇した。大きく上げる四半期はあ

り、時にはそれが連続することもある。大きく上げ始めるころだと思ったときは、トレイリングストップで多少の利益を失うリスクをとりつつ、大幅上昇に賭けたほうがよいかもしれない。もちろん、すでに分かっているように、50％の確率で相場の読みを誤る可能性はあるが、とりあえず今はその話は置いておこう。

表を見ると、IJRが1ポイント上げるたびにトレイリングストップも指定した値幅で引き上げられている。この場合は2％だ。IJRが最後に引き上げられたトレイリングストップ水準まで下げたら、そこで売り注文が執行される。相場が最終的には上げていくときでも、一時的な下げでよくこういう目に遭う。表の価格では、IJRが115ドルに達したあと、112.70ドルまで反落することがある。そこで売り注文が約定したあと、IJRはあなたの7口を置き去りにして、120ドル、130ドルへと華々しく上昇していくことがあるのだ。

株式市場では、こうしたことが絶え間なく起きている。トレイリングストップ注文は非常に役立つが、魔法ではない。下げが長く続かないときには、売り注文に引っかかってほしくない。だが、そんなときに限って、逆指値の水準をわずかに割って売り注文が執行される。そして、すぐに上昇していき、イラ立たしさで叫び出したくなる。それが相場だ。投資家たちに言わせると、相場はありとあらゆることをして、最も多くの人をイラ立たせるところだ。たとえIJRのトレイリングストップが112.70ドルで執行されても、その後に102ドルまで下げるときには、あまり動揺しないだろう。だが、112.70ドルで売られたあと、112.68ドルで下げ止まったら、かなり気を悪くするだろう。残念ながら、よく起きるのは後者のほうだ。

例えば、2009年第2四半期にはIJRが22％と素晴らしい上昇をした一方で、4月7日には1日で3.7％下げた。前日の終値から4％以内にトレイリングストップを置いていたら、4月7日に売り注文が執行されていただろう。なぜなら、IJRはその日の安値まで4％下げてい

るが、3％シグナルプランでは最も緩い逆指値でも、3％よりも下に離して置かないからだ。さらに悪いことに、次の2日で8％上昇した。2日で8％だ。このときは、3％シグナルに従って動いていれば、2日間の息をのむ急騰前に、1日の下げでふるい落とされることはなかっただろう。第1四半期末の3％シグナルは売りではなく、大幅な買いを指示していたからだ。この指示は的確だった。

売りの逆指値を近くに置いていたら、非常に悔やまれることになっていたのは2009年第3四半期だった。このときは、22％上昇した第2四半期の直後だった。私たちのプランは多額の利益を確定させるように指示していたので、相場がまだ上げ続けると強く感じていたら、トレイリングストップをIJRの価格の2％下に置いていたかもしれない。四半期の1日目の7月1日に、IJRは45.50ドルの高値を付けた。そして、2％下のトレイリングストップは44.59ドルで固定された。IJRは翌日にいくらで寄り付いただろうか？ ぴったり44.59ドルだった。そのため、そこで売られた。ところが、3週間後には48ドル以上まで上げて、四半期末には17.8％上昇して52.34ドルになっていた。なんと、イラ立たしいことか！ だが、相場はちゃぶつくものだ。

損切りの逆指値注文の問題はここにある。現在の価格に近づけすぎると、少し押しただけで再び上げ始めるときでもすぐに逆指値に引っ掛かって、ふるい落とされてしまう。だが、現在の価格から離しすぎると、損切りするまでに被る損失が大きくなってしまう。3％シグナルプランでトレイリングストップを使えば、強気相場からできるだけ利益を上げたいという気持ちには応えられるが、利益を上げる役に立つことはめったにない。どうしてか？ 私たちは四半期にわずか3％の利益を目標にしているため、逆指値を近くに置くのが最も普通のやり方だからだ。ほとんどのトレイリングストップは相場の無意味な変動で執行されないように、5〜10％離して置くべきだ。だが、そこまで緩い逆指値は、長期保有してすでに50％、100％、あるいは1000％

上昇しているポジションで使うのが最もふさわしい。口座の残高が５年で10倍になっていたら、売る前に10％下げても許容できるだろう。ところが、四半期に３％の利益を狙っていて、目標を少し上回ったときに、３％の損失を許容することはできない。というわけで、３％シグナルプランで狭いトレイリングストップを使っても、たいていは利益を増やすことにはつながらず、利益を増やしたいという気持ちに応えるだけだ。

　それでは、トレイリングストップを使う意味はないのか？　そんなことはない。その注文を置いているおかげで、通常はプランに従いながら投資をうまく管理できていると感じることができるのなら、また、予測をしても当てにならない環境で、そうした感覚を持っていたいと望むのなら、その安心感を与えてくれるうえに害もほとんどないから、使う意味はある。狭い逆指値を置いてうまくいかなくても、最悪でも前四半期に得た利益を少し失うだけだ。それは人生のなかでは一時的なもので、相場の教訓を学ぶために支払う代償としても小さい。３％シグナルプランを使っているかぎりは、極端に大きな間違いは避けられる。どの四半期でも売る口数に限度があるからだ。たとえトレイリングストップを使っていて最悪のシナリオになったとしても、株式ファンドすべてではなく、その一部に起きるだけだ。ここの例では、84口のIJRのうちのわずか７口が売りの逆指値に引っ掛かるだけだ。その７口をいくらで売ったとしても、残る77口はIJRの上昇から利益を得られる。

　トレイリングストップを使って売ると決めたら、最悪のシナリオになってもプランに問題が生じないように、必ず売るファンドの口数を調節しておこう。この点を分かりやすくするために、ポートフォリオの口数を多くした例で見ておこう。84口のうちの７口を売るのではなく、8400口のうちの675口を売ると仮定する。この口数では、四半期末の目標額は84万5733ドルになる。IJRの四半期末の終値が109.48ド

ルだったら、8400口で91万9632ドルになり、目標を超える利益が7万3899ドル出ていた。それを終値の109.48ドルで割れば、675口を売る必要があると分かる。成り行き注文を入れて109.50ドルで売れたら、新しい残高は7725口で84万5888ドルになり、目標の84万5733ドルに十分近い。

　だが、トレイリングストップで運を試すことに決めたとする。四半期の終値109.48ドルから2％下にトレイリングストップを置いて、675口を売ることにする。最初に逆指値が置かれる水準は107.29ドルだ。予測が当てにならない環境ではよくあるように、最悪のシナリオが展開して、107.29ドルで675口を売ることになったら、残高は7725口で82万8815ドルになってしまい、84万5733ドルの目標を1万6918ドルも下回る。これはまずい！

　この問題を避けるために、口数を最悪のシナリオの価格107.29ドルに合わせる。この価格で8400口あれば、総額は90万1236ドルで目標を超える利益は5万5503ドルになる。これを107.29ドルで割れば、517口だけ売れば目標額に近くなることが分かる。それで、トレイリングストップを2％下に置いて、675口ではなく517口を売ることにした。これで、最悪のシナリオが展開して、517口を107.29ドルで売ったとしても、残高は7883口で84万5767ドルになり、目標額の84万5733ドルに十分近くなる。

　良いシナリオが展開した場合はどうだろう？　これも起きることがあるし、ここの例で起きてほしいとあなたは思っていただろう。太陽があなたのいる相場の一角を照らして、2％というちょっとした押しもなく、IJRが120ドルまで上昇したあとに2％下げて、117.60ドルに達したら、517口を117.60ドルで売ることになり、債券ファンドの口座には6万0799ドルが入っていた。それでも、IJRを7883口持っているので、その残高は92万7041ドルになる。その四半期の目標を上回った額は8万1308ドルもの巨額になり、だれも不満を漏らさないはずだ。

しばらくこの展開で先へ進み、自分を名投資家で相場の達人とみなす。そして、この517口で３％シグナルプランの信頼を揺るがすことなく、より多くの利益を狙ったあとで売ったとしよう。この場合は、プランの信頼を揺るがすようなまねをしないことで、真の能力の一端が明らかになる。高値で売れるかどうかは単なる運だが、運が悪くても痛手を被らないように注文を置くには手腕が要求される。しかし、高値で売り抜けたと自慢しているときに、この点に触れなければならないと思う必要はない。ジーバルたちはけっしてそんなことは思わない。

　四半期末に買うときはどうだろう？　安値で買おうと試みる価値はあるだろうか？　なくはない。IJRが四半期の目標を下回って引けたあと、IJRを一定数量買うときに、もっと下げると思っているのなら、現在の価格よりも少し下に指値注文を置いてもよい。四半期の終値よりもかなり下に指値を置かないかぎり、たいていは買える。こうすれば、相場につきものの変動をうまく味方につけることができる。全般には上昇トレンドのときでさえ、トレイリングストップを現在の価格のすぐ下に置くと、ふるい落とされることがたびたびある。このような動きをうまく利用して、買い指値を現在の価格のすぐ下に置けば少し安く買えるだろう。

　例えば、IJRの四半期の終値が98.45ドルのときに320口を買う予定であれば、97ドルに買い指値を置くかもしれない。最悪のシナリオに備えて売り注文を調整したように、買い注文を現在の価格ではなく、約定しそうな水準まで下げることもできる。98.45ドルで320口を買う予定であれば、同じ金額を使うには97ドルで325口を買う必要がある。

　この方法だと、IJRが97ドルまで一度も下げないまま上げていくリスクがある。その場合は残念ながら、IJRが上げていても、運用すべき現金は口座に眠ったままになる。だから、買い指値は近くに置くのが最も良いのだ。２％以内に置けば約定する可能性は高い。また、現

在の価格に近づけるほど、その可能性は高くなる。例えば、IJRが98.45ドルのときに、98ドルで買い指値を入れたら、約定する可能性は非常に高い。これは前日の終値よりもたったの0.5％下であり、その程度の値動きはいつも起きているからだ。また、買う口数も320口を321口にと、たいした調整をしなくてよい。

　この辺で頭がくらくらして、「もうどうでもいい。四半期ごとに価格や数量の調節などごめんだ」と思っているのなら、成り行き注文だけにして、プランの指示どおりに動けばよい。３％シグナルプランを利用し始めたころはたいてい、売るときにはトレイリングストップを使い、買うときには指値をかなり下に置けば、プランよりももっとうまくやれると考える。だが、最悪のシナリオをたっぷりと経験すると結局は、わざわざそんなことをする意味があるのかと考えるようになる。そして、売りは成り行き注文で、買いは現在の価格のすぐ下に指値を置くだけになる。相場そのものに勝る投資の指導者はいない。だから、人々がこういう過程をたどるのは理解できる。相場の判断は50％の確率で誤るものだと頭で理解しているのと、自分のお金でそれを痛切に感じるのとではまったく異なる。

　これは繰り返し言うに値することだが、あなたが相場で実験をしても、３％シグナルプランがセーフティネットの役目を果たす。指値注文や逆指値注文をいろいろなところに置いて試してみるとよい。最悪の場合でも、高値で売ろうとトレイリングストップを使った揚げ句、その四半期の利益をすべて失うことになるか、安値で買おうと指値を離して置いたせいで買いの機会を逃すかのどちらかであり、株式ファンドの残高のごく一部が台無しになるだけだ。そして、頭を振りながら、「なんてことだ。全然、思ったようにならないぞ」と、つぶやいて、その後の四半期に問題を解決していく。人生の試練に比べると、そんなことは何でもない。

雇用主が提供する年金プラン

　多くの雇用主が年金積立プランの提供か「支援」をしている。それらは「確定拠出型プラン」と呼ばれることがある。給料の何パーセントを拠出（積み立て）したいかを自分で決めると、雇用主がその金額を給料から自動的に差し引いて年金積み立て用の口座に振り込むからだ。さらに、従業員が積み立てるお金の50％など、一定割合を雇用主が上乗せするところもある。この上乗せ分はタダでもらえるものなので、従業員がどういう投資戦略を用いていようと、最大限に利用すべきだ。雇用主が提供する年金プランのなかで最も一般的なものは、会社の従業員のための401k、ほとんどの非営利団体の従業員と一部の公立学校の教職員のための403b、特定の非営利団体と地方公務員のための457、政府職員のためのTSP（年金貯蓄プラン）である。

　401kには5500万人以上のアメリカの労働者が積極的に参加しているため、これが最もよく耳にする年金プランだ。しかし、団体が異なっても、どの年金プランも似通っている。そのため、どの年金プランで３％シグナルを利用する場合でも、同じ説明で済む。

　FINRA（金融取引業規制機構）のサイトに「賢い401k投資」という項目があり、ほとんどの年金プランで利用できる投資対象について説明されている。どの年金プランでも、少なくとも３つの銘柄から選べるが、100以上の銘柄から選べるところもある。一般的には８〜12銘柄だ。また、投資信託からしか選べないところも多いが、証券口座のように株式、債券、ファンド、個人年金型預金など幅広く投資できるところもある。多くの雇用主は拠出する掛け金を上乗せしていて、それを従業員の好きな銘柄に投資できる場合もある。雇用主が上乗せ分の投資先を選ぶ場合は、自社株であることが多い。FINRAは、雇用主が提供する年金プランの投資で、運用を失敗することが多い点についても触れている。選択肢が多いほど、目標額やリスク許容度に合

わせて適切に組み合わせるのが難しくなるからだ。適切に組み合わせられるかどうかはあなたしだいだ。

　これは自滅する自由を与える典型的な例であり、IRAにも当てはまる。ストック数（株数）とスープストック（だし用スープ）の区別も付かないような人々でさえも、幅広い銘柄から自由に選べる仕組みだからだ。金融とは無関係の職に就いていて金融に関心がない人々でも、幅広い金融商品を使って、複雑な市場で自分の貯金を退職後のために安全に運用できる、という建前になっている。だが、当然ながら、多くの人はリスクをとりすぎて、2008年のサブプライム住宅ローン問題のときのように相場の急落で損失を被るか、リスクをほとんどとらなかったために、退職後には取るに足りないお金しか蓄えられていない。

　それにもかかわらず、社会はこの方向に進んできた。古き良き時代の年金制度では、雇用主が掛け金をすべて出して、自らのリスクですべての投資判断を行い、こまごまとした管理もすべて従業員に代わってやってくれた。ところが現在では良くても悪くても、運用のほとんどを自分で行い、管理は自己責任にゆだねられている。そして、多くの場合、結果は悪い。それがこの本を書こうと思った理由だ。

　愚かな行為に陥りやすい投資の世界にいつのまにか投げ込まれて、年金積み立て用の口座を自分で管理することになった人々には、どの年金プランでもうまくいき、予測不可能な動きをする株式市場に無関心な人でも実行できる単純な手法が必要だ。この仕事に長く携わるほど、私はこれらの人々にすべての人を含めるべきだと思うようになった。株式市場ではあちこちで不祥事が起きている。ジーバルたちは好き放題にして、ピーター・パーフェクトは至る所でささやき、資産価格の操作は昔よりも増えている。そのため、準備をしていない人はだれもが株式市場で人生を台無しにしてしまう。残念ながら、雇用主が提供する年金プランに加入しているほとんどの人は、自分の責任ではないとは言え、準備ができていない。彼らは大金の運用を行う責任者

になろうとしたことはない。それなのに、世間ではだれでもそうなるべきだと考えられている。これは私には理解できない。ただし、「それによって、だれが利益を得るのか？」と考えてみると、答えは明らかだ。それは手数料で稼ぐ投資業界の人々だ。

　退職後に備える投資で途方に暮れているあらゆる人々にとって幸いなことに、３％シグナルプランは彼らの助けになる。選べる銘柄数がわずかであるか豊富にあるかに関係なく、このプランはうまくいくだろう。必要なものは債券ファンドと株式ファンドだけだ。後者は小型株ファンドが望ましいが、一般的な株価指数ファンドでも困ったときには役に立つ。

　IRAでも雇用主が提供する年金プランでも、お金をためる最も良い方法はまず幅広い銘柄から信託報酬が最もかからないものを選び出すことだ。しかし、これは難問である。選択肢が増えるほど、人々は圧倒されてしまう。その結果、あまりにも多くの人々が多様な銘柄に資金を分散させすぎて、パフォーマンスを引き上げる方法を手にしないまま、何年も無駄に過ごす。あるいは選択肢がほとんどないために、信託報酬率が高い銘柄を選ぶしかない。だが、３％シグナルプランは選べる銘柄数に関係なく利用できる。自分が加入する年金プランのなかで、最も信託報酬率が低い債券ファンドと株式ファンドで運用を始めたら、もうほかの銘柄に注意を払う必要はない。投資業界はこのことを知られるのをいやがるが、私はこのことをだれもが知ってほしいと思っている。選べる銘柄が極めて限られていて、どれも信託報酬率が高いものしかない年金プランでも、その枠組みのなかで最善の働きをするだろう。

　実際の年金プランをいくつか見て、だれでも自分の口座で３％シグナルプランが簡単に使えることを確かめよう。そうすれば、自分の加入している年金プランと似ている点が分かり、すぐに私たちの方法を使えば、相場で感じるストレスから永久に解放されることが分かるだ

ろう。

民間企業の年金プラン

　401kの説明に入る前に、いろいろな会社にどういう年金プランを用意しているかを尋ねたときに直面した問題や、彼らが詳しいことを公表したがらない理由について話しておこう。そうすれば、社会の仕組み、特に金融界の仕組みに強くなり、専門知識を利用して多額のお金を奪おうとする業界人たちの口車に乗らずに済む。そして、信託報酬率が低い指数ファンドと３％シグナルプランを使うのが賢明だと分かるだろう。

公表されない401kの詳細
　ある日の夕食で１人の友人が、使い物にならない401kにいらいらさせられるので、新しい手法を試みたいと言った。
　「３％シグナルプランを使ってみれば？」と提案すると、自分の会社の401kはIJRを選べないので、このプランは使えないと思い込んでいた。
　「もちろん使える。その401kのパンフレットを見せてくれたら、IJRの代わりになるファンドとして、どれが最もふさわしいか教えてあげるよ」と、言った。
　翌週、彼は自社の401kの資料を持ってきた。私は２分としないうちに、安全資産用の債券ファンドと、IJRの代わりになる株式ファンドのうちで最も信託報酬率が低いものを見つけた。それらの銘柄を見つけて丸で囲んでいると、友人の顔が輝くのに気づいた。それはまるで、巨大な金色の指が天から降りてきて、会社の年金プランのなかから効果的なプランを指さしたかのようだった。「それで終わり？　たったの２つでいいのかい？」と彼は尋ねた。

「2つだけでいい」と、私は答えた。

　すると、彼はほっとしたように見えた。それで、年金プランでの運用成績が低迷しているのが、いかに彼の負担になっているかが分かった。彼はこれまでに株価の下落に何度か見舞われたが、相場の回復には十分に乗ることができなかった。会社のパンフレットで提案されていた一般的な配分をいろいろ試してみたが、平凡なパフォーマンスに終わっていた。それで、投資メディアの記事を読んで、「ホットな」ファンドに焦点を合わせてみた。それらの記事はいつものように暴落の直前に現れた。友人はピーター・パーフェクトの記事や401kのパンフレットに載せられていたジーバルたちの提案の犠牲になった。彼はもうそんなことはしないだろう。彼のほっとした様子に、私はにっこりした。

　この経験から、私は現実の401kプランなどの、雇用主が提供する年金プランを調べて、それらのなかで3％シグナルプランを実行するのがいかに簡単かをこの本で示そうと考えた。そうすれば、自分と似た状況を見つけて、すぐにその例に従うことができる。私は友人の会社から始めればよいと考えた。彼は私が印を付けたパンフレットを持ち帰ったので、彼の会社の401kの資料を手に入れられるかと、数日後に尋ねた。

　「本のなかで、私たちの会社の年金プランについて書くのかい？」と彼が聞き返したので、私はそうだと言った。彼は少し考えたあと、言った。「人事担当者に確かめてみないと、分からない。彼らはこの種の情報が表に出るのをいやがるのでね」と。私はほかの友人を当たってみた。彼は会社の資料を渡すと言いながらも、「うちの経営陣はリスクをとても嫌うから」と、注意をした。連中は福利厚生の詳細が一般に公開されるのには賛成しないと思うよ、と彼は言った。私は繰り返しこの壁にぶつかった。

　私は方針を変えた。あちこちの会社に直接、連絡して、年金プラン

高くつく401k

　ディーモスと呼ばれる公共政策の提言団体は2012年5月に、『年金プランでの浪費――401kの隠された高すぎる経費』と称する18ページのリポートを公表した。アナリストのロバート・ヒルトンスミスは、このリポートを次の問いで始めている。「あなたは自分が年金プランでいくら払っているか知っているだろうか？　多くのアメリカ人と同様に、退職後に備えて401kで貯蓄をしているのであれば、答えは『知らない』のはずだ。AARP（全米退職者協会）の調査によると、401kに加入している人の65％は手数料を払っていることすら知らない。83％、あるいは6人中5人は401kですべての人が支払っている多くの手数料や信託報酬について基本的な知識すら持っていない」。リポートで明らかになった重要事項は次のとおりだ。

- 共稼ぎ世帯で、それぞれが現役時代に男女別の平均年収を得ていたら、401kの手数料とリターンから差し引かれた経費として、平均して15万4794ドルを支払うことになる。
- 長期的に見ると、一般的な投資信託の手数料差し引き前のリターンは7％である。これは株式市場の平均リターンに匹敵する。しかし、総リターンの3分の1以上が諸経費で食いつぶされて、リターンはわずか4.5％にまで下がる。
- 加入者が100人以下の401kプランでは、信託報酬率の中央値は1.29％だった。一方、加入者が1万人以上の場合は0.43％だった。

　リポートで明らかにされたことを見れば、ヒルトンスミスが「401kの制度は従業員にとって非常に悪い仕組みである」と、

結論づけるのも当然だ。

について書く許可をもらえないかと頼んだ。だが、「当社は諸手当の詳細を一切、公表していません」と、どの担当者からもはねつけられた。彼らは自分の会社を「大手IT企業」や、「大手油田サービス会社」「アメリカの中規模小売企業」という名前で出すようにと言った。それらのなかには商品やサービスをいつも使う有名な巨大企業もあれば、ほとんど無名の会社もあった。だが、従業員の年金プランの詳細について話し合っても、社名を出すことを許してくれた担当者は1人もいなかった。それどころか、「年金プランについて知りたければ、ここに就職すればいい」とまで言う担当者もいた。

それで、私は振り出しに戻った。読者やほかの連絡先の電子メールリストを使って、何千人もの会社員に資料を送ってほしいと頼んだ。大量のパンフレットやリポートが送られてきた。それらの多くには、「この混乱を説明してほしい」や、「適切な方向を示してほしい」というメモが付けられていた。ほとんどすべての資料には、会社名をけっして出さないようにという注意書きがあった。コカ・コーラの製法や、グーグルのサーチエンジン、ケンタッキーフライドチキンに使うハーブやスパイスと並んで、401kの詳細は企業国家アメリカのトップシークレットのひとつなのだ。

これはまったく信じ難いことだった。会社は従業員に提供している素晴らしい年金プランを、世間に知らせたくないのだろうか？　その後、私は送られてきた資料を使って、多くの年金プランを詳しく比較した。すると、秘密にされている理由がはっきりと分かった。

それは嘆かわしい発見であり、アメリカの従業員の年金プランが年を経るほど行き詰まりやすくなる理由や、雇用主が詳細を知らせない理由が明らかとなった。年金プランの多くはひどいもので、従業員か

ら多額の手数料を取って、年金積立口座の資金を限られた銘柄に投資するように仕向けている。従業員はほかに動きようがないので、年金プランを管理している投資会社にとっては、非常にうまみのあるビジネスになっている。なかには、選べるすべての銘柄がほとんど利益を上げていないのに、非常に多くの手数料を取っているものもあった。これが特定の年金プランを調べるときに押さえておくべき重要な教訓だ。経費がいくらかかるかは重要だ。会社はそれを知っているからこそ、年金プランの投資で従業員が支払う経費がいくらかを公表したがらないのだ。会社はなぜ、それらのコストをもっと下げるように努力しないのか？ 401kの加入者が経費のすべてを負担するからだ。会社は何も負担しないので、401kの費用体系がどうであっても、後援企業にとってはどうでもよいことだ。

　ここでの私の目的はA社とB社を比較して公表することではない。そこで働く従業員を別にすれば、詳細を知っても、だれの役にも立たない。重要なことは一般的な傾向だけだ。そこから、自分の年金プランで何を調べたらよいかが分かる。そうすれば、3％シグナルプランを使って、パフォーマンスを向上させつつお金を節約することができるようになる。すべては秘密にされているが、どの会社の年金プランでも違いはわずかだ。それでは、大手航空宇宙企業から小規模の栄養補助食品会社まで、4つの年金プランを見ていこう。

航空宇宙・防衛企業

　この航空機、衛星、ミサイル技術のメーカーは17万5000人以上を雇用している。会社の401kプランは140億ドルの資産を管理している。そのプランの開示文書によると、加入者は「いつでも口座残高の投資について指図できる」。いつ投資配分を変えても、いつ売買してもかまわない。自社のウェブサイトにログインすればよいだけだ。

　この会社の401kは、債券、株式、不動産、自社株という通常のカ

テゴリーで14ファンド、それにいわゆる年齢別ファンド、またはターゲット・イヤー・ファンドを9本提供している。後者は投資する従業員の年齢か退職までの年数──通常、両者は密接に関係している──に基づいて行う資産配分を、ファンドマネジャーに任せるもので、退職に備えて投資するストレスをある程度減らせるため、人気がある。20代のほとんどの人は退職まで約40年あるが、50代のほとんどの人は10年ぐらいしかない。年齢別ファンドは、若いときには株式への資産配分を増やして、年を取るにつれて減らしていく。それらの多くは退職予定の年を2040年などと指定しているので、ターゲット・イヤー・ファンドと呼ばれている。このファンドは、例えば2040年ごろに退職予定の人が、2040ターゲット・イヤー・ファンドに貯蓄をするだけで、2040年に近づくにつれて資産配分が適切に調整されると分かれば安心できるはずだ、という考えに基づいている。2013年現在、この会社はこの種のファンドを9本提供していて、目標年はその年から2050年までにわたっている。

　401kプランから選べる銘柄のうちで、ほかに安心して選べるものは、ラッセル2000小型株指数ファンドだ。これは3％シグナルプランの株式側で使うのにふさわしい。このファンドは信託報酬率がわずか0.07％と低く、ジーバルたちが運用するファンドよりもはるかに低コストである。また、いつものことだが、積極的に運用をしない低コストの指数ファンドほど、パフォーマンスが良い。このファンドは3％シグナルプランで使うのにぴったりのファンドだ。**表37**は、401kプランのファンドのうち、2012年末までに少なくとも10年の運用実績を持つものについて、年平均リターンと信託報酬率を比較したものだ。

　パフォーマンスが最も良いと考えられているサイエンス＆テクノロジーファンド（サイテク）が、株式指数ファンドに負けている点に注目してほしい。その名前からして、サイテクファンドは将来の一流銘柄リストにふさわしいパフォーマンスを上げてくれるものと期待して

表37　航空宇宙・防衛企業の401kで提供するファンドの比較

投資銘柄	1年（％）	5年（％）	10年（％）	信託報酬率（％）
サイエンス&テクノロジーファンド	16.0	3.4	7.7	0.67
安定価値運用ファンド	2.7	3.4	4.2	0.29
ラッセル2000小型株指数ファンド	16.5	3.8	9.7	0.07
国際指数ファンド	18.1	-3.3	8.4	0.13
S&P500指数ファンド	16.0	1.7	7.1	0.05
バランス型指数ファンド	12.0	3.1	6.2	0.08
債券市場指数ファンド	4.1	6.0	5.2	0.06

しまう。だが、そううまくはいかない。特定分野に特化せず、積極的な運用もしないごく普通のファンドで、どこででも買えるラッセル2000小型株指数ファンドが、どの時間枠でもこのサイテクファンドに勝っている。しかも、信託報酬は13分の1だ。疑いもなく、小型株指数ファンドこそ、あなたにふさわしい。

　債券市場指数ファンドは3％シグナルの安全資産用にぴったりで、信託報酬率はわずか0.06％だ。

　年齢別ファンドは手数料がかなり高く、信託報酬率は今年に退職する人向けの0.33％から、2050年に退職する人向けの0.42％までとなっている。そうしたファンドのほとんどは指数ファンドを組み合わせているだけだが、その手間をかけている分、余計に手数料がかかっている。3％シグナルプランは低コストの指数ファンドそのものを利用して、四半期ごとの売買でパフォーマンスを引き上げるので、年齢別ファンドよりも良い方法だ。以前に説明したように、3％シグナルプランで、退職時期が近づくにつれて株式への配分を減らしていくのは簡単だ。そのために、お金を払う必要もない。

　まとめると、低コストの指数ファンドを選べるので、この会社の従業員は自社の年金プランに満足できる。小型株指数ファンドは手数料

がわずか0.07％なので、３％シグナルを使えば非常にうまくいくだろう。残念なことだが、業界データによると、この会社の従業員が401kの典型的な加入者と変わらなければ、彼らのほとんどはもっと手数料が高いファンドを選ぶだろう。

油田施設サービス会社

この油田施設サービスの巨大企業は10万人以上を雇用している。その401kプランは45億ドルの資産を管理している。

前の節で説明した航空宇宙会社の401kと同様に、この会社の年金プランにもターゲット・イヤー・ファンドが入っていて、投資対象を選別するストレスを多少は避けられるようにしている。会社の従業員退職ジャーナル誌の2013年春号によると、それらは2013年6月に導入され、「１銘柄に投資するのを好む加入者のために、単一の年金ポートフォリオを提供するもので、彼らに代わって専門家が運用する」。ターゲット・イヤー・ファンドの３つの資産カテゴリーは、成長、インカム、インフレ感応型のファンドである。

年齢別ポートフォリオに加えて、401kはほかの選択肢も用意している。安定価値戦略、大型株戦略、インフレ感応型戦略、それに個別株のファンドだ。個別株には基本のS&P500による大型株、中型株、小型株、海外株が入っている。最後から２番目に気づいただろうか？

いつもはそれが私たちの望む小型株ファンドだが、このプランのファンドは指数タイプではなく、積極運用型のファンドである。相変わらず、このようなジーバルたちが運用するファンドよりも指数ファンドのほうがはるかに成績が良く、信託報酬もかからない。私が受け取った文献の最新データによると、2013年3月31日現在の年率換算されたパフォーマンスと信託報酬に関して、小型株指数ファンドはこのプランの小型株ファンドに負けていない。

積極的な運用をしていない指数ファンドは４つの時間枠のうちの３

表38 油田施設サービス会社の401kのファンドを比較

投資銘柄	1年（%）	3年（%）	5年（%）	10年（%）	信託報酬率（%）
小型株ファンド	13.1	11.6	9.2	10.5	0.87
ラッセル2000小型株指数ファンド	16.3	13.5	8.2	11.5	≤ 0.16

つで、このプランの積極運用型小型株ファンドに楽に勝っている。この小型株ファンドがコイン投げにかなり失敗していたのは明らかだ。これが変わることのない現実だ。さらに悪いことに、ジーバルたちが運用するファンドは期間中の4分の3で負けながら、信託報酬率は0.87％と、IJRの0.16％よりも5倍以上高い。だが、この比較ではまだ十分でない。思い出してもらいたいが、IJRの0.16％は低コストの小型株指数のなかでは手数料が一番高いほうだ。このプランの小型株ファンドは連邦政府のTSPプランで対応するファンドよりも32倍高い。これについては、あとで説明する。積極運用型ファンドはただのぼったくりだ。

　私がこの会社の従業員だったら、IJRかもっと低コストの同様のファンドのように、昔ながらの小型株指数ファンドを加えてほしいと頼むだろう。そうすればジーバルたちから逃れて、安い手数料でもっとパフォーマンスが良い指数そのものを保有できるようになる。そうなるまで、私なら401kプランの中型株指数ファンドを3％シグナルで使う。**表39**も、2013年3月31日までのデータだ。プランのS&P500大型株指数と中型株指数が年率換算したリターンと信託報酬率で、ジーバルたちの運用する同等のファンドに勝っている。

　ここから選ぶのは簡単だ。ジーバルたちが運用する小型株ファンドを含めて、ほかのすべてのファンドよりも中型株指数ファンドのほう

表39　油田施設サービス会社の401kで勝る指数ファンド

投資銘柄	1年（％）	3年（％）	5年（％）	10年（％）	信託報酬率（％）
大型株成長ファンド	7.9	12.8	5.3	7.8	0.51
S&P500大型株指数ファンド	13.8	12.5	5.7	8.4	0.13
小型株ファンド	13.1	11.6	9.2	10.5	0.87
中型株指数ファンド	17.7	14.9	9.7	NA	0.15

が勝っている。しかも、信託報酬率は0.15％で、S&P500指数ファンドの0.13％をわずかに上回るだけだ。この401kのなかで３％シグナルを使うには、中型株指数ファンドが最も良い。従業員はプランの安全資産用に、信託報酬率が0.15％の債券指数ファンドを保有しておけばよい。株式市場が急落した2008年には、S&P500は−37％、ラッセル2000は−34％だったが、債券ファンドのリターンは5.4％だった。

スポーツ用品小売企業

　この会社は国内にスポーツ用品の小売店を500店舗ほど展開していて、従業員は約１万5000人いる。その401kが運用する資産は7500万ドルで、ウェルズ・ファーゴが運用する年齢別ポートフォリオも提供している。その信託報酬率は0.60〜0.70％と、あまりにも高い。

　会社の401kプランでは国内株式も提供していて、３％シグナルプランでうまくいく小型株も含まれている。バンガード小型株指数ファンドは信託報酬率が0.28％だ。当然ながら、ジーバルたちの運用するファンドもある。そのパフォーマンスは平均以下だが、このことを知らない哀れな人々は1.48％という５倍以上の信託報酬を支払わされている。**表40**は2013年７月末時点における２つの小型株ファンドの総

表40　スポーツ用品小売企業の401kのファンドを比較

投資銘柄	1年（％）	3年（％）	5年（％）	10年（％）	信託報酬率（％）
ジーバルの小型株ファンド	25.6	15.1	5.5	11.0	1.48
バンガード小型株指数ファンド	33.3	21.8	10.5	11.2	0.28

リターンと信託報酬率の比較だ。

　信じ難いかもしれないが、0.28％を払えばパフォーマンスが良い指数ファンドを保有できるのに、それよりも劣るジーバルたちのファンドに1.48％払っている人々もいる。

　どの年金プランでも、低コストでリターンが良い銘柄を選ぶべきだ。常に、可能なかぎり最も手数料が安いものに狙いを定めるべきだ。大まかな目安は、手数料が0.75％以上のファンドはどんなものでも避けることだ。指数ファンドであれば、信託報酬は通常、0.30％以下で、それよりもずっと少ないこともよくある。

　この会社のプランでは、信託報酬率がかなり低い小型株指数ファンドを選べるが、同様のほかのファンドと比べるとそれほどでもない。他社の401kプランや証券会社でさえ、信託報酬率が0.20％のものや0.10％のものが手に入る。1万5000人もの従業員がいるのだから、会社はもっと低コストの401kプログラムを探すべきだ。私がここの従業員だったら、私はそう要求するだろう。

　それが実現するまでは、このプランの加入者は3％シグナルプランでこの小型株指数ファンドを利用するのがよい。安全資産についてはバンガード中期債指数ファンドを利用できる。これは2013年6月30日までの3年間で、年率リターンが6.6％だった。また、信託報酬率は0.22％である。

栄養補助食品会社

　この栄養補助食品メーカーの従業員は350人で、25万人の独立した販売員のマルチネットワークを使って商品を販売している。ビジネス・ウィークとフォーブスによる小規模企業の調査では、常に上位に入っている。401kで管理している資産は1000万ドル以下である。

　残念ながら、この会社が従業員に提供しているファンドは割高で平凡なものだけだ。バランス型ファンドから、年齢別ファンド、株式ファンドに至るまで、ジーバルたちが管理しているものだ。手数料は法外で、パフォーマンスは良くない。おそらく、従業員はこの401kプランがもたらすストレスと闘うために、自社の栄養補助食品が必要だろう。

　指数ファンドだけを見ても、手数料は0.40％と高すぎる。年齢別ファンドは約1.00％、ほかのほとんどのファンドは1.00％を超えている。**表41**はこの会社のプランが提供している指数ファンドと、ジーバルが運用する同様のファンドについて、2013年7月末までのトータルリターンと信託報酬率を見たものだ。

　表41は401kを使って投資しているすべてのアメリカ人が覚えておくべきものだ。12の期間のうち10で、指数ファンドはジーバルたちが運用する同等のファンドに勝っている。指数ファンドが負けた2期間（大型株の5年と10年）での差はごくわずかであり、信託報酬率の大きな差で相殺して余りある。何よりも、すべてのなかで最も運用成績が良いファンドは私たちのプランが好むラッセル2000小型株指数ファンドだった。そのリターンは中型株ファンドに0.1％下回った10年を除いて、すべてのファンドにすべての期間で上回っている。これはできるかぎり小型株指数ファンドを利用すべきという私の主張の、説得力ある裏付けになる。

　このプランには3％シグナルでもおそらく使える小型株指数ファンドも含まれているが、手数料が高すぎる。従業員は経営陣に会って、

表41 栄養補助食品会社の401kのファンドを比較

投資銘柄	1年（%）	3年（%）	5年（%）	10年（%）	信託報酬率（%）
大型株インカムファンド	18.8	14.4	8.3	8.1	1.21
S&P500大型株指数ファンド	24.8	17.6	8.2	7.5	0.42
中型株バリューファンド	16.9	10.5	5.9	9.4	1.00
S&P400中型株指数ファンド	32.3	18.7	10.1	10.5	0.43
小型株ブレンドファンド	23.1	15.1	7.8	10.2	1.16
ラッセル2000小型株指数ファンド	34.2	19.9	10.4	10.4	0.44

　提供されている指数ファンドの信託報酬率を3分の1以下まで減らす方法を見つけてもらうべきだ。指数ファンドに0.44％も払う理由など何もない。結局のところ、運用すらしていないのだから。それはほかの指数ファンドが保有している銘柄とまったく同じものを保有しているだけなのに、はるかに高い手数料を請求しているのだ。

　私たちのプランの安全資産用には、この会社の従業員が選べるファンドに適したものはない、MMF（マネー・マーケット・ファンド）は金利を払ってくれないのに、手数料を0.48％も請求している。2つの標準的な債券ファンドの手数料は0.85％と0.89％で、インフレ連動債は0.73％だ。これらからあえて選ぶなら、最も望ましいのはおそらく、手数料が0.85％の債券ファンドだろう。パフォーマンスが最も良く、リスクは最も低いからだ。だが、手数料は高すぎる。

　この会社の従業員が高い手数料から逃れる方法はない。401kで何を選ぼうと、長期的にはあまりにも多くの利益が失われる。それでも、小型株指数ファンドが最も良い選択肢で、3％シグナルプランで使え

表42　大企業ほど低コストのファンドを提供

会社	従業員数	401kの資産（ドル）	小型株指数ファンドの信託報酬率（%）
航空宇宙・防衛企業	175,000	140億	0.07
油田施設サービス会社	100,000	45億	0.15（中型株）
スポーツ用品小売企業	15,000	7500万	0.28
栄養補助食品会社	350	1000万ドル以下	0.44

ばうまくいくだろう。

401kプランへの加入者が少ないほど割高

　従業員が17万5000人の航空宇宙・防衛企業から、350人の栄養補助食品会社までの4例を調べていくにつれて、401kプランの質は落ちていった。働いている会社の規模が小さいほど、401kプランの信託報酬がかかりすぎて行き詰まる可能性が高くなる。この相関関係は完全なものではないが、注目に値する。私たちが調べた4つのプランで、カギとなる数字を表42で見てみよう。

　4社のうちで最大の会社は、非常に低コストの小型株指数ファンドを提供している。このファンドに比べると、2番目に大きな会社が提供する中型株ファンドの信託報酬率は2倍になるが、それでもかなり低い。3番目に大きな会社が提供する小型株ファンドも、2番目の会社のファンドに比べて、信託報酬率が2倍近くになる。そして、最も小さな会社が提供するファンドの信託報酬率は、ジーバルたちが運用する同種のファンドとたいして変わらないほど高い。

　多くの場合、会社の規模が小さくなるほど、手数料を下げさせるだけの交渉力もなくなっていく。航空宇宙企業が401kプランの担当者と会って、従業員が17万5000人で投資額は140億ドルだと言えば、信託報酬率に関して強気な交渉ができる。しかし、栄養補助食品会社が

担当者と会おうとしても、なかなかアポイントを取れないかもしれない。担当者の受付はおそらく、「投資額はどれくらいですか？」と尋ねるだろう。そして、鉛筆を予定表の上で構えながら、「1000万ドル以下ですか？　分かりました。そうですね。たぶん、来月末ごろなら、大丈夫だと思います」などと答えるだろう。この状況で、小さな栄養補助食品会社が0.44％の信託報酬率を0.10％以下まで引き下げてもらえる可能性はどれぐらいあるだろうか？　間違いなく、ほとんどないだろう。そのうえ、会社は従業員に手数料を支払わせる以上、信託報酬の引き下げに努める動機がない。多くの民間セクターの退職プランが加入者に不利なのも当然だ。

　会社の規模を代表した、この４社のサンプルは統計的に有意とは言えないが、もっと大規模な調査で分かったこととたしかに一致する。公共政策の提言団体であるディーモスの2012年５月の報告書の補足には、加入者が100人以下の401kプランでは、信託報酬率の中央値は1.29％だったが、１万人以上の場合は0.43％だったと書いてある。

　人材マネジメント協会（SHRM）の『401k・アベレージズ・ブック（401k Averages Book）』には、加入者が25人の小さな401kプランから、何千人もの加入者がいる巨大な401kプランまでの手数料について、詳しく述べられている。そこでは、口座残高が平均１万ドルの小規模401kプランから、平均５万ドルの大規模401kプランまでの手数料を比べている。第13版では154のチャートを使って、2012年９月末までのデータを示している。重要な発見のなかには次のような事項が含まれる。

- 小規模401kプランで、投資にかかる平均信託報酬率（401kプラン内で保有する投資信託の信託報酬率）は1.37％だった。
- 大規模401kプランで、投資にかかる平均信託報酬率は1.00％だった。
- 小規模401kプランで、ターゲット・イヤー・ファンドの平均信託

報酬率は1.37％、バランス型ファンドでは1.45％だった。
● 大規模401kプランで、ターゲット・イヤー・ファンドの平均信託報酬率は0.98％、バランス型ファンドでは1.12％だった。

規模が小さくなるほど、プランの信託報酬がかかりすぎていないか気を付ける必要がある。幸いにも、401kプランの規模にかかわらず、３％シグナルは同じ働きをする。あなたは選べるファンドのなかで、最も手数料が安い小型株指数ファンドを見つけるだけだ。株価指数ファンドをひとつも選べないのなら、低コストの指数ファンドを401kになんとかして加えてほしいと説得できるまで、ジーバルたちが運用する小型株ファンドのなかで最も手数料が安いものを使うしかない。債券ファンドについても同じだ。

　３％シグナルを使った年金資産の運用で、手数料が最も安い指数ファンドにこだわれば大金が節約できる。その理由は簡単だ。私たちが見た４つのプランのうちで、手数料が最も高かった小型株指数ファンドの信託報酬率は0.44％、最も安かったものは0.07％だった。これらは『401k・アベレージズ・ブック』がプランの規模別に示した全ファンドの平均である1.00％と1.37％よりもはるかに安いからだ。

連邦政府の年金プラン

　軍隊など、連邦政府の一部では、加入者が資金管理にかかわらない従来の年金制度を維持していて、勤務期間や過去の給与歴や関連事項に基づく確定給付だけを行っている。しかし、ほかの連邦公務員向けプランでは401kに似た方式を採っていて、最適なパフォーマンスを達成するためには加入者が投資にかかわる必要がある。それらのプランの信託報酬率は非常に低いので、３％シグナルを実行するのにふさわしい。軍人も含めて、参加資格がある連邦公務員はだれでもそのプ

ランを利用すべきだ。

　前節で、大規模な年金プランほど信託報酬が下がる傾向にある、と説明した。そうであれば、すべての年金プランで最大である連邦政府のプランが、どこよりも低コストの指数ファンドを提供していても不思議ではない。それはTSP（スリフト・セービングズ・プラン）と呼ばれている。この節ではTSPとオハイオ州立大学のプランを見ておく。

TSP（スリフト・セービングズ・プラン）

　連邦公務員のための年金積立投資プランはスリフト・セービングズ・プラン（TSP）と呼ばれている。これは民間企業の401kに似た確定拠出年金プランである。拠出金（掛け金）の税の取り扱いについては次の2つから選ぶことができる。従来型のプランでは加入者が引き出すまで、積み立てと売却益に対する課税は繰り延べされる。ロス型のプランでは、拠出金は所得税を差し引かれたあとに退職積立口座に入るが、引き出すときには非課税である。2012年末時点で、TSPの加入者は約460万人、運用資産は3300億ドルである。

　多くの民間企業のプランと同様に、TSPでもターゲット・イヤー・ファンドを提供している。それにはLファンドという名称が付いていて、Lは「ライフサイクル」を表す。また、個別投資ファンドも5本提供していて、これらも1文字で表されていて、次の指数と連動している。

Cファンド　S&P500株式指数
Fファンド　バークレイズ・キャピタル米国総合指数
Gファンド　米国短期国債
Iファンド　MSCI・EAFE株式指数
Sファンド　ダウ・ジョーンズUSコンプリーション・トータル・
　　　　　　ストックマーケット指数

３％シグナルに最も適した株式ファンドをこのリストから選ぶときには、慎重さが要求される。ファンドのどれにも「小型株」かそれに似た言葉が入っていないからだ。正しい選択はＳファンドで、これはダウ・ジョーンズUSコンプリーション・トータル・ストックマーケット指数に連動している。ダウ・ジョーンズ・USトータル・ストックマーケット指数グループのひとつで、S&P500の構成銘柄を除いた株式市場指数である。知ってのとおり、S&P500は大企業を追跡する指数のため、ダウ・ジョーンズUSコンプリーション・トータル・ストックマーケット指数は中小企業を追跡するために、それらの銘柄をすべて除いている。ＳファンドはTSPのなかの小型株指数ファンドに近く、私たちの目的にかなっている。Ｓを「スモール」の頭文字とみなしておけば、このファンドが何に連動しているか覚えやすいだろう。

　政府はいろいろと批判を受けるが、TSPプランでは加入者が間違ってジーバルの運用する割高なファンドを選ぶ心配がない、という点は称賛されてよい。５本の個別ファンドはすべて国債か指数に連動するものであり、どれも手数料が非常に安い。過去数年は0.030％を切っていて、2012年はわずか0.027％だった。この低い手数料は年齢別のＬファンドにも当てはまる。これは退職までの年数に応じて、個別ファンドの配分先をさまざまに組み合わせたものだが、追加の手数料は一切取っていない。

　連邦公務員は自信を持ってＳファンドで３％シグナルを使うことができる。このプランでリスクとリターンをうまく管理できるだろう。値動きが大きな小型株と連動しているために、利益が大きくなる可能性がある一方で、信託報酬はかからないに等しいからだ。**表43**はＳファンドのパフォーマンスを、Ｃファンド、Ｉファンド、IJRと比較したものだ。まず、大幅上昇した年を示すために2003年で比べたあと、2008〜2012年までについて比較をしている。

　見て分かるように、Ｓファンドはとても優れていて、取り上げた６

表43　TSPのファンドとIJRのパフォーマンス

投資銘柄	2003 (%)	2008 (%)	2009 (%)	2010 (%)	2011 (%)	2012 (%)	信託報酬率 (%)
Cファンド	28.5	-37.0	26.7	15.1	2.1	16.1	0.027
Iファンド	37.9	-42.4	30.0	7.9	-11.8	18.6	0.027
Sファンド	42.9	-38.3	34.9	29.1	-3.4	18.6	0.027
iシェアーズ・コアS&P小型株（IJR）	38.5	-31.5	25.8	26.6	0.8	16.3	0.160

年のうちの４年でIJRに勝ちながら、信託報酬率も非常に低い。この**表43**を見ると、SファンドがIJRよりも大きく下げたあと、それよりも大きく上げていることが分かる。これは３％シグナルプランにとって理想的だ。なぜなら、私たちのプランは大きな値動きを利用して、安値で買う口数を増やして、高値で多くの利益を得ようとするものだからだ。

　政府は低コストの年金プランを当然、誇りにしている。TSPのニュースレター「ハイライツ」2013年１～２月号では、1986年の年金プランの創設時に議会がTSPに義務づけた安い管理費よりも、TSPの信託報酬のほうが低いことを自慢している。2012年の信託報酬率0.027％は、「口座の1000ドル当たり、たったの27セントである。確定拠出プランでここまで低い手数料は非常に珍しい。平均的な手数料は1000ドル当たり8.30ドルで、年金プランの10％では13.80ドル以上を取られている」。この文書の出所は、投資信託の業界団体であるICI（投資会社協会）の2011年の調査リポートである。

　このリポートは、連邦公務員を辞めても、ファンドをTSPから民間の年金プランに移さないようにと警告している。「金融機関は利益追求を仕事としているので、あなたの貯金の一部を手に入れたいと思っている。それはあなたが考えているよりもはるかに高い手数料を取られることを意味するかもしれない。一方、TSPは利益追求を目的とし

ていない」。TSPは連邦公務員が退職後に備えるために、可能なかぎり安い手数料で自ら運営している年金プランである。ここでそのプランを簡単に見たかぎりでは、立派に成功している。

TSPの加入者は３％シグナルの債券ファンド用にＧファンドを使うだろう。それは選んでも安全で、たまたま最初に設定されているファンドでもある。リターンは長期にわたってインフレ率を上回っている。サブプライム住宅ローン問題が起きたあと、MMFの利回りはゼロに近づいたが、それよりもはるかにパフォーマンスが良かった。相場が急上昇した2003年にはＧファンドのリターンは4.1％で、相場が急落した2008年でも3.8％だった。

オハイオ州大学代替退職プラン（ARP）

オハイオ州コロンバスにあるオハイオ州立大学は、1870年に創設された。卒業生は50万人、学生は６万5000人で、職員２万3000人と教員7000人を抱えていて、アメリカの高等教育機関で最大級の大学である。

この大学の教職員は大学の代替退職プラン（ARP）かオハイオ州公務員退職制度（OPERS）に加入しなければならない。メディケアへの拠出を別にして、彼らは連邦社会保障制度には加入していない。ARPは401kに似た確定拠出型年金プランであり、加入者は自分の投資を自分で管理する。一方、OPERSは確定給付型年金プランで、加入者が資金管理を必要としない従来型の年金制度である。また、両方のプランを合わせた、OPERS複合プランというものもある。このプランでは、加入者の拠出分は自分で指図できる投資口座に振り込まれ、大学の拠出分は決められた方式で年金口座に振り込まれる。３％シグナルプランは自分で指図できる口座ならどこででも実行できるので、ここではARPを見ておくことにする。

この大学の教員は税引き前の給料の11％を、職員は10％をARPに拠出する。そして、大学は教職員の給料に応じて決められた金額を上

軍隊勤務の者たちよ、気をつけて！

　軍隊は確定拠出型年金プランを提供しているが、今後もこのまま続くことはおそらくないだろう。たとえ現状のまま続いても、あなたはたぶん、加入要件を満たさないだろう。防衛ビジネス委員会は国防長官に対する2011年の報告書「軍隊の年金システムの現代化」において、現在の年金制度を変える必要があると主張している。年金制度は、人の寿命が短く、軍人の給与は民間よりも低く、除隊後の仕事も少なく、軍隊で身に付けたスキルが民間であまり生かせなかった時代のまま、「不当に」放置されているからだ。

　現在、「軍隊で働いている人の83％は退職金を受け取らないだろう。5年、10年、あるいは15年兵役に就いても、手当も年金ももらえずに除隊するだろう。このグループには戦闘に加わった軍人や今後、加わる軍人の大半が含まれる」。退職年金の受給資格を得るためには、兵役に20年就かなければならない。現代の志願兵でこの資格を得る人は17％にすぎない。

　良い話もある。それは軍人がTSPに参加できるということで、実際に参加すべきだ。兵役に就いている間にTSPの口座を開設しておけば、民間企業に移ったときに口座を移せるので、そうしておくのが賢明だ。そうすると、軍隊にいる間にTSPで3％シグナルを使って、いわば移転できる自分の政府退職年金を作ることができる。

乗せして拠出する。

　投資の運用はARPのプロバイダーを通して行われる。2013年6月

現在でそれらは９つあり、そのなかにはフィデリティ・インベストメンツとTIAA-CREF（教員保険・年金協会・大学教職員退職年金基金）が含まれている。これら２つのプロバイダーが提供するファンドはそれぞれ、個人年金型預金、債券、MMF、不動産、株式、ターゲットデートという基本的な資産クラスをカバーしている。私はジーバルたちが運用する、多くの割高な株式ファンドのなかに、かなり低コストの指数ファンドで、３％シグナルでも利用できそうなものを２つ見つけた。もう少し調べてみる必要はあるが、それらのファンドもそこに含まれている。

　フィデリティが提供するファンドでは、スパルタン小型株指数ファンド－フィデリティ・アドバンテージ・クラスを選ぶことができる。これはラッセル2000に連動していて、信託報酬率は0.19％である。名前に「スパルタ」という言葉が入っているので、このファンドは激安だと思うかもしれないが、そうではない。もっとも、信託報酬率が1.00％を超えるジーバルたちのファンドよりは良い。このスパルタンファンドのもうひとつ注意すべき点は、保有して90日未満に解約すると、1.50％の手数料を請求されることだ。そのため、このファンドを利用している加入者は少なくとも90日保有している部分だけを売るように気を付ける必要がある。３％シグナルでは四半期ごとにしか売買しないため、この管理は簡単だが、それでも例えば89日目に売らないように気を付ける必要はある。３％シグナルの安全資産用には、スパルタン短期国債指数ファンド－フィデリティ・アドバンテージ・クラスのパフォーマンスがかなり安定していて、MMFに勝っている。一方、信託報酬率は0.10％である。

　TIAA-CREFでは、バンガード小型株バリュー指数ファンドを選ぶことができる。これはCRSP米国小型株バリュー指数に連動していて、信託報酬率が0.34％だ。しかし、ファンドの実際の信託報酬率は0.24％だ。年金プランでさらに0.10％上乗せしているために、合計で0.34

％になっているのだ。そのため、低コストのフィデリティのファンドを使うほうが理にかなっている。または、バンガードに直接、口座を開こうと考える人もいるだろう。口座の残高が1万ドル以上であれば、手ごろなアドミラルシェアーズを利用できる。バンガード小型株バリュー指数アドミラルシェアーズの信託報酬率はわずか0.10％で、同じファンドをTIAA-CREFのARPプランで買った場合の信託報酬率の3分の1にも満たない。残念ながら、バンガードはARPのプロバイダーではないので、オハイオ州立大学の教職員はARPプランを通じてではなく、それに追加するIRAとしてこの口座を開くしかない。

　ARPのどのプロバイダーを見ても、フィデリティのスパルタン小型株指数ファンドよりも低コストのファンドは見つからなかった。私はきれいなデザインのパンフレットを各種取りそろえたものを見つけたが、中身は投資業界でよく見かけるお決まりの内容で、そこに載っているファンドはジーバルたちが運用するものか割高な指数ファンドだった。

　オハイオ州立大学のARPを調べて分かったのは、どこで年金資産を運用するにしても、投資業界のしゃくし定規な対応で間違った選択をしないように警戒しなければならないということだ。彼らの策略に引っ掛からずに、低コストのファンドにお金を入れて、3％シグナルを静かに実行する方法はたいてい見つかる。だが、彼らがその手助けをしてくれると期待すべきではない。

公務員向けの年金プラン

　公務員向けの年金プランは職場によって異なるものが多く提供されている。ほとんどの職場では、従来型の確定給付年金プランと401kに似た確定拠出年金プランを提供している。確定拠出年金プランはたいてい、オハイオ州大学の代替退職プラン（ARP）に似ている。実際、どこの年金プランを見ても、プロバイダーのリストにはフィデリティ、

ING、Tロウ・プライス、バンガードなどといった、同じひと握りの投資会社が載っている。

　どのプロバイダーであれ、自分の拠出金の投資先を指図する加入者は、3％シグナルの株式用には最も低コストの小型株指数ファンドを、安全資産用には最も低コストの債券ファンドを探すべきだ。どこに退職積立口座を開くにしても、必要なことはそれだけだ。

3％シグナルでターゲット・イヤー・ファンドを使う

　ターゲット・イヤー・ファンドは人気を呼びつつある。これは退職積立金を投資している多くの人にとって良いことだ。退職までの年数に基づいて事前に資産配分がなされていて、その後は自動的に配分が調整されるのだから。このポートフォリオの人気が高まる前は、多くの年金プランがTSPのGファンドのような安全なファンドを最初の投資先にしていた。あまりにも多くの場合、口座の資金は退職までの全期間とは言わないまでも、長期にわたって、そうした低リスク・低リターンのファンドに投資されたままだった。口座をその状態に放置しておけば、資金はまず間違いなく退職時の目標に達しないだろう。

　驚くほど多くの人が投資先のファンドをひとつ選ぶと、二度と調べ直さない。ターゲット・イヤー・ファンドは、そういう人々が選ぶ低リスクなファンドよりも優れている。彼らは給料日が来るたびに、掛け金を払うだけで何もしない。そのため、相場が暴落したときに安値で多く買うことになる。結果として知らず知らずのうちに、予測屋たちのアドバイスやわけの分からない情報源に従って積極投資をする多くの人々よりも、うまくいくかもしれない。怠惰な投資家たちよ、喜ぼう！

　だが、ほんの少しだけ作業をする気があれば、小型株ファンドで3％シグナルを使うほうが、たいていはターゲット・イヤー・ファンド

よりもパフォーマンスが良くなるだろう。このファンドは株式を債券や国債などの資産と組み合わせて、株式への配分比率を下げているからだ。さらに、退職時期が近づくにつれて、株式への配分を減らして、より安全な資産への配分を徐々に高めていく。３％シグナルでも資産を組み合わせるが、株式と安全なファンドとしての国債か債券の２つだけだ。株式は小型株ファンドが良いが、ほかのファンドで使えるものもある。

　ターゲット・イヤー・ファンドの資産配分に信頼できるパターンがあれば、３％シグナルでそれを使ってもよいのだが、そういうパターンは見られない。モーニングスターは2020年を目標年とするファンド36本について、2011年に調べている。それによると、株式への配分は平均で61％だったものの、35％から80％までの広がりがあった。これはこのファンドの最大の問題点かもしれない。退職後に受け取る社会保障給付やほかに受け取るかもしれない諸手当を考慮すると、それらのファンドは株式への配分がしばしば過小になる。社会保障は現在のところ支払いに不安がなく、今後も年金財政は大丈夫だと言われている。それで、そう仮定しておこう。所得が低く、60代前半に社会保障の受給資格がある人は、現在価値で約30万ドルを受け取るだろう。70歳まで受給を延ばせる高所得層は約50万ドルを受け取るだろう。この安全な30万〜50万ドルの資産を第一に考慮したうえで、401kやその他の退職積立口座の資金のどれだけを株式に投資するか決めるべきだ。ほとんどの人は現役時代の大半で、それらのほぼすべてを株式に投資したほうがよい。株式でとるリスクは安全な社会保障給付で一部は相殺されるからだ。

　３％シグナルプランは小型株指数に投資するので、通常は幅広い銘柄を対象とする指数ファンドよりもボラティリティ（価格変動率）が大きくなる。下げ幅も上げ幅も大きいのが小型株の特徴だ。３％シグナルは知らず知らずのうちに、安値を切り下げているときに買い、高

表44 ウェルズ・ファーゴ・ターゲット・イヤー・ファンドとIJR

投資銘柄	2008(%)	2009(%)	2010(%)	2011(%)	2012(%)	信託報酬(%)
ウェルズ・ファーゴ・アドバンテージ・ダウ・ジョーンズ・ターゲット2015（WFSCX）	-16.4	16.0	10.4	3.1	7.3	0.49
ウェルズ・ファーゴ・アドバンテージ・ダウ・ジョーンズ・ターゲット2030（WFOOX）	-31.4	28.0	15.0	-1.4	12.3	0.51
ウェルズ・ファーゴ・アドバンテージ・ダウ・ジョーンズ・ターゲット2045（WFQPX）	-35.5	33.2	17.1	-4.1	15.0	0.52
iシェアーズ・コアS&P小型株（IJR）	-31.5	25.8	26.6	0.8	16.3	0.16

値を切り上げているときに売る。資金のほとんどを3％シグナルで運用するとき、ターゲット・イヤー・ファンドなどの分散投資型のファンドよりも、小型株指数ファンドのほうが有利になる。例えば、**表44**は2008～2012年について、ウェルズ・ファーゴが運用するターゲット・イヤー・ファンドのいくつかとIJRを比較したものだ。

表44を見ると、ウェルズ・ファーゴは目標とする退職時期が近づくにつれて、リスクとボラティリティをうまく下げている。相場が急落した2008年に、ターゲット2030は31.4％、ターゲット2045は35.5％下げたが、ターゲット2015はわずか16.4％しか下げていない。IJRはその年に31.5％下げている。また、ターゲット2015は相場が上昇した年の上昇率も低い。このファンドは投資リスクをあまりとらずに、安定的に利益を伸ばしている。それは退職まで数年に迫った人にとって望ましいものだ。

ターゲット2045のボラティリティは極めて高く、2008年と2009年にはIJRよりも大きく変動している点に注目しよう。IJRは31.5％下げたあと25.8％上げたが、ターゲット2045は35.5％下げたあと、33.2％上

げている。この２年のターゲット2045ファンドは下げ幅も上げ幅も大きく、３％シグナルで使うのにふさわしかった。一般的に、ターゲット・イヤー・ファンドは、退職までの目標年が離れているほど、リスクをとって株式への配分を高めるため、IJRと似た動きをする。

３％シグナルでこのファンドを使えるだろうか？　もちろんだ。私たちのプランの素晴らしいところは、ファンドで何を保有していようと関係ないところだ。必要なのは、価格が３％シグナルラインよりも上や下に動くことだ。そして、その値動きは、無理がない範囲でだが大きいほど良い。たいていは、小型株指数ファンドが最も良い。ボラティリティが高く、人の判断を必要とせず、相場が下げても常に回復するうえに、手数料が安いからだ。とは言え、小型株指数と異なるファンドを使えない理由はない。３％シグナルプランそのものは、スポーツの賭け金であれ、脱脂粉乳、芸術作品、野球カード、骨董品、あるいは明朝の磁器であれ、何を集めたファンドにでも使える。ファンドの価格が変動して最終的には上昇するかぎり、３％シグナルを使えばうまくいく。だから、ターゲット・イヤー・ファンドでもうまくいく。

だが、それなら、どうして気にするのか、と言われるだろう。どのファンドでも使える。だが、小型株指数ファンドが利用できるのなら、それにしたほうがよい。ウェルズ・ファーゴのどのファンドよりも、IJRの信託報酬率のほうがずっと低いことに注目しよう。この表のウェルズ・ファーゴの信託報酬率は約0.50％だが、ほとんどの401kのターゲット・イヤー・ファンドはそれよりもはるかに高い。2013年６月に、モーニングスターはこれらのファンドの信託報酬率を資産加重平均で0.91％と公表している。

３％シグナルにとって、信託報酬率が高いどんなファンドよりも、入手できるかぎりで最も低コストの小型株指数ファンドを選ぶほうが賢明だ。小型株指数ファンドのパフォーマンスは最終的にほかのほとんどすべてのファンドを上回り、手数料も安い。例えば、この表の４

年で比べても、ターゲット2045の純リターンはわずか11％だったが、IJRは28％だった。しかも、信託報酬は69％も少なかった。この章の初めに説明したように、それだけ信託報酬に差があると、非常に重大な違いを生む。

　ターゲット・イヤー・ファンドは投資家に代わって退職積立金の資産配分を自動的に調節してくれる。一方、３％シグナルプランを利用すれば、最小の努力で、信託報酬を抑えつつ、パフォーマンスを引き上げることができるので、年に４回調べる気がある投資家にとって、良い選択肢になる。本書を読んでいる人たちは、それだけで労をいとわぬ投資家だと分かる。また、第５章で、退職時期が近づくにつれて資産配分をどう調節するかも学んだ。自分でやれば、年齢別ファンドに払う高い手数料を節約できる。

どこの職場でも役立つ３％シグナル

　あなたは今の職場で働き、そこで退職積立金を運用している。あなたは幸運にも手数料が安い指数ファンドが多数そろった、最高の年金プランに入っているかもしれない。あるいは、不運にも割高なファンドしかリストに載っていないので、TSPに加入するために郵便局員になるのは遅すぎるだろうか、と考えているかもしれない。いずれにしろ、自分が手に入るファンドで３％シグナルを使えば、将来をもっと明るくできるだろう。

　私たちは証券会社のIRAから、会社が提供する401k、連邦公務員のための年金プランに至るまで、さまざまな退職積立口座について見てきた。掛け金を上乗せしてくれるところもあれば、そうでないところもある。良い年金プランもあれば、そうでないところもある。しかし、どこで働いていようと、年金プランがどれほど良いか悪いかにかかわらず、そこで３％シグナルを利用することができる。自ら投資先を指

図できる退職積立口座とは、税の優遇がある口座というだけのことだ。そこではさまざまな銘柄から投資先を選びつつ、お金の節約ができる。どういう仕事に就いていようと、どこに年金用の資産を積み立てていようと、これが退職積立口座の働きだ。

　あなたの年金プランは、ここで見てきたものとぴったり同じではないかもしれないが、おそらくかなり近いだろう。あなたの仕事は年金プランの投資先リストに目を通して、3％シグナルの株式側に使える最も低コストの小型株指数ファンドと、安全資産として使える最も低コストの債券指数ファンドを見つけることだ。小型株指数ファンドがなければ、中型株指数ファンドを探せばよい。それもなければ、手に入る株式指数ファンドのなかで最も低コストのものを見つければよい。指数ファンドのほうが積極運用型のファンドよりも低コストでパフォーマンスが良い。それで、あなたは自分の年金プランで最も低コストの小型株か中型株の指数ファンドを使うだろう。しかし、必要に応じて一般的な株式指数ファンドで切り抜けることもできる。

　どこで退職用の資金を貯蓄していても、3％シグナルを実行できる。できないと思わないことだ。

この章の要点

　これで、3％シグナルプランを使う準備ができた。退職積立口座がそれに最もふさわしい。そこでは税の繰り延べができるので、税金の心配をすることなく、利益が出たときに売りシグナルに従えるからだ。しかし、3％シグナルは普通の証券口座でもうまくいく。このプランの四半期ごとに行う単純な手続きはどこで利用しても変わらない。どこで資金を運用するにしろ、最も低コストの小型株指数ファンドと債券指数ファンドを選べば、3％シグナルを実行する準備ができている。この章でカギとなる情報は次のとおりだ。

- 四半期ごとに行う手続きは5つだけだ。しばらくプランに従っていれば、それらを暗記できるだろう。
- モーニングスターは、「パフォーマンスの最も信頼できる予測手段」はファンドの信託報酬率が低いかどうかだということを発見した。それは、入手できる最も低コストのファンドに焦点を合わせるように、とアドバイスしている。3％シグナルプランなら、低コストの利点を生かせる。自分の口座で入手できる最も低コストの小型株指数ファンドと債券指数ファンドを使うからだ。
- 課税が繰り延べされる退職口座は3％シグナルを実行するのに最適である。利益が出た株式ファンドで売りシグナルに従っても、課税されないからだ。
- 退職積立勘定ではない口座では、短期譲渡所得税を避けるために、1年以上、保有していた分を売るようにする。3％シグナルは四半期ごとのスケジュールで売買するので、この管理はやさしい。
- 401kのような雇用主退職口座は、3％シグナルプランにふさわしい。だが、それらのほとんどは好ましくないファンドを数多く提供している。そのため、最も低コストの小型株指数ファンドと債券指数ファンドを慎重に探す必要がある。会社の規模が大きいほど、401kの規模も大きいため、低コストの良いファンドを見つけられる可能性も高くなる。小さい会社で働いているのなら、特に気を付ける必要がある。
- ターゲット・イヤー・ファンドは、退職時期が近づくにつれて資産配分を自動的に調節して、退職積立金の投資を単純にしてくれるので、人気がある。しかし、それらは3％シグナルよりも費用がかかり、通常はパフォーマンスも劣る。
- どこで働いていようと、どこに積み立てをしていようと、3％シグナルプランは実行できる。

第7章
プランを実行する
The Life of the Plan

　これで、自分の口座で3％シグナルプランをうまく使うために知っておくべきことはすべて学んだ。それでも、あなたはまだこのプランを使うかどうか、ためらっているかもしれない。今まで、こんなアドバイスを読んだことも聞いたこともないからだ。これが単純なプランであることも、その詳細も分かったが、無秩序な市場で実際にどういう働きをするのか想像できないかもしれない。

　それで、心配なニュースが多い時期に、投資家がこのプランをどのように使うかを観察しながら、典型的な長期投資とこのプランとの違いを見ておきたい。このために、3人の架空の投資家の人生を追いかける。彼らは同じ会社で働いて同じ給与をもらい、同じ401kに加入して、主要ニュースがもたらす同じイベントの渦に対応していく。彼らの唯一の違いは、同じ程度の貯蓄で同じ投資リストを使いながら何をするかという点にあり、その結果は大いに異なる。登場人物の2人は、私が出会ったなかで最も多かった投資スタイルの持ち主だ。ジーバルたちに悩まされながら小遣い稼ぎをするトレーダーと、相場の変動にうろたえながら貯蓄に熱心な人だ。そして、3人目は3％シグナルを実行している人だ。

　ここで3％シグナルの威力をはっきり感じてもらいたいと思っている。これを使うと、投資が以前よりも楽で、利益が出るものになるこ

とを分かってもらいたい。そのため、かなり細かいところまで踏み込むつもりだ。実際のニュース記事やジーバルたちの予測を追いかけていき、日々の生活のなかで将来に備えようとする人々に、それらがどれほどの影響を及ぼすかを見ていく。読者はそれをじっくりと観察してほしい。相場予測のプロたちがいかにもっともらしいことを言ってきたか、今日と同じことをいかに多く語ってきたかに気づいてほしい。また、彼らの予測の約半分は間違っていたことにも気づいてほしい。そして、それをあなたの知恵の保管庫に入れてほしい。専門家たちが道化者にしか見えなければ、投資はそれほど厄介なものではないだろう。厄介なのは、専門家がもっともらしく見えるせいで彼らを信用したくなるが、実際には彼らも素人と同じくらい間違えるという点だ。

　この章では、３％シグナルの型どおりの見方以上のものを伝えて、このプランを現実に実行するとどういう経験をするかを理解できるようにする。それで、実際に何が起きそうか予想できるようになるだろう。

セットアップ

　３人の投資家は、30歳のときにコロラド州デンバーの情報分析会社であるスナップシートの新入社員になった。彼らは専門が異なるデータサイエンティストだ。彼らは家族の状況も異なる。ギャレットは結婚しているが、子供はいない。セルマは２人の子供を持つシングルマザーだ。マークは結婚していて３人の子供がいる。彼らは2000年末に入社して、年収５万4000ドルの初任給から始めた。これは１カ月につき4500ドルで、そこから６％の270ドルを会社の401kの口座に掛け金として振り込んだ。会社は給与の６％までは、その50％を上乗せ分として振り込んでくれたので、彼らは最低額の掛け金で、会社から最大の上乗せを引き出した。彼らの掛け金は月に405ドルになり、１四半期では1215ドルになった。彼らはそれぞれ前の会社の退職積立口座か

ら、スナップシートの401kに1万ドルを移管した。彼らの最初の投資残高は1万ドル、最初の四半期の掛け金は1215ドルだった。

　ギャレットは若いときから株式相場に興味を持っていた。20代のときに、トレード関係の本を読み、テクニカル分析のセミナーに出席したあと、証券会社に口座を開いた。そして、勝ち株を何銘柄か選び出せるかどうか、腕試しをした。結果はまちまちだったが、スナップシートに入社するころにはだいぶうまくなったと感じられるほどになっていた。それで、会社の401kを少し調べてみた。すると、いろいろな投資信託を選べるうえに、好きな銘柄を何でも売買できる証券会社を利用できることも分かった。インターネット関連銘柄は暴落後に割安になっていると信じていたので、相場の回復で儲けられるかもしれないと考えていた。

　セルマの主な関心は自分1人の給料で2人の子供を育てることだった。彼女はウォール街の気まぐれに悩まされたくなかった。それで、彼女は資産運用の本を読み、長期的な資産配分を学ぶためにコミュニティカレッジに通った。彼女は幸いにも、自分にふさわしい代表的な投資信託を会社の401kで見つけた。それらを退職積立口座で組み合わせて、長期的には上昇する株式相場から利益を得ながら、着実に成長するファンドで安全を確保しようと考えた。彼女はファンドを適切に組み合わせる作業に取りかかった。

　マークは家庭を大切にする男で、職場を離れたら仕事のことは忘れて、妻や3人の子供とできるだけ多くの時間を過ごす人間だ。ウォール街の気まぐれに振り回されたくない、という点ではセルマと同じだったが、退職積立口座で保有する株が将来値上がりする必要があることも分かっていた。彼は資産をバランス良く増やすひとつの方法として、資産配分について調べた。すると、思っていたほど利益が出ないという問題に気づいた。彼はリスクをとって、相場の下落からの回復局面にうまく乗れたら、パフォーマンスを上げられると考えた。そし

て、その安上がりな方法として株式指数ファンドを調べていると、３％シグナルに行き着いた。彼はそれが最も気に入った。それは資金を単なる株ではなく、最も上がる可能性が高い小型株セクターに焦点を合わせながら、債券ファンドで安全を確保している。さらに、シグナルに基づいて四半期ごとに売買するだけで済むのだ。また、相場が下落しているときに株の買い増しができる。それはかつて使ったことがあるドルコスト平均法とはまったく違う点だった。３％シグナルの手法は低コストの指数ファンドを使い、ほとんどストレスを感じることなく高い利益を得る最高の方法のように思えた。マークはそのプランを採用することにした。

彼ら３人が2000年12月の初めに、スナップシートで働き始めたとき、ナスダックは３月10日に付けた天井から45％下げていた。大統領選挙は人々を失望させるもので、３人が入社したときでも、ジョージ・W・ブッシュとアル・ゴアのどちらが勝ったか、分かっていなかった。12月12日に、最高裁判所はブッシュが大統領だと判断するが、その後、実際にはゴアが一般投票で勝っていたと分かる。ナスダック市場は暴落し、大統領選挙は決着がつかずという状況で、401kの資金をどこに投資すべきか決めるのは難しい時期だった。

ギャレットは暴落したインターネット関連銘柄に投資しようかと考えていた。それらはマスコミで毎日のようにたたかれていたが、非常に割安の可能性もあった。彼は、バブルのころに大人気だったJDSユニフェーズやノーテル、シカモアなどを思い出した。前の会社の自慢好きな連中からは、1990年代末の３年間にそれらの株を持っていなかったのかと、からかわれていた。それらの銘柄をどれも割安で買えるときがついに訪れたのだ、と彼は思った。私たちは、彼が自慢好きと呼んだ連中がピーター・パーフェクトだと分かっている。ギャレットは彼らのからかいに弱かった。

彼はがれきの山と化したインターネット銘柄から割安銘柄を選び出

すのは難しいが、そうする価値はあると考えた。そして、その仕事にうってつけの男を知っていた。ジェイコブ・インターネット・ファンドの有名人、ライアン・ジェイコブだ。たしかに、彼はインターネット株で失敗した者の代表として、最もたたきやすかった。そのせいで、あらゆるリポーターからひどく責められていた。しかし、ギャレットは彼が数年以内に、「返り咲いた男」という特集記事で一番に取り上げられると感じていた。そうした記事が出たあとに、ネット株の次の成長局面を狙って人々がどっと押し寄せるころには、彼の保有銘柄はおそらく100％、いやひょっとすると300％上昇しているかもしれない、と考えた。ほんの２〜３年前の古き良き日々には実際にそれが起きたのだ。それが、また起きるに違いない。しかも、ジェイコブのインターネット・ファンドが下げきった今、猛烈な勢いで上昇するはずだと思った。

ランドン・トーマス・ジュニアはニューヨーク・オブザーバー誌に、ライアン・ジェイコブについて次のような記事を書いた。彼は1998年に20万ドルを2500万ドルにしたあと、その年の投資信託で最もパフォーマンスが良かったとして、ネット株投資のロックスターになった。しかし、彼のファンドは今や年初から54.1％下げて、ファンドのランキングで最下位まで落ちた。「それでも、ジェイコブ氏はけっして信念を曲げない」。そして、彼の保有銘柄で株数が３番目に多いアイビレッジを取り上げて褒めたたえた。それは1999年４月に100ドルまで上げたが、その時点では３ドルだった。だが、ジェイコブはトーマスに、「パフォーマンスが悪いのは株であって、会社ではない」と言い張った。

ギャレットはいよいよ動くときだと考えて、ジェイコブ・インターネット・ファンドに１万ドルのうちの半分をつぎ込み、底値からの回復に賭けた。また、ネット株が思ったほど回復しなかった場合に備えて、資金の残り半分は伝統的な株式ファンドに使うことにした。

彼はザ・ストリート・ドット・コムで、「マネジャーが長く在職し

ている小型株成長ファンド」リストの一番に取り上げられているワサッチ小型株成長ファンドを選んだ。リストの説明によると、そのファンドは「無視し難い記録を持っている。それは1986年に設定されて以降、ジェフ・カルドンが運用してきた。彼の運用実績は揺るぎないものだ。モーニングスターによると、そのファンドは彼の慎重な手法のおかげで過去1、3、5、10年で、同様のファンドの75％に勝っている」という。

ギャレットはライアン・ジェイコブよりもテクノロジーの将来性についてもっと広い視点でとらえているジェイナス・グローバル・テクノロジーを選んだ。彼は10月にマーケットウォッチの「マイク・モリンスキーのファンドウォッチ」で、次の文章を読んだ。

> ファンドを追跡しているヴィーゼンバーガーという会社の最近の調査によると、海外の銘柄を対象とするグローバル・テクノロジー・ファンドは、国内の銘柄を対象とするテクノロジーファンドよりも標準偏差が低く、47.65対61.62だった。これはグローバルファンドの日々の基準価額が、その平均から大きく離れないことを意味している……。
>
> そのうえ、海外株は米国株と横並びには動かないので、グローバル・テクノロジー・ファンドを国内株だけのポートフォリオに加えると、投資ポートフォリオの全体的なリスク水準を下げることができる。それで、アメリカ市場が大きく下げたときに受ける影響を小さくできる……。
>
> グローバルセクターで最大のファンドはジェイナス・グローバル・テクノロジーで、設定1年目の1999年に100億ドルという途方もない資金を集めて、211.55％のリターンを上げた。今年はそこまでの人気がなく、9月30日現在で0.68％下げている。

第7章　プランを実行する

　ギャレットは思った。それはそうだが、「相場の回復」という言葉が何を意味するか理解できる賢明な少数の人々にとっては、「そこまでの人気がなく」というまさにその部分から、ハイテク株ファンドが驚くほど割安に放置されていることが分かるはずだ、と。ナスダックが３月10日に天井を付けてから11月末までに、ジェイコブ・インターネット・ファンドは81％下げたが、ワサッチ小型株成長ファンドは４％しか下げていなかった。また、ジェイナス・グローバル・テクノロジー・ファンドは51％下げていた。

　ギャレットは2001年に１万ドルの資金を、ジェイコブ・インターネットに5000ドル、ワサッチ小型株に2500ドル、ジェイナス・グローバル・テクノロジーに2500ドルのように配分した。また、毎月の掛け金の405ドルは同じ比率で配分するように指図した。彼はスナップシート社での仕事に慣れるまで、しばらくは年金プランをそのままにしておこうと決めた。そして、落ち着いて仕事ができるようになり、株式のリサーチにもっと時間を割けるようになったら、自分で選んだ個別株を加えて、パフォーマンスをさらに引き上げようと考えた。

　これら３つのファンドが圧縮されたバネのように大きく跳ね返りそうに見えたギャレットにとって、それらが魅力的に映ったのは理解できる。だが、確実に引かれ続ける信託報酬を調べてみると、今後のパフォーマンスはそれほど期待できそうになかった。ギャレットはファンドの将来のパフォーマンスにかかわらず、確実に**表45**のような信託報酬を支払うことになる。

　もちろん、彼が巨額の利益をものにして、信託報酬の心配など吹き飛ばしてしまう可能性もある。それこそ、ジーバルの連中が高価なファンドを売るときに使う決まり文句だ。2001年にギャレットは、相場がすぐに回復して金持ちになり、彼らの言葉が正しかったと証明されるほうに賭けた。

　セルマは別の方法を使った。インターネットバブルがはじけたあと

表45　ギャレットの最初の信託報酬率

ファンド	信託報酬率(%)
ジェイコブ・インターネット（JAMFX）	2.87
ワサッチ小型株成長（WAAEX）	1.26
ジェイナス・グローバル・テクノロジー（JAGTX）	1.00

失業して、退職積立口座の資金もかなり失ったせいで、彼女は少なくなった貯蓄の使い方に非常に慎重になっていた。新たに出直すに当たって、貯蓄に可能なかぎり影響が及ばないようにしたかった。スナップシートに入社したあと、教会で彼女は1人の女性ファイナンシャルプランナーに出会った。それで、退職積立口座で株式ファンドを1つでも保有すべきかどうか分からないと話すと、彼女は言った。「退職積立口座で株式を保有しないのは、花壇に花を植えないのと同じです。花壇は地面を覆うためにあるのではなく、花を植えるためにあるのです。債券しかない口座は、花がない花壇と同じで退屈ですよ」。3月以降の暴落に比べると、退屈な銘柄も悪くないとセルマは思ったが、そのプランナーの言いたいことも分かった。

セルマは「時間の無駄ですよ」とからかったが、プランナーは質問をいくつかして、セルマのリスク許容度を判断しようとした。結果はセルマの予想どおりだったが、プランナーはその結果に反して、退職積立金の80％を株式に投資したほうがよいと言った。セルマは気乗りがしなかった。だが、これから先もまだ、長く働き続けなければならない。また、株式相場は長期的には必ず回復する、と言われたこともあり、深呼吸をして、プランナーの提案にしぶしぶ同意した。

彼女はいつものように、週末に何回か図書館に通って、慎重に調べた。彼女は、会社の401kで提供しているファンドのなかで気になったものについて、モーニングスターのファンドの格付けを調べて印刷

した。また、記事やいくらでも出てくるファンドのランキングにも目を通した。「下落相場で上げるファンド」「長期投資のためのトップ３の成長ファンド」「用心深い投資家のための低ボラティリティファンド」や同様のランキングには、成功しているマネジャーたちのちょっとしたコメントやオフィスの写真、それに簡単なまとめが載っていた。新人マネジャーでないかぎり、そこには「時の試練に耐えた」か、「株式市場のベテラン」か、「百戦錬磨の」という文句が使われていた。新人の場合は、「将来性がある」「パフォーマンスをよみがえらせる」などと書かれていた。最初は圧倒されそうだったが、セルマは頭がよく働くので、すぐに繰り返し現れるパターンを見つけた。そして、選んだファンドをランク付けして集計しやすいようにグループ分けした。

　彼女は資金の大半を国内の大型株に投資したかった。それが株式市場で運用するときの最も基本だと考えるようになっていたからだ。彼女は特定分野に集中投資することには興味がなかった。株式市場の中核を成し、信頼できる優良銘柄だけに関心があった。会社の年金プランで選べるファンドのなかでは、フィデリティ・グロース・アンド・インカムとロングリーフ・パートナーズが最も良い選択肢ということで落ち着いた。

　フィデリティ・グロース・アンド・インカムは割高なハイテク株への投資を賢明にも制限したために、2000年末の記事では絶賛されていた。マネジャーのスティーブ・ケイは暴落したハイテク株の保有は最小限に抑えて、代わりに割安なヘルスケア株と着実に上昇している金融株をポートフォリオに入れていた。モーニングスターのアナリスト、スコット・クーリーは2000年11月に、ケイのファンドについて次のように論じている。「銘柄の入れ替えが少なく、用心深い手法は長期投資家にとって良いことだ。彼が８年近く運用していた間、ファンドはS&P500のリターンにだいたい一致していた。しかも、その指数よりもリスクは低かった。要するに、慎重な投資家にとって頼りになる中

核銘柄だと思われる」。それはたしかに慎重なセルマにとって、完璧に思われた。彼女は退職積立金の4分の1をフィデリティに入れることにした。

ロングリーフ・パートナーズのマネジャーであるメーソン・ホーキンズも同様に慎重で、次に何が起きようと、セルマの口座残高を増やす賢い祖父のような印象だった。彼やチームのほかの運用者たちにはそうする動機があった。彼らは投資資産のすべてを自社のファンドで運用する義務があるからだ。セルマはこの点が気に入った。ナスダックが3月に天井を付けたあと、ほかのファンドのほぼすべてが暴落するなか、ロングリーフ・パートナーズはその年の第2四半期に実際に利益を出していた。ホーキンズは7月にニューヨーク・タイムズで、「私たちはこの26年、運用方法を一切変えてない」と語っている。彼のファンドは高格付けだった。また、彼は非常に尊敬されていて、インターネットバブルのような一時的成功とは最も縁遠い人物のようだった。モーニングスターのアナリストであるクリストファー・トロールセンは8月に書いている。このファンドの最も良いところは、「ダイヤモンドの原石を求めて市場の不人気株をあさり、それらを安く買って、ほかの皆がその価値を理解するまで保有し続ける」点にある。ロングリーフ・パートナーズはナスダックが天井を付けた3月から11月末までに34％上昇した。間違いなく、ホーキンズは彼女の味方だった。セルマは退職積立金の4分の1をロングリーフ・パートナーズに投資することにした。

株式への配分の残り30％については、プランナーは外国株ファンドを勧めた。「アメリカ株と海外株は逆方向に動くこともある」から、とプランナーは説明した。スナップシートの401kで選べる海外の株式ファンドのうちで、セルマの注意を引いたのは、アルチザン・インターナショナル・ファンドとT・ロウ・プライス・インターナショナル・ストック・ファンドの2つだった。

1995年以降にアルチザン・インターナショナルを担当していたのはマーク・ヨッケイだった。彼の資産管理に対して、マスコミは称賛一色だった。彼はファンダメンタル分析によって割安な銘柄に投資すれば、利益を出せると確信していた。インタビューでは、自分のチームは数十年にわたって成長する会社を探している、と話していた。彼らは長期的に伸びている会社のなかで、ビジネスモデルが最も良い会社を探した。それらのうちで最も割安なものがグローバル市場での最適な銘柄であり、ファンドで保有したいものだった。

モーニングスターのアナリストのハップ・ブライアントは、このファンドが「ハイテク株と通信サービス株にかなりの投資をしていたおかげで、外国株カテゴリーのトップ20％で1999年を終えた」こと、それがヨッケイの成長戦略によるものだ、ということを1999年に書いていた。そして、10月にはアナリストのウィリアム・サミュエル・ロコがさらに、このファンドについて書いていた。「世界市場が行く手をどう妨げようとも、このファンドはうまく対処し続ける。2000年に相場環境が悪化すると、ヨッケイは3月にファンドの通信サービス株を大幅に減らして、メディア関連と金融セクターに投資機会を見いだした」。ロコは続けて次のように書いている。

> こうした動きのおかげで、ほかの多くの成長指向のファンドと異なり、そのファンドは通信サービス株とハイテク株が全盛だった年初に大幅上昇したまま、その勢いを失わなかった。損失は出したものの、年初から2000年10月23日現在までに、競争相手の75％に勝っていた。さらに長期的には、このファンドはほかの同様のファンドよりも、もっと成績が良かった。過去4年のうちの3年で、同じファンドグループの上位10％に入っていたのだ。

こうした点は非常に心強かった。だが、セルマがポートフォリオに

アルチザン・インターナショナルを入れる決心をしたのは、ロコがリポートの終わり近くの余談で、「このファンドのボラティリティはずっと平均的な範囲内にある」と述べていたことと、信託報酬率が低下している点にあった。彼女は資金の15％をこのファンドに投資した。
　外国株への投資の残り15％は、T・ロウ・プライス・インターナショナル株式ファンドに振り向けた。11月にロコはこのファンドについて、次のように書いている。「これまでのパフォーマンスは信じられないほど安定していて、1998～1999年の力強い上昇期だけでなく、1990年と1994年の急落期でも」順調だった。そのため、このファンドは過去10年に、同様のファンドの年平均リターンを約１％上回っていた」。セルマにとって何よりも良かったのは、このファンドを「外国株に慎重に投資しているファンドを探している人々にとって、頼りがいのある選択肢のひとつ」とロコが考えている点だった。
　彼女は残りの資金の20％を債券に投資するつもりで、その半分はオッペンハイマー・グローバル・ストラテジック・インカム・ファンドに、残り半分はピムコ・トータル・リターンに入れることにした。
　モーニングスターのウィリアム・ハーディングは10月のリポートで、オッペンハイマーのファンドは「債券を幅広く保有しているため、2000年に関しては今のところ良い結果を出している」と書いている。セルマにとって魅力的だったのは、800銘柄の保有で「相場が急変したときの影響を抑えて」いるというファンドの安全性だった。ハーディングによると、５年間のリターンは上位３分の１に入っていた。「一方、ボラティリティは債券ファンドの平均を下回っていた。さらに、ベテランによる運用と高い利回りという２つの理由から、このファンドは考慮に値する」。セルマは単なる考慮にとどまらず、資金の10％をこのファンドに投じた。
　ロングリーフのホーキンズと同様に、ピムコ・トータル・リターンのビル・グロスもこの業界で伝説的な男だった。「マネジャーのビル・

グロスが動くと、投資業界は関心を示しやすい」と、モーニングスターのサラ・ブッシュは３月に書いている。彼は買い直しの動きが強まりそうなときに、長期債を事前に大量に購入していた。すると供給量が不足するので、彼が買っておいた債券の価格は上昇するだろう、と彼は言い、まさにそのとおりのことが起きた。彼が長期にわたって成功してきたのは、そうした価格のゆがみを見つけて、それをトレードに生かしてきたからだ。ブッシュは言う。「ときどき失敗はあるものの、このファンドは債券市場の２つの指数、リーマン・ブラザーズ総合指数と中期債の指数を一貫して上回ってきた。ここ10年のリターンでは常に上位にあり、グロスが話すと債券市場が耳を傾けるというのもうなずける」と。ナスダックが天井を付けたときから11月末までに、ピムコ・トータル・リターンは９％上昇した。この間にファンドは、毎月１口当たり約５セント、９カ月の合計では48セントの配当も支払っている。セルマはビル・グロスのファンドに退職積立金の10％を入れることにした。

　セルマはかなり安全な株式ファンドを選ぶほどなので、ポートフォリオが受ける悪影響を債券で安定化できるところが気に入っていた。資金の４分の１の運用を伝説的なメーソン・ホーキンズに、10％を同じく伝説的なビル・グロスに任せるので、うまくいくだろうと思った。これで、退職積立金の３分の１以上が業界の伝説的な人物に配分された。そして、残りの３分の２は、リターンが平均以上でボラティリティが平均以下ということで知られているマネジャーたちに配分した。

　セルマは良い配分をした。彼女のポートフォリオは良識的だった。月に405ドルの掛け金は、着実で信頼できる成長を目指して最初の６つのファンドと同じ比率で配分することにした。ドルコスト平均法では、相場がやがて回復するだろうかと心配しなくても、価格の変動をうまく利用できるということを彼女は知っていた。彼女の超一流のマネジャーたちがそのように運用してくれる。彼女があまり注意を払わ

表46　セルマの最初の信託報酬率

ファンド	信託報酬率（％）
フィデリティ・グロース・アンド・インカム（FGRIX）	0.71
ロングリーフ・パートナーズ（LLPFX）	0.91
アルチザン・インターナショナル（ARTIX）	1.19
T・ロウ・プライス・インターナショナル株式（PRITX）	0.49
オッペンハイマー・グローバル・ストラテジック・インカム（OPSGX）	1.85
ピムコ・トータル・リターン（PTTDX）	0.75

なかったのは、ポートフォリオにかかる信託報酬だった。伝説的で尊敬されているマネジャーたちに非常に好意的なリポートでは、信託報酬は見逃されやすい。**表46**が彼女の払った信託報酬だ。

　これはギャレットの支払う信託報酬よりはましだが、インデックスファンドのわずかな信託報酬に比べるとまだ非常に高い。また、オッペンハイマー・ファンドでは、6年以内に売ると解約手数料を払わなければならない。だがこれについては、彼女は無視した。積立口座は長期運用のためのものだと分かっていたし、ファイナンシャルアドバイザーによれば、オッペンハイマーは業界で知られた存在で、非常に人気があるからだ。高い手数料を払うに値する人たちがいるとすれば、それは彼女が選んだ6つの第一級の資産運用グループのはずだと考えたのだ。ファイナンシャルプランナーに言われたことで、決心を固めるに至った最後の情報は、国内株と海外株と債券に配分するのは彼女ぐらいの年齢の人にふさわしいということと、各資産クラスで2つのファンドに分散したので安全性がさらに増しているということだった。「最適なファンド数というものはないけど、選んだ6つはあなたの気質と運用期間にとても合ってるわよ」と、そのプランナーは言った。素晴らしい！　セルマはその言葉で決めた。

マークのプランは一番始めやすかった。彼はスナップシートに入社する何年も前にある考えに達していた。それは、たとえ積極運用のファンドがリポートで絶賛されていて、評判も非常に良くても、自分には向いていないということだった。株価指数に投資すれば低コストという利点があり、ほとんどすべての積極運用に勝つという事実を発見したあと、彼はインデックスファンドから成るポートフォリオで資産を増やすには、どういう方法が最も良いかを探し始めていた。彼が魅力的だと思った手法は、ドルコスト平均法と３％シグナルの２つだけだった。彼は前の会社では、幅広く分散投資された株式指数ファンドをドルコスト平均法で買っていた。1990年代の後半には、ポートフォリオの資産は順調に増えていた。だが、資金の全額を株に投資しているときにネットバブルがはじけると、資産が消えていくのを眺めているしかなかった。１年前の天井で売っていたら、あるいは1999年末か2000年前半であっても、問題なかっただろう。もっとも、株価が下げ始めたときには、今が毎月買い続けるときだと分かってもいたので、それを実行した。問題は口座から毎月、数千ドルずつ消えていくのに比べると、彼の購入額があまりにも少ないことだった。暴落の底値まで買い続ける資金があればよいのに、と考えているときに、彼は３％シグナルのことを思い出した。

　セルマが２人の子供のことを心配したように、彼も妻と３人の子供たちのことを心配して、スナップシートに転職するまでの失業期間中に、株式ファンドをすべて売り払って、現金化した。彼は職探しをしている間、持っている資産のすべてを可能なかぎり最も安全な１カ所に集めた。スナップシートに入社すると、自由に投資できる新しい401kに注目した。そして、再びドルコスト平均法と３％シグナルとの間にあるトレードオフの関係に直面した。新居に移ったある夜に子供を寝かしたあと、食卓で妻に尋ねた。「本当に問題だったのは何だろう？」と。

「株式市場で暴落が起きたからでしょう」と、彼女は答えた。

「それはそうだけど、株式市場でそういうことがときどきあるたびに、退職積立口座に穴をあけているのなら、何かが間違っているはずだ」。彼女はもっと安全な銘柄に投資したほうがよいのではないか、と言った。「それで、うまくいくかもしれない。だけど、相場の上昇期にはほとんどの期間で平均以下のパフォーマンスしか得られない」と、彼は言った。彼は彼女に3％シグナルの話をした。パフォーマンスが良い小型株にほとんど投資しておけるだけでなく、20％を債券に投資して安全を確保しているので、「今年のように暴落したときに積極的に買うことができる」と、彼は言った。彼はその配分が最もバランスが良いと思った。おまけに、簡単に実行できた。

それで、彼はスナップシートの401kで3％シグナルを使う準備をした。彼は最初の1万ドルを株式と債券に80対20で配分することに決めた。会社の年金プランにはiシェアーズ・コアS&P小型株ETF（IJR）が入っていて、選択肢のなかで最も低コストの小型株指数ファンドだった。彼はそれを株式側で使うことにした。債券側では、バンガードGNMA（VFIIX）が提供されていた。それで、安全資産用の20％にはそれを使うことにした。彼は2001年に、IJRに8000ドル、VFIIXに2000ドルを配分して運用を始めた。また、四半期ごとの3％シグナルの目標を達成するために、四半期の間に退職積立口座に振り込まれる掛け金、1215ドルの半分を使い、残り半分は株式ファンドを買い増す必要が生じたときのために債券ファンドに残しておいた。債券ファンドの残高が退職積立口座の総残高の30％を超えたら、次の買いシグナルでその超えた分の資金をIJRに動かす。四半期の終値で見て、相場が30％下げるときがあれば、「30％下げたら、売りシグナルを無視」の体勢に入り、その後の4回の売りシグナルを無視する。やることはそれだけだった。彼が払った信託報酬は**表47**のとおりだ。

マークの配分調整済みの信託報酬率は0.17％で、ギャレットの2.00

表47　マークの最初の信託報酬率

ファンド	信託報酬率（％）
ｉシェアーズ・コアS&P小型株（IJR）	0.16
バンガードGNMA（VFIIX）	0.21

％よりも92％少なく、セルマの0.92％よりも82％少なかった。彼のポートフォリオは出発点から、明らかに優位に立っていた。だが、ギャレットとセルマはこれに気づいていなかった。ジーバルの解説者たちやピーター・パーフェクトや、積極運用をするマネジャーたちは、「安物買いの銭失い」という古くさい考えに従って、高い手数料を払えば、良いパフォーマンスが得られて十分に報われる、と投資家たちに約束する。だが、時がたてば何が真実か分かるだろう。

これらの準備をして、3人の投資家は新しい職場で新たな401kプランを使って本格的に動き出した。

1年目

入社1年目の3人の給料と退職積立口座への掛け金に変わりはなく、ネットバブル後の暴落はまだ終わっていないことが明らかになる。そして、この年には大きな混乱が起きる。2001年9月11日の同時多発テロだ。

2001年4月

ギャレットには早くも問題が生じた。最初の1万ドルと月額405ドルの掛け金の3回分を入れた退職積立口座の残高が、3月末には7629ドルにまで落ち込んだのだ。セルマとマークと昼食を取っているとき

に、彼は吐き出すように言った。「もう24％近くも下げてるんだ。しかも、新しく入れた掛け金の1215ドルも含めてだよ。ジェイコブ・インターネットは急上昇すると思っていたのに。１月は18％上げたけど、今では年末に買ったときの価格から46％も下げていてね。ネットバブル後の暴落はてっきり終わったと思っていたのに！」

「もっと安全なものに乗り換えたらどう」と、セルマは言った。「私も１年前にネット関連のボロ株に手を出してやけどをしたの。それで、今度はもっと安定したファンドの組み合わせに変えたのよ」

「僕は安定は望んでないんだ。興奮できるものがいいんだ」と、くすくす笑いながらギャレットは言った。「とにかく、ほかのファンドもあまりうまくいってなくてね。第１四半期には、ワサッチ小型株は11％下げた。ジェイナス・グローバル・テクノロジーは30％も下げてしまったよ」

「よく、我慢してるなあ。それで、これからどうするんだ？」と、マークが聞いた。

「まだ、決めてない。アナリストたちによると、ハイテク企業はまだ赤字らしい。しかも、経済も企業収益も今年いっぱいは回復しない、と彼らの多くは言っている。ハイテク企業だけでなく、すべての企業がだよ。今は様子見をして、もっと割安になったところで買い始めたほうがいいかな、と思っている。君たちはどう？」

「私は何もしないつもり。私はプランナーといっしょに、６つのファンドでポートフォリオをうまく作ったの。オッペンハイマーとピムコ債券ファンドからは配当が入っている。フィデリティ・グロース・アンド・インカムからもだわ。配当はファンドに自動的に再投資される。私のファンドはあなたたちのよりも安全だから、この四半期のように相場が荒れていても、たいして影響を受けないの。ファンドは着実に上昇しているし、配当と私の掛け金も入れているから。この四半期の口座残高は合計で５％の上昇だったから、かなり満足している」

と、セルマが言った。

　ギャレットはこれを聞いて、うれしくなさそうだった。彼はもっと割安になるまで様子見をしてから買いに入れば、年内にきっと追いつける、と繰り返した。

「でも、12月にも同じことを試しただろう？　ネット株の暴落でハイテク株が安くなったから、そこに焦点を合わせたい、と君が言ってたのを覚えてるよ。今は安くなっている。割安なハイテク株に投資するのが目標なら、持っているファンドをこの安値でもっと買い続けるほうがいいんじゃないか？」と、マークは尋ねた。

「すぐに上げるならね。でも、このまま下げ続けるのなら、いつまでも買っては下げ、買っては下げの繰り返しだろう？　だから、しばらくじっとしていて、掛け金分だけは今までどおりに買うことにする。マーク、君はどうだったんだ？」と、ギャレットは言った。

「僕はずっとやり続ける、と決めたことしかしてない」と、マークは答えた。ギャレットとセルマが彼のほうを見た。「いや、本当だ。四半期ごとに同じ手順を踏むんだ。まず、株式ファンドが３％の成長目標を達成していて、さらに債券ファンドに入れている四半期分の掛け金の半分を足した額に達しているかを確かめる。そうなっていれば、何もしない。株式ファンドの残高がその額に達していなければ債券ファンドを売り、そのお金で株式ファンドを目標額まで買い増す。株式ファンドの残高が目標額を超えていたら、目標額まで売って、そのお金を債券ファンドに入れる。それだけなんだ」と、マークは言った。

「それで、今回はどうしたんだ？」とギャレットは尋ねた。

「株式ファンドを買い増したよ。６％下げたから、四半期の目標には届かなかった。もっとも、債券ファンドは良かった。３％近く上げて、配当も受け取ったから。それで、目標額まで株式ファンドを買い増す資金は十分にあったんだ。だから、今四半期の株式ファンドの口座残高は８％増えた」

「それは良いファンドだね」と、ギャレットが言った。

「ただの指数ファンドだよ。株式ファンドはS&P小型株600指数に連動している。債券ファンドはジニーメイに連動しているやつだ。特別なものじゃない。ファンドマネジャーたちの判断もない。そこが気に入ってるところなんだ。彼らの判断で運用しても、長期的には指数にひどく負けるうえに、手数料も高いからね」

「私のファンドマネジャーたちは業界トップクラスよ。彼らは指数に勝っているわよ。マネジャーは格付けされるので、良いファンドを選ぶのは簡単なの。私が選んだファンドのマネジャーたちはとても評価が高い」と、セルマは言った。

「そうだよ、マーク。ファンドマネジャーのみんなが長期で指数に負けてるわけじゃない」と、ギャレットが付け加えた。

「みんなではないにしても、君のファンドマネジャーはどうなんだ？」

2001年9月

2001年9月11日に同時多発テロが起きると、株式市場は1週間、閉鎖された。市場が再開されると、株価は急落して、ギャレットのポートフォリオはあわれにも再び安値に沈んだ。市場が再開された初日の9月17日、月曜日に、ダウは7.1％下げて、1日の下落幅としてはそれまでで史上最大となった。また、ナスダックも6.8％下落した。ジェイコブ・インターネットは9月だけでも27％下げて、年間では71％も下げた。ワサッチ小型株成長ファンドは年間で6％、ジェイナス・グローバル・テクノロジーは54％下げた。ギャレットは毎月の掛け金を使って、安値で買い続けていたが、口座残高は年初から26％落ちていた。

会社に近い公園で昼食後の散歩をしているとき、ギャレットはセル

マとマークに打ち明けた。彼がその年の９カ月で失った額は、最初に投資した１万ドルと7371ドルの差額の2629ドルだけではない、と。「毎月の掛け金もすべて計算に入れないといけないんだ」。１カ月405ドルの９カ月分は、3645ドルになる。彼はポケットから紙切れを引っ張り出した。「合計すると、6274ドルの損失だ。本当に株がいやになり始めたよ。ネット株の暴落はいつまでも続くし、今度はテロ攻撃ときた。ああ、そうだ、マーク。安値で買い続けろという４月のためになるアドバイス。ありがとうな」

マークは言った。「待てよ、それは僕のせいじゃないだろう。僕は自分のシグナルの話をしただけだ。シグナルではもっと買うことになっていたから、買ったまでだ」

「でも、夏の間も売らなかったの？」とセルマが尋ねた。

マークはうなずいた。「そうだね。第２四半期末には、株式ファンドを少し売れというシグナルだったから」

「今はどうなんだ？」とギャレットが尋ねた。

「大幅な買いシグナルに決まってるだろう。ファンドの価格が下げてるのは君だけじゃないよ。僕の株式ファンドは前四半期に16％下げたんだ」

「その前の四半期に売ったあとでかい？」

「そうだ」

「それで、今度はもっと買うの？」

「ああ。2500ドル分近くね。これは少なくとも僕には、かなり大きな買いシグナルだよ」

「すると君は、僕ももっと買ったほうがいいと思ってるのかい？」

「ギャレット、僕は何も考えてないんだ。ただ、シグナルに従っているだけなんだ。もっと買うようにというシグナルが出ているから、今度は買うつもりだ。でも、君は買いたいと思っても、お金がないんだろう？」

「言ってくれるねえ」

「いや、本当に聞いてるだけだよ。もっと買うという選択肢もあるのかい？」

「少なくとも、毎月の掛け金でもっと買うことはできる。でも、やめておくかもね」と、ギャレットは言った。「うんざりしてきたんだ。ウェルズ・ファーゴのチーフエコノミストが言ってたけど、今度のテロ攻撃で消費者マインドが冷え込んで、企業活動に数10億ドルの影響が及ぶらしい。だから、僕の自信も揺らいでるんだよ。もう、うんざりなんだ」。彼はしばらくだまって歩いた。「でも、君のシグナルは買えと言ってるのかい？」

マークはうなずくだけにした。あまり話さないほうがいい、シグナルについて伝えるだけのほうがいい、と思ったのだ。ギャレットは聞かなくてもいい話をもう十分に聞いているはずだ。

「私は計画どおりに動くつもり。実を言うと、先月はそれほど損をしていないの。アルチザンとロングリーフは12％と13％ずつぐらい下げたけど、ピムコは上げたから。毎月の掛け金と配当があったので、私の口座残高は5％減っただけなのよ。ギャレット、下げたときに買い続けるのが重要なのよ。安いときに買えば、株数を増やせるから」と、セルマは言った。

「そんなことは知ってるさ。でもね、安値だと思っていたのに、どんどん下げていくときの気持ちも分かるだろう？」

ギャレットはいつも、そのことを考えてしまう。彼はテレビで投資リポートを見て、投資に関する記事をネットで読み、受け取ったばかりのニュースレターの最新号をむさぼり読んだ。彼の妻に言わせると、ニュースレターは1年前に安いハイテク株を買うように勧めていたときと、何も変わっていない。彼もそのことは認めた。だが、ネットバブルの終わりに、すべての弱気筋の正しさが証明されたように、今の下げ相場の終わりには、強気筋の正しさが証明されるはずだ、と妻に

言った。彼は何かを変えたかったが、やがて訪れる相場の大幅上昇を逃したくもなかった。

　メディアやニュースレターも、彼の考えと同じだった。BBCは、「最近、ニューヨークの世界貿易センタービルとワシントンにテロ攻撃があったことで、後退しつつあった景気がさらに悪化すると懸念されて、アメリカの投資家の資産は何十億ドルも消失した。これに対して、彼らの多くは株式や投資信託を売って、残っている資産価値を守ろうという動きに出たため、絶望的な状況に拍車をかけた」と、報道した。彼らが出口に向かって殺到しているという話を聞くのはいやだったが、ギャレットは彼らと同じ行動は絶対に取らないつもりだった。一部のアナリストは、今が新たに資金を投入する絶好の機会だと示唆していた。ギャレットに新たな資金はなかったが、すでに投資している銘柄を入れ替えることはできた。

　彼はジェイコブ・インターネットを切りたかった。今では年初から71％も下げている。このファンドを買っていたと言うのも恥ずかしい。インターネット関連銘柄が底値まで落ちる前に逃げて、損を取り戻せる可能性はあるだろうか？　戦争中の株式市場は良い、という記事を読んだとき、彼はその可能性があると思った。アメリカはアフガニスタンに報復攻撃を開始して、イラクではさらに大きな戦争をしそうな兆候が見え始めていた。おそらく、アメリカが戦争でうまくやれば、株価は上昇するだろう。そして、テロ攻撃をきっかけに中東で戦争が起きると、だれもが良い結果を期待するに違いない。だから、何かの株を買っておかなければならない。何が良いだろうか？　航空会社だ。

　それは底値から最も急騰しやすいセクターとして、ニュースレターのひとつで取り上げられていた。テロ攻撃で飛行機が使われたせいで、空港は閉鎖され、セキュリティの手続きが大幅に変更されている。そのため、航空会社やその関連銘柄は暴落した。だが、それらが姿を消すことはない、とそのニュースレターは言う。人々が再びいつものよ

うに飛行機を利用し始めると、大きく上げるだろう。そして、航空会社は政府から援助を受ける可能性すらあると述べて、航空会社の株を推奨リストに載せていた。さらに、「個別銘柄ではなく、それらをひとまとめに保有したい投資家向けに」、フィデリティ・セレクト空運ポートフォリオが推奨されていた。これだ、と彼は思った。ギャレットはジェイコブ・インターネットをこのポートフォリオと入れ替えることにした。

彼はすぐにそれに乗り換えて、新しいポートフォリオで第4四半期を迎えた。彼は、今度こそ上昇の可能性が高いと思っていた。信託報酬を節約したのだから、悪くなるはずはないと思った。ジェイコブ・インターネットの信託報酬率は2.87％だった。フィデリティのファンドはわずか0.94％だ。資金の半分をこのポートフォリオに配分したので、信託報酬の削減で大きな節約ができた。彼の新しいポートフォリオの信託報酬は**表48**のようになった。

ギャレットは夜更かしをして買うべき銘柄を比較検討し、妻と相場について話し合った。戦争は株にとって良いのか悪いのか、良いのならこの戦争でどの銘柄が上げそうかについて議論をした。だが、彼の2人の同僚たちはほとんど何もしなかった。

セルマは文字どおり何もしなかった。ドルコスト平均法によって、6本の信頼できるファンドが魔力を発揮するのに任せた。テロリストの攻撃があろうとなかろうと、毎月405ドルの掛け金はポートフォリオのファンドにいつもと同じ比率で配分した。そして、昼食後にマークとギャレットと散歩をしたあとは、株のことはもう考えなかった。

マークはすでに四半期のシグナルラインを知っていた。それは株式ファンド（IJR）の前四半期の残高よりも常に3％高い金額と、債券ファンド（VFIIX）に四半期ごとに入れる掛け金の半分とを足した額である。そのときの四半期のシグナルラインは1万0620ドルだった。IJRの終値は95.50ドル（調整前）だったので、111口が必要だった。

表48　2001年第4四半期のギャレットの信託報酬率

ファンド	信託報酬率(%)
フィデリティ・セレクト空運ポートフォリオ(FSAIX)	0.94
ワサッチ小型株成長（WAAEX）	1.26
ジェイナス・グローバル・テクノロジー（JAGIX）	1.00

　彼は85口しか保有していなかったので、26口を買うことにした。そのためには2483ドルが必要になる。彼は債券ファンドをその金額分だけ売って、IJRを26口買った。また、「30％下げたら、売りシグナルを無視」のルールに従うべきかどうかを確かめるために、SPY（S&P500ETF）が30％下げているかどうか見たが、そこまで下げてはいなかった。それで、セルマと同様に株式市場についてはもう何も考えなかった。

2001年12月

　3人のスナップシートでの1年目の終わりに、彼らの退職積立口座の残高は**表49**のとおりになった。

　ダウ平均は2001年に7％下げた。テロ攻撃に加えて、投資情報を伝えるメディアはエンロンの破綻を心配していた。2月には時価総額が600億ドルの会社だったのに、破綻後には株主に何も残らない見通しになった、と11月末のエコノミスト誌は書いている。わずか1年近く前に、エンロンの創設者、ケン・レイは「次のエネルギー庁長官」と褒めたたえられていたが、今や、「彼の革新的な企業家としての経歴は終わった」と、言われている。

　「それは興味深い話だ」と、ギャレットは思った。しかし、彼は新しく買ったセクター別ファンドのフィデリティ・セレクト空運ポートフォリオのほうが気になっていた。それは第4四半期に21％しか上昇

表49　2001年12月のギャレット、セルマ、マークの401kの残高

投資家	2001年12月31日の401kの残高（ドル）
ギャレット	10,748
セルマ	14,553
マーク	16,216

しなかった。そのファンドを買うために売ったジェイコブ・インターネットは51％上昇していた。保有を続けたほかのファンドも新しいファンドよりも良かった。ワサッチ小型株は30％、ジェイナス・グローバル・テクノロジーは31％上昇していた。彼はインターネット関連から手を引けたことで、気分は良かったものの、もう少し待ったあとで乗り換えれば良かったとも思った。

　少なくとも、航空会社の株を推奨しているアドバイザーたちはまだ強気だった。飛行機での出張に関する調査では、経済界は楽観的で、回答者の57％が半年以内に通常どおりに戻ると予想している、と国際航空運送協会は述べていた。ギャレットは思った。これは航空会社の株にとって良い話のはずだ。いつか報われると信じて、3つのファンドを手放さないでおこう、と。

　セルマの第4四半期はかなり良かった。アルチザン・インターナショナルは9％上昇して、1.06ドルの分配金を受け取った。ロングリーフ・パートナーズは13％の上昇で、分配金は0.52ドルだった。彼女は子供たちと大みそかのパーティーに出かける前に、口座の残高をちらっと見て、良さそうだと分かると、すぐにそれを忘れた。

　マークは四半期末ごとに行ういつもの手順に従い、かなりの額の売りシグナルだと分かって、満足した。そして、前四半期の多額の買いシグナルは間違っていなかった、と確信した。IJRは第4四半期に20

％上昇して、1176ドルの売りシグナルが点灯していた。彼はその指示に従った。その売却益はあとで債券ファンドに移すつもりだ。15分の簡単な計算と2回の売買注文で、その四半期にやることはすべて終わった。

2年目

3人とも2002年1月に5％昇給して、年収は5万6700ドル、月収では4725ドルになった。401kに毎月振り込まれるお金は会社の上乗せ分を含めると425ドルに増えた。この年はジョージ・W・ブッシュ大統領のテロとの戦いが最高潮に達した。年初の一般教書演説では、イラク、イラン、北朝鮮の3カ国をひとまとめに「悪の枢軸」と呼び、戦争に勝ち、祖国を守り、不況を克服するという3つの目標を掲げた。

2002年3月

ギャレットのファンドは今四半期もさえなかった。フィデリティ・セレクト空運は12％上昇したものの、ワサッチ小型株は4％下げ、ジェイナス・グローバル・テクノロジーは7％下げた。彼の四半期の総口座残高は毎月の401kへの掛け金を含めて13％の上昇で、1万2137ドルだった。だが、彼はそれをプラスととらえた。航空会社セクターは急速に回復したので、そこに焦点を合わせた自分の判断に我ながら感心した。「少し、考えついたことがある」と、彼は夕食のときに妻に話した。彼女は「空運ファンド」を利食いするつもりなのかと尋ねた。「いや、それはまだだ。もっと、上昇するかどうか見極めたいから」と、彼は言った。大切なのは勝ち組を売らないことだ、とインベスターズ・ビジネス・デイリーの記事で読んでいたのだ。空運ファンドは間違いなく勝ち組だったので、それは持ち続けたかった。

9.11から半年が過ぎて、AP通信は次のように報じた。「ダウはテロ攻撃後の最安値から28.9％上げ、ナスダックは35.6％、S&Pは21％近く上げた。一時的な上昇とその後の急落という２年間が過ぎた今、業績見通しを考えると一部の銘柄はあまりにも高すぎるのではないか、という懸念が出てきている。株をこれ以上買い進む前に、決算発表でもっと良い数字が出るか見極めたい、という投資家もいる」

だが、セルマもマークも気にしていなかった。彼らは金融関係のメディアにはほとんど注意を払わず、家族のことに集中した。セルマの口座残高は四半期で12％上げて、１万6243ドルになり、マークの口座残高は13％上げて、１万8359ドルになった。

2002年９月

「ベア、すみかの奥深くまで株を引きずり込む」というUSAトゥデーの2002年９月30日付け記事で、アダム・シェルは次のように書いた。理屈では株価が永久に下げることはない。しかし、ダウ平均が３年間下げ続けていて、ここ３カ月だけでも18％近く下げているのを見て、「株価は本当に再び上げるのかと考え始めている投資家が数多くいる」と。ダウとS&P500は四半期のパフォーマンスとしては、1987年以来で最悪だった。また、ナスダックは過去６年での最安値を付けた。

ジーバルたちはその記事に反論した。行動経済学を専門とするマーケット・セミオティックス社長のウッディ・ドーシーは、株式相場が「少なくとも下落の最終局面にある」と言い、「私たちは非常に難しい時機にいる。マスコミは弱気な記事を競って書くからだ」と言った。これに対して、弱気筋はテロやさえない企業収益や２番底不況に陥る可能性に加えて、イラク戦争と「景気を悪化させるデフレの持続」に対して懸念しているのだ、と反撃した。ストラスハイム・グローバル・アドバイザーズのドナルド・ストラスハイムは景気が上向くまで

は、「散発的で一時的な上昇しか」期待しないと言った。資金管理会社のファー・ミラー・アンド・ワシントン社長のマイケル・ファーは、「ここ２～３年は、投資家は売れば報われ、買えば痛い目に遭っている」と言う。ウェルズ・ファーゴ証券のトレーダーであるトッド・クラークは「悲観論が信じ難いほどあふれている」と付け加えた。

　ギャレットは信じられなかった。自分の部屋で調査リポートをめくって、四半期を振り返った。そして、株式市場の悪夢は果たして終わるのだろうか、と思った。

　「今は、経済や企業収益がさらに大きく落ち込むと見ている側と、経済が拡大すると見ている側の綱引きが行われているだけさ……」と、ライアン・ベック社のあるマーケットストラテジストはAP通信の記事をからかった。ギャレットはため息をついて、コンピューターから離れた。「ほかに何か選択肢があるだろうか？　何も分からないのなら沈黙する、という手もある」と、彼は自分をあざけるように言った。

　空運ファンドに焦点を合わせるという賭けは、そのファンドが年初から30％下げて、失敗に終わった。評価額は9.11のテロ攻撃後に、そのファンドに入れた総額すら下回っていた。それでも、アナリストたちは航空会社に依然として強気だった。「それらの銘柄が上げるときが来る。私たちは動くのが早すぎたが、間違ってはいなかった」と、１年前にギャレットに上げると思わせたニュースレターの編集者は書いていた。

　「動くのが早すぎたが、間違ってはいなかった？」と、ギャレットは独り言を言った。「そんなことは安全確認をしたあとに、電車の線路を歩いているやつに言ってもらいたいものだ。『すまなかった。そのときは安全ではなかったが、今後は大丈夫』だと。何てありがたい言葉だ！　こっちは、ぺちゃんこにされたんだ！　早いことが間違っているときもあるのだ」と。

　もちろん、一部のアナリストはいまだに、ふるい落とされないよう

にと言っていたが、過去2年間、「間近に迫っている」はずの回復は今でも間近に迫っていることになっていた。ギャレットは本当にうんざりしていた。同じことについて、同じメディアで同じ人々が同じコメントをしても、少しも役に立たなかった。彼の保有ファンドは下げたあとも、まだ下げ続けていた。売りたい人が売り尽くせば、奇跡的な相場回復が確実に訪れると分かっていたので、彼は売らなかった。それでも、毎月していた投資はやめることにした。401kに毎月振り込んでいるお金をためておけば、少なくとも将来、底入れしたときに株を買う資金にはできる。相場が永久に下げ続けないかぎり、今のファンドを持ち続けていて良かったと思える日が来るだろう。それは望ましい妥協案に思えた。

セルマはいつもの行動計画に従った。それは何もしないことだった。毎月425ドルの掛け金は6つのファンドに最初の配分と同じ比率で振り分け続けた。株式市場ではいろいろと大騒ぎがあったが、掛け金を含めた彼女の口座の総残高は3月末から3％も下げていなかった。それは、たいした下げではなかった。

マークはいつものように自分のシグナルに従ったが、現金が不足するかもしれないと心配になり始めていた。第1四半期末に、彼の債券ファンドの比率は口座残高の32％に達していた。30％の水準を超えて、初めてリバランスを行う必要が出てきたのだ。その機会は翌四半期に訪れた。3％シグナルの買いシグナルが点灯したので、債券ファンドの比率を20％まで下げるときがきていた。

次の第2四半期の相場は悪く、IJRは7％下げた。3％シグナルは16口、あるいは1832ドル相当を買い増すようにと指図した。マークのIJR株式ファンドの評価額はそのとき1万1712ドルで、VFIIX債券ファンドのほうは7264ドルだった。債券ファンドの残高を口座の総残高1万8976ドルで割ると、債券ファンドの比率が38％だと分かった。彼はそれをわずか20％にする必要があった。1万8976ドルに0.2を掛け

ると、保有すべき債券ファンドの金額はたったの3795ドルになる。これを7264ドルの債券ファンドの残高から引くと、IJRを買う額はシグナルが示した1832ドルではなく、3469ドルだと分かった。彼は3469ドル相当の債券ファンドを売って、株式ファンドを同じ額だけ買った。それで、第２四半期の初めは株式ファンドが１万5181ドル、債券ファンドが3795ドルになり、目標とする80対20の比率に戻った。彼はそこで通常のプランに戻り、債券ファンドの比率が再び30％に達してリバランスをする必要が出てくるまで、それに従うことになった。

　残念ながら、相場は下げ続けた。第２四半期に大きく買った直後に、３％シグナルプランは再び大きな買いシグナルを出して、第３四半期末に3925ドル相当のIJRを買うように促した。債券ファンドに401kの掛け金が振り込まれていたので、残高は5204ドルまで増えていた。そのため、買いシグナルに応じる資金はあったが、債券ファンドの比率はわずか７％に落ちた。売りシグナルで債券ファンドの残高が増えないかぎり、その後の四半期にまた大きな買いシグナルが点灯すると、さらに割安になったときに買い増すことはできない。それはどうしようもなかったが、プランには底値買い用の口座を作っておくという考えがあることを思い出した。それは債券ファンドの資金を使い果たした場合の予備の現金だ。彼はまだその口座を作ってはいなかったが、新年に再び昇給があれば作るだろう。

2002年12月

　表50はスナップシートでの２年目の終わりにおける、３人の退職積立口座の残高を示したものだ。

　2000年に６％、2001年に７％下げたダウ平均は、2002年に17％下げた。ナスダックはもっとひどく、2000年は－39％、2001年は－21％、2002年は－32％だった。「2003年はどこに投資すべきか」というビジ

表50　2002年12月のギャレット、セルマ、マークの401kの残高

投資家	2002年12月の401kの残高（ドル）
ギャレット	12,085
セルマ	17,931
マーク	19,604

ネス・ウィークの特集記事は次の文章で始まっていた。

> ウォール街は荒れ狂う川で始まり古い墓地で終わる、曲がりくねった大通りだと言う人たちがいる。それは2002年 ── 恐ろしいほどの下げ相場の3年目 ── にはぴったりの例えだ。株式市場がこれほど激しく動き、これほど多くの人々の富を奪った時期は最近では記憶にない。また、これほど多くのスキャンダルがアメリカの産業界を揺るがしたことも以前にはなかった。エンロン、ワールドコム、アデルフィア、イムクローン、グラブマン、コズロフスキー、ファストウといった言葉が腐敗と強欲を表す手短な単語として使われるようになった。高潔な女性とたたえられたマーサ・スチュアートでさえ、インサイダー取引に手を染めた。「ラスベガスとウォール街の違いを知ってるかい？　ラスベガスではお金がスッカラカンになったあとでも、ただで酒を飲めるんだ」と、ジェイ・レノが言って以来、ウォール街は深夜のトークショーでお決まりの冗談ネタになった。

ギャレットは思った。毎月の掛け金を投資し続けるのはやめる、と決めたのは正しかった、と。そう決めたあとに、フィデリティ・セレクト空運は少し上げたが、12月に再び下げ始めて、結局は2％の下落

となった。同じことはほかのファンドでも起きた。彼は買いの機会が訪れたときに必要な資金が、MMFの口座にたまっていくのが楽しみになった。彼と妻は家族と過ごすクリスマス休暇では株の話をしない、というルールを作った。その話題になると彼が不機嫌になるので、妻はうんざりしていたのだ。それで、株の話は一切なしにしてほしいと頼んだのだ。彼は喜んで賛成した。

一方、セルマは6つのファンドにすっかり満足していた。それらはずっと好調で、彼女は毎月の掛け金をそれらに分配し続けた。2年前に行った調査はすべて報われた。高格付けのファンドは予想どおりの動きをした。弱気相場が終われば、かなりの利益が期待できそうだ、と彼女は思った。

マークも満足していた。ただ、下げ相場での買いシグナルに従って債券ファンドを売っていたせいで、その残高が減っているのがちょっと心配だった。第3四半期末の債券ファンドの残高比率は7％だったが、第4四半期末には11％まで増えていた。それでも、目標水準よりも10％低いのが気になった。彼は年が明けたら用心のために、底値買い用の口座を絶対に作ろうと決めた。

3〜7年目

2003〜2007年に3人は毎年、5％ずつ昇給した。彼らは皆、お金の管理が上手なので、給料総額の4％を会社の信用組合の貯蓄口座に入れることにした。彼らはこれらの口座からちょっとした楽しみで使う小遣い用に、わずかな利息分を引き出しただけだった。そのため、その口座の残高は401kの掛け金と同じペースで増え続けた。5年間について、これらをまとめると、**表51**のようになる。

3人は皆、貯蓄を万一の場合の資金と考えていた。だが、マークは3％シグナルプランの底値買い用の口座という役割も持たせていた。

表51　2003〜2007年の給料と掛け金

年	年収（ドル）	月収（ドル）	毎月の掛け金（6％＋その半分の会社の上乗せ）（ドル）	毎月の貯蓄（4％）（ドル）
2003	59,535	4,961	447	198
2004	62,512	5,209	469	208
2005	65,637	5,470	492	219
2006	68,919	5,743	517	230
2007	72,365	6,030	543	241

　もっとも、そのことはすぐに忘れた。2003年の第2四半期を過ぎると、彼の債券ファンドの残高は掛け金とプランのシグナルのおかげで増えて、かなり高い水準を維持していたからだ。彼は相変わらず、給料の4％を貯蓄に回し続けたが、もう底値買い用の口座とは考えなくなっていた。ようやく強気相場に入り、急落のリスクはほとんどないように見えたからだ。

　とは言え、この期間は強気相場から始まったわけではなく、何もかもが不確かだった。

2003年3月

　2003年の第1四半期はイラクとの戦いの準備に費やされた。ブッシュ大統領は、ただちに武装解除をしなければ侵攻に踏み切るという、国連安全保障理事会がイラクに通告する「最後の機会」を3月17日と宣言した。だが、国連では何も決議されず、イラクのサダム・フセイン大統領は政権の放棄を拒否したので、アメリカは3月19日にバグダッドを爆撃した。その翌日に地上部隊がイラクに侵攻した。3月22日に予告されていた「衝撃と恐怖」の空爆が始まり、ついに、戦争に突

入した。ダウ平均は１月中旬から３月12日までの、戦争に先立つ不確かな時期に14％下げた。だが、戦争が今にも始まりそうになると、相場は上昇に転じた。

　ギャレットは自分が天才ではないかと思った。前のクリスマスのときには戦争の話題ばかりだったので、彼は相場サイクルから売買タイミングをとらえるニュースレターの助言に従い、フィデリティ・セレクト空運を売って、フィデリティ・セレクト防衛・航空宇宙ポートフォリオに乗り換えていた。そのファンドは防衛産業に焦点を合わせていたので、目的がはっきりしないために長引きそうな戦争で、大きく上昇する可能性が高かった。それだけでなく、信託報酬率も空運の0.94％よりも低く、0.84％だった。

　戦争の準備段階だった第１四半期には、セレクト空運が９％下げたのに、セレクト防衛のほうは８％しか下げなかった。それでも、下げたのはギャレットにとって喜ばしいことだった。彼は毎月の掛け金をまだ投資に回さずに、昨年の10月から現金のままにしていたからだ。投資を半年間、中断していた間に、現金残高は2616ドルに増えていた。毎月、掛け金を投資し続けていたら損をしていたことを思うと、とてもうれしかった。彼の投資時期の判断は正しかった。それで、自信が高まった。その判断を完璧にするために必要なのは、最適な時期に現金を投資することだけだった。そして、その瞬間が訪れたと感じた。彼が読んでいるニュースレターのほとんどが、開戦は強気相場の始まりだと書いていた。戦争が始まったときには、彼は市場で唯一の防衛関連ファンドをすでに持っていた。相場サイクルの底でポジションを増やせば、もっとうまくいくだろう。それで、彼は2003年の第１四半期末に、現金のままにしていた2616ドルの資金をすべてセレクト防衛に投資すると同時に、毎月の掛け金での買いも再開することに決めた。彼は戦争への動きを正しく読んだので、ようやく遅れを取り戻せるようになった。

モーニングスターのアナリスト、ケリー・オーボイルの「戦争の陰で輝き続けるこの類を見ない贈り物」という2003年3月18日付けのレポートを読み、ギャレットはセレクト防衛ファンドに強気になって正解だという確信を深めた。そのレポートは次の文章で始まっていた。

> フィデリティ・セレクト防衛・航空宇宙は、最近になってかなり注目されている。防衛産業だけに焦点を合わせた唯一のセクターファンドであるため、イラク戦争で利益を得そうな第一候補と見ることができる。しかし、この見方は国防費の傾向を考えるだけでも、このファンドの長期的な見通しを無視している。ファンドマネジャーのマシュー・フルハムによると、軍は老朽化した装備の入れ替えに必要な再構築のさなかにあり、ブッシュ政権の誕生後に加速している派手な購入は始まったばかりだ。戦争によって、防衛関連株は一時的に上昇するだろうが、防衛関連企業の収益に寄与するのはこの国防費の支出サイクルにある。

ギャレットがうまくお金を動かして、ニュースの傾向から利益を得たとき、一流マネジャーたちが運用するセルマのポートフォリオはどれも依然として好調だった。そのため、彼女はいつものように、増え続ける残高をちらりと見ると、何もしなかった。オーボイルの言った「戦争の陰」によって相場が変動しても、セルマのポートフォリオは掛け金を含めると、第1四半期に4％上昇していた。現在のペースで増え続けると、初めて2万ドル台に乗せるのも間近だ、と彼女は気づいて喜んだ。

マークは下げ相場で、「30％下げたら、売りシグナルを無視」のルールが適用されるのではないかと、SPY（S&P500ETF）の価格に気をつけていた。そして、2002年の第3四半期に、過去2年の四半期末の高値からついに30％下げて、そのルールを当てはめることになった。

SPYの2000年末の終値は131.19ドル（未調整）だったので、30％下の水準は91.83ドルになる。2002年9月末の終値は81.79ドルだったので、SPYはこの水準を明らかに下回っていた。それで、マークは3％シグナルで点灯した次の4回の売りシグナルを無視して、IJRを保有し続けるように促された。相場は次の2四半期も悪かったので、買いシグナルが点灯し続け、今回の買いシグナルで債券ファンドの残高比率は再び7％にまで落ちた。

　もっとも、債券ファンドの残高が少なくて悩むのも、ようやくそれが最後の四半期になった。2003年3月末にIJRを買ったときは91.48ドルだったが、その後の2年で74％上げて、158.85ドルになった。この期間は最初から売りシグナルが4回続けて点灯したため、「30％下げたら、売りシグナルを無視」のルールに従った。それで、株式ファンドと債券ファンドの残高が両方とも増えた。IJRはそこで1口を3口に分割され、その後の2年でさらに29％上げた。もちろん、彼が事前にそうなると知るすべはなかった。ニュースは相場が上昇するたびに騒ぎ立てたが、彼は気にしなかった。3％シグナルプランの素晴らしいところは、心配性の人たちにじゃまされずに済むところだ。

2004年12月

　スナップシートの4年間に、3人の退職積立口座の残高は**表52**のようになった。

　休日のパーティーで同僚たちと残高を比べるまで、ギャレットは自分のポートフォリオに自信があった。セレクト防衛はイラク戦争の長期化で大きく上げていた。ブッシュ大統領が戦争目的を、存在しない大量破壊兵器を見つけることから、民主主義を望まない国に民主制度を樹立することに変えると、防衛関係のアナリストたちは大喜びした。そんな目標はけっして達成されないからだ。果てしない戦争以上に、

表52　2004年12月時点のギャレット、セルマ、マークの401kの残高

投資家	2004年12月31日の401kの残高（ドル）
ギャレット	33,285
セルマ	37,416
マーク	44,809

　防衛産業に利益をもたらすものがあるだろうか？　ギャレットは2003年３月にこのファンドに追加投資をした。そして、2004年末までに78％上げたので、彼は報われた。彼のほかのファンドも上々だった。同じ期間に、ワサッチ小型株は61％、ジェイナス・グローバル・テクノロジーは52％上昇した。それでも、彼はセルマとマークに大きく負けていた。彼らは積立口座で特に興味深いことは何もしていないのにだ。
　彼は再び市場調査に乗り出した。すると、石油精製業者と掘削業者の株が最近、好調だという理由で、それらを勧めているエネルギー関係のニュースレターを見つけた。また、メリルリンチのアメリカ株担当チーフストラテジストであるリチャード・バーンスタインは、2005年の株価がほとんど上昇しないだろう、とビジネス・ウィーク誌で語っていた。せいぜい１％の上昇に配当分の１〜２％を足したぐらいだという。「それだけの上昇でも、荒っぽい動きになる可能性がある」と、バーンスタインは警告した。「企業収益の伸びが2004年の18％から約半分に鈍化しそうな見込みのときに、FRB（連邦準備制度理事会）は短期金利の引き上げを予定している。これはアラン・グリーンスパンFRB議長の下ではけっして終わらない偶然の一致だ。それは1990年代前半の不況や1998年の金融恐慌、ハイテクバブルの崩壊、それに前回の不況の原因のひとつになった」。バーンスタインはエネルギー産業を好んでいた。「それらの株価は上下に波を打つだろうが、長期

トレンドは上向き」だからだ。彼は精製業者と掘削業者は避けて、「エクソンモービルのように、大きくて信頼できる連中と隠れているほうがいい」と、言っていた。

　真剣に考えて、妻と夕食のときに話したあと、ギャレットは出遅れているジェイナス・グローバル・テクノロジーを売って、エクソンモービル株を買おうと決めた。毎月の掛け金はこれまでと同じように、半分をセレクト防衛ファンドに、4分の1ずつをワサッチ小型株ファンドと新しく買ったエクソンモービルに配分することにした。彼は自分の問題を、おそらく分散しすぎた点にあると考えた。そして、口座の資金の一部をひとつの個別株に集中させたので、今までよりもうまくいくだろうと考えた。バーンスタインは結局、エネルギーを「10年間で最も良いストーリー」があると言い、エクソンモービルが先頭に立つと考えているようだった。この株は2003年3月以来、ジェイナス・グローバル・テクノロジーとほぼ同じ動きをしていたうえに、四半期ごとにきちんと配当を払っていた。ギャレットは、見通しはかなり良いと思った。2004年12月末に、彼のポートフォリオは**表53**のようになった。

　セルマは一流マネジャーたちの運用するポートフォリオが、思っていたほど良くないのではないかと疑っている自分に気づいて驚いた。マークは自分とたいして変わったことはしていなかった。手数料が格安の2本のインデックスファンドしか売買していない。それらを、株の話を避ける言い訳にいつも使うシグナルに従って運用しているだけだ。ギャレットかほかの同僚がテレビで聞いたかどこかで読んだ相場予測を繰り返し始めると、マークは手でさえぎって、「僕には自分の相場観というものはないし、関心もない。シグナルに従うだけなんだ」と、決まって言う。しばらくは、自分の一流マネジャーたちの運用するポートフォリオよりも、彼のシグナルのほうが少し優れているのが印象的だった。今では少し優れているどころではない。口座の残高は

表53　2004年12月末のギャレットのポートフォリオ

投資銘柄	配分比率（％）
フィデリティ・セレクト防衛（FSDAX）	53
ワサッチ小型株（WAAEX）	29
エクソンモービル（XOM）	18

自分のファンドよりも20％も上回っていた。彼女は自分のファンドについての記事をさらに探して、どこで判断を誤ったのか確かめようとした。だが、判断を誤ったようには思えなかった。それらは、メーソン・ホーキンズやビル・グロスのような優秀なマネジャーたちがこれまで以上の結果を出す、という予想で一致していた。それで、しばらくはこれまでと同じやり方を続けようと決めた。しかし、わずかとはいえ、迷いが生じたのは初めてのことだった。

　マークはこの上なく幸せだった。彼の債券ファンドの残高比率は、その四半期に25％に増えた。彼は債券ファンドから株式ファンドに、再び資金を移す必要に迫られるのだろうかと思った。増えすぎた債券ファンドの資金を、急増している株式ファンドの残高に移すのが唯一の難問であるとき、人生は好調だった。ノイズを出して生計を立てているジーバルたちの発言に何度、耳を傾けただろうか？　ゼロだ。そして、彼は彼ら全員に勝っていた。

2005年9月

　2005年8月29日に、ハリケーン・カトリーナがルイジアナ州を襲い、この州とフロリダ州からテキサス州に至るメキシコ湾岸に大きな損害が出た。ニューオリンズの堤防は決壊して、その市の80％が冠水した。土木工事関連ではアメリカで最大級の災害なのに、陸軍工兵隊は果た

すべき役割を果たしていないとして、提訴された。1800人以上が死亡し、1000億ドル以上の損害が出て、アメリカ史上で最も高くつくハリケーンになった。

CNNマネーのクリス・イシドールは9月6日に、「猛烈なハリケーンがもたらした経済的打撃は、ガソリン価格の高騰だけではない。不動産や住宅建設、商取引、農業や家畜、ドルの購買力でさえが、今後数カ月にわたって打撃を受けそうだ」と警告し、さらに悪いことに、不況に陥る可能性もありそうだとして、次のように言った。

> アメリカ経済が大きく減速するという見通しもあって、多くの投資家やアナリストは、FRBが9月20日の会議では金利を引き上げないかもしれないと考えている。そうなれば、2004年6月に金利を変更しなかったとき以来となる。
> しかし、メキシコ湾岸地域での経済活動の低下に加えて、エネルギー価格の上昇や交通網の分断もあり、実際に不況に陥るかもしれないという懸念が増大している……。
> 「私は不況の可能性は五分五分もないと思ってはいるが、それでも不況について話すのが早すぎるとは思わない」と、BMOネスビット・バーンズのエコノミスト次長、ダグ・ポーターは言う。
> 「最近の不況はすべて、エネルギーショックのあとに始まっている。少なくとも、成長が鈍化する危険は確かにある」

ギャレットはほほ笑んだ。エネルギーショックだって？ 問題ない。彼はエクソンモービル株を持っていた。それは石油価格とともに素早く上昇した。12月末に買ってから、その株は24％上げて、1株当たり85セントの配当も受け取った。それは今や、彼のポートフォリオの21％を占めている。ほかの2つのファンドも大いに上げているのにだ。

セルマとマークも、うまくやっていた。3人の投資家のだれも401k

についてジ配すべき理由はなかった。それでも、ギャレットとセルマはマークに今のシグナルがどうなっているか尋ねた。「ほんのわずかな売りだね。でも10ドルにも満たないので、動くなと指示しているのと同じだよ」と、彼は言った。彼らは全員、そうした。

2006年12月

スナップシートで６年目の終わりに、３人の退職積立口座の残高は**表54**のようになった。

ギャレットはこの結果を知って、ショックを受けた。彼の口座残高はその年に、４万3805ドルから５万9769ドルまで36％も上昇したのに、依然として３人のなかでビリだった。セレクト防衛は11％上げて、6.61ドルという途方もない分配金を受け取り、その利回りは８％にもなった。ワサッチ小型株はわずかしか上げなかったが、配当は2.92ドルあった。エクソンモービルは36％上げて、配当は毎四半期に32セントを払ってくれた。すべてが上げたのに、何もしない同僚たちに追いついていなかった。彼らのポジションはどれほど良かったのだろう？

セルマのロングリーフ・パートナーズ・ファンドは13％上げて、配当を払った。アルチザン・インターナショナル・ファンドは15％上げた。ほかのファンドもうまく上げて、配当も払ってもらえた。マークのIJR小型株指数ファンドは14％上げて、配当を払った。債券ファンドは横ばいだったが、利回りは５％あった。これらは驚くほどのパフォーマンスではなかったが、セルマはどうにかギャレットを上回っていた。マークのファンドのパフォーマンスは平凡だったが、四半期ごとのシグナルで十分な利益を得たので、口座の残高はほかの２人よりもずっと多かった。

ギャレットがセルマを大きく上回って、あわよくばマークをも追い越せる計画を立てようとしていたときに、私たちがピーター・パーフ

表54　2006年12月のギャレット、セルマ、マークの401kの残高

投資家	2006年12月29日の401kの残高（ドル）
ギャレット	59,769
セルマ	60,458
マーク	66,957

ェクトと呼ぶ、もう１人の同僚が自分の投資自慢を始めた。その男はギャレットに話した。「ファースト・マーブルヘッドを持っているから、僕は絶好調だよ。こいつはサブプライムじゃなくて、学生ローンの証券化を利用して、一番うまみのある分野で一番おいしいところを独り占めしているんだ。この証券化ブームでは、ほとんどの人が住宅ローンに目を付けている。だけど、本当に賢いお金は学生ローンに流れている。連中は学生ローンをひとまとめにして取引可能な証券にして、それを途方もない手数料を取って売り払う。リスクはほとんどなしだ。すごいよな」

「その会社の株は上げたのか？」と、ギャレットは尋ねた。

「そうだなあ」と、ピーターは笑いながら言った。「そう言っていいんじゃないか。１年前に35ドルで買ったのが、今月初めには75ドルで、ちょうど２株を３株に分割したところだ」。彼はギャレットがその意味を理解するまで待つと、ひじでつついて、「四半期ごとに配当ももらえるんだ」と、声をひそめて付け加えた。

「それじゃあ、会社の利益は全部、消えてしまうだろうに」と、ギャレットは言った。

「どうかな。ファンダメンタルズは本当にしっかりしてるよ。PER（株価収益率）はたったの13倍で、利益率はなんと46％もあり、売り上げは760％も伸びている。銀行には２億6500万ドルも預けていて、負債

はほとんどない。それに、会社の役員たちが自社株の3分の1を持っている。分かるだろう？　株価が下げると、経営陣も困るんだよ」

「そりゃ、そうだ。それで、君はもっと買うつもりなのかい？」

「どんどん買うよ」

ファースト・マーブルヘッドのファンダメンタルズは、彼が言ったように、本当に良かった。その銘柄について見つけた調査リポートはすべて良い評価をしていた。ただし、数人のアナリストは、株価が最近の上昇で割高になっているのではないか、と心配していた。会社の業績は過去最高だった。最近も、数行が貸し出した学生ローン10億ドル分を、ファースト・マーブルヘッドの支援で複数のローンに組み直して、証券化したばかりだ。彼は最近、10Q（証券取引委員会が上場企業に提出を義務づけている四半期報告書）を読み、マーブルヘッドには貸し出しリスクがないことを知った。「顧客が提供するローンについて、直接的な所有権はない。また、当社が支援するどのような貸し出し計画においても、貸し手または保証人とはならない」からだ。その会社は、「ローンの組成から証券化までアウトソーシングのサービスを提供して、そのローン金額に応じた手数料を受け取る」ことだけから利益を得ていた。これは有望そうに思えた。大学の学費は高騰しているので、需要は保証されているのも同然だった。マーブルヘッドは貸し手と借り手の間で、最小のリスクで多大な利益を得られる最高の仲介者に見えた。

2006年12月末に、ギャレットはワサッチ小型株の半分をファースト・マーブルヘッドの株に移した。彼の保有銘柄のなかでは、ワサッチは出遅れ銘柄で、エクソンモービルが先頭に立っていた。今度の銘柄選びがうまくいっていれば、これも先導株になるだろう。マーブルヘッドの見通しはエクソンモービルよりも良く思えた。この銘柄を追加したので、401kで彼が一番になるかもしれない、とギャレットは思った。彼の新しいポートフォリオは**表55**のようになった。

表55　2006年12月末のギャレットのポートフォリオ

投資銘柄	配分比率（％）
フィデリティ・セレクト防衛（FSDAX）	54
エクソンモービル（XOM）	22
ファースト・マーブルヘッド（FMD）	12
ワサッチ小型株（WAAEX）	12

　セルマとマークは強気相場のなかで順調なポートフォリオに満足していた。また、マークはセルマをかなり上回っていることに驚いた。強気相場が長く続くと、資金の全額を迷わずに投資し続けるポートフォリオに負ける可能性がある、ということを知っていたからだ。だが、セルマはマークに負けていた。それで、全額を投資し続けてうまくいくためには、IJR小型株ファンドのようにパフォーマンスが良い銘柄に集中投資する必要があることを思い出した。セルマはまったくぶれなかったし、よく調べて最高のファンドを選んでいたが、パフォーマンスが最高ではないセクターにまで資金を分散していた。彼女の選んだプロたちは、今後の四半期に有能さを証明できるだろうか？

2007年9月

　ニュースは住宅市場の問題であふれていた。「災難に備えよ」という見出しの記事で、バロンズ紙はTCWグループのCIO（最高投資責任者）で債券ファンドマネジャーのジェフリー・ガンドラックの戦略について、次のように述べた。「彼の予想では、アメリカの住宅価格は昨年の高値から平均して年率12〜15％で下落を続けており、底を打つのは早くても2008年後半になる。そして、回復は2010年か2011年にならないと始まらない可能性があり、その間に経済は深刻な打撃を受

けるだろう、という」

　彼は住宅ローンの延滞や住宅の差し押さえがさらに増えると考えていた。「サブプライム住宅ローンは2006年と2007年前半に最高潮に達した。その時期に設定された２年の優遇金利は来年と2009年前半に期限切れになる。そうなると、毎月のローンの支払いが30％以上増えることになり、多くの住宅所有者はあきらめて債務不履行を選ぶだろうからだ」

　ギャレットはそうかもしれないと思う一方で、FRBがきっと先回りをして景気の下支え策を講じるだろうとも思った。FRBが９月18日にフェデラルファンド金利を0.5％引き下げて4.75％にしたときも、株価は急上昇した。彼は１カ月前にバロンズ紙の「逆張り派は強気になるべき」という記事を読んでいた。投資ニュースレターの批評家であるマーク・ハルバートは書いていた。７月上旬から８月上旬までに株価が７％下げたのは「確かに痛かったが、それは大きな下げ相場の始まりにはなりそうにない」。彼の考えでは、ニュースレターが平均して弱気になったときが、逆に買いに動く時期になる。なぜならば、「現在のセンチメントは長期トレンドの天井で見られる典型的な心理とは異なる、と逆張り派が考えるからだ」。彼は、投資家は次のように考えたほうがよいと言う。「平均的なマーケットタイミング戦略に関するニュースレターの編集者は、相場の転換点を読み誤ることのほうが多い。今が弱気相場であるためには、今度は間違いなくその編集者が正しい、というほうに賭ける必要がある。あなたは本当にそこに賭けたいのか？」

　ギャレットはそんな賭けはしたくなかったので、動かなかった。７月末から９月末までに、彼の口座残高は11％増えて、６万6756ドルから７万4092ドルになった。確かに、FRBのおかげも少しはあった。でも、それは筋が通っているのではないか？　FRBはいつも相場を下げる動きをする。それが長期的には相場が上昇する理由のひとつなの

だ、と彼は思っていた。0.5％の金利引き下げ後に、USAトゥデーは報じた。「ダウ平均は335.97ドル、または2.51％急騰して、1万3739.39ドルになった。前に1日で300ポイント以上、上げたのは2002年10月15日で、そのときは378ポイント上げた。火曜日の上昇率は2003年4月2日以降で最大であり、優良銘柄で構成されるこの指数は現在、7月中旬に付けた終値での最高値、1万4000.41ドルをわずか1.9％ほど下回っているだけだ」

　ギャレットのファースト・マーブルヘッドに対する賭けは失敗して、この前の12月に買ったときから31％下げていた。だが、7月からは15％も上げただけでなく、配当も3月には15セントだったのが、9月には27.5セントに増えた。この銘柄はモトレー・フール・ヒドゥン・ジェムズというニュースレターでまだ推奨されていた。モトレー・フール・CAPS・リサーチ・コミュニティで2000人の投資家のうちの1900人が、ファースト・マーブルヘッドは市場平均に勝つと予想していた。この会社は同じ月に、資産担保証券の直近の売り上げがほぼ30億ドルに達すると発表していた。すべては順調に回復に向かっていた。ギャレットは安値でこの株を買い増してもよいと思った。彼は毎月の掛け金の12.5％をそこに配分していたが、それを今後も続けようと思った。

　また、彼のほかの銘柄はファースト・マーブルヘッドの落ち込みを補って余りあった。年初からの上昇率は、セレクト防衛が18％、エクソンモービルが21％、ワサッチ小型株が9％だった。市場がファースト・マーブルヘッドの優れた営業成績を理解して、その株が生き返ると、彼のポートフォリオは絶好調になり、利益は途方もなく増えるだろう。

2007年12月

　スナップシートでの7年目の終わりに、3人の401kの残高は**表56**

のようになった。

　ギャレットとセルマの口座残高の差は縮まり、彼らとマークとの差も縮まった。セルマの一流マネジャーたちによるポートフォリオは、高い信託報酬率に見合う価値があり、アクティブ運用の実績を慎重に調べて、決めた投資計画からぶれないことが長期的に見て利益を得るカギだと証明しているように見えた。彼女はまだギャレットを上回っていて、マークを楽に追い越すのは確実だと思えた。

　ギャレットはこれまでの努力がようやく報われたので、今までの年末ほど動揺はしていなかった。彼は基本的にセルマの有名なファンドマネジャーたちと歩調をそろえていたばかりか、マークの独善的なシグナルにも近づきつつあった。しかも、それはファースト・マーブルヘッドが第4四半期に60％も下げて、危うくつぶれかけたあとの話だ。この会社が有害なサブプライムローンの貸し出しとは無関係だったことを考えると、そこで何が起きているのかよく分からなかった。この銘柄に強気の投資家は皆、市場が大事なものまで一緒に捨てていると主張し、やがて株価は上昇するのだから、安値でナンピン買いをするほうがよいと言っていた。それで、ギャレットは自分の計画を実行し続けた。いずれにしても、この株は彼のポートフォリオの3％に減っていたので、たいしてリスクは残っていなかった。たとえ、それが無価値になったとしても、それほど重要ではなかった。

　ほとんどの投資家が強気相場の終わりに感じるように、3人はその年のクリスマス休暇を素晴らしいと感じた。マークは株について考えることはめったになかった。だが、彼の周りの連中がそろって、自分のパフォーマンスはすごく良いと自慢していたので、彼らを無視するのは難しかった。ギャレットは特に騒がしくなり、マークの債券ファンドの比率がその四半期末に資金の20％に落ちているのをからかった。「それでも、まだ君に勝っているよ」と、マークは言ったが。ギャレットは「もう、たいした差じゃない」と言い返した。彼はこのときと

表56　2007年12月のギャレット、セルマ、マークの401kの残高

投資家	2007年12月31日の401kの残高（ドル）
ギャレット	70,740
セルマ	71,208
マーク	74,092

ばかりにマークに向かって言った。株式市場は上げるほうが多いと言ったのは君だろう、と。だれかがネットバブルの崩壊に触れると、「そのあとはどうなった？　強烈な強気相場だ。お金はどこかで動かすしかないんだ」と、言い返した。

　マークのシグナルはその四半期も含めて、その年の大部分で株を買うようにと指示していた。唯一の売りシグナルは第2四半期だけで、それもたいした額ではなかった。そのときから、IJRが確実に下げているのに彼は気づいた。第2四半期末から－9％下げた。それに合わせて、次の2四半期で株式ファンドを買ったために、債券ファンドの比率はポートフォリオの27％から20％に落ちた。それが第4四半期に買ったあとの比率だった。少なくとも、シグナルは債券から、だれもが話題にしたがっている資産クラスである株のほうに、もっと資金を移すようにと指示していた。しかし、何かが変だった。株がそれほど良いのなら、どうしてIJRは半年間も下げ続けたのだろうか？

　彼は株の話を家庭ですることはめったになかったが、シグナルについて考えていることを妻に話した。そして、ウォール街で大騒ぎがあっても、何の注意も払わなかったのに、7年で7万4000ドルにまで増やせたのは素晴らしかった。しかも、ほとんどの人に勝っている、ということで2人の意見は一致した。彼らは今後も3％シグナルに任せることに決めた。

ギャレットは、2007年12月末のシグナルは何なのかとマークに尋ねた。「買いだ。かなりの額で、6400ドルだ」と、マークは答えた。

　ギャレットはマークの肩をぽんとたたいた。「シグナルが先に進み続けようとしていると分かって、安心したよ。僕のニュースレターもほとんどは強気だから、君のシグナルはおそらく正しいと思う」

　「今までは、たいてい正しかった。君のニュースレターは何と言ってるの？」

　「僕たちは今後も儲かるだろうってさ。あとで印象に残った記事をいくつか、メールで送っておくよ」。ギャレットのメールは専門家たちの強気の解説であふれていた。引用を強調する自分の分析をところどころにはさみ、彼が最初から強気相場に乗っていたことを示すように、「予想どおりに」や、「それは明らかだった」「注意していた人なら、だれでも分かるように」などのつなぎ言葉が散りばめられていた。記事は次のようなものだった。

　マーケッタイマーというニュースレターの12月上旬号で著者のボブ・ブリンカーは、株式相場の最近の急落が良いニュースだと書いている。「私たちの見方では、10月に始まり11月も続いている短期的な調整は、堅調さを取り戻すための押しの役割を果たしていて、相場はS&P500の新高値に向けて動いている」。ギャレットはそれに同意していた。歴史に注意を払っている人ならだれでも分かるように、相場はけっして一直線に上げてはいかないからだ。相場には買われ過ぎを避けるために、上昇途上の一服が必要なのだ、と彼は説明していた。

　チャーティスト・ミューチュアル・ファンド・レターの12月6日号で、著者のダン・サリバンは、「相場は非常に不利なニュースをものともせずに、上向きの動きを続けている。この事実は注目に値するし、最も励みになる。歴史を指針にすれば、この強気相場はもっと続くはずだ。強気相場の天井圏では、非常に好意的なニュースが流れ、大衆は株の売買に熱中しているものだ。ところが、今の大衆は金融関係の

雑誌で非常に厳しい見通しが書かれていることを心配している。これは相場の天井ではなく、底を示唆している」。この著者はニュースレターで取り上げているポートフォリオにすべての資金を投資し続けている。

ギャレットは自分の意見を書き加えていた。「サリバンは正しい。今の一般投資家は悲観的すぎる。手仕舞う時期はだれもが強気になったときだ。2008年はまだ上げる」。サリバンは投資仲間の1人がこの点について言った「今は強気相場の最終局面の終わりではなく、最終局面の初めかもしれない」という考えが気に入っていた。

ノーロード・ファンド・アナリスト誌のスティーブン・サベージも株にすべての資金を配分し続けていた。「幅広い成長シナリオを元に下したわれわれの評価では、アメリカの大型株は控えめに見てもいまだに妥当な水準にある。今後5年間は引き続き、株のほうが債券よりもパフォーマンスが良いと考える」。ギャレットは自分の分析でも、株はまだ割高ではないと言い、「それに、割高を理由に相場が急落することはまずない」と、付け加えた。

有名なバリューライン・インベストメント・サーベイでさえも、「経済が安定していて、企業収益がたとえ控えめでも伸びるならば」、2008年の株価は上昇する可能性がある、と考えていた。このニュースレターでは、6月以降、株への配分を75％にするように勧めたまま、変えていなかった。ギャレットは、企業収益が「控えめよりもかなり良くなる」可能性が非常に高いと言い、「FRBの政策に逆らってはいけない。特に、彼らが残業をしてまで株価の上昇を維持し続けているときには」と、忠告した。

そして、2008年になった。

8～9年目

　2008年と2009年には貸し渋りが広がったため、スナップシートは資金繰りの悪化を避けるために、昇給を停止した。3人の年収は2007年の7万2365ドルのままで、401kの口座に毎月振り込まれる543ドルの掛け金と、貯蓄口座への241ドルも変わりなかった。

2008年12月

　この年の3月にはベア・スターンズが破綻した。2008年3月14日の金曜日に、この会社の株は1分当たり100万株以上というすさまじい取引のなかで、寄り付きから30分で47％下げた。暴落後にジム・クレイマーはニューヨーク誌に、「ベア・スターンズは買い」という見出しの記事を書いた。副題は、「アメリカで5番目に大きな銀行の破綻によって、相場は底を打った」だった。彼は単に、この株のことだけを指したのではなく、「株式市場全体」と「長く低迷を続けてきた住宅市場も」含めていた。このようなアドバイスに従って3月に株を買ったか、手仕舞い売りをしなかったギャレットのような人々は、年末まで苦しむことになった。例えば、セレクト防衛は3月末から12月までに、さらに36％下げた。

　いちずな投資家たちの立ち直りが遅れたのは、弱気の発言が無視されただけでなく、クレイマーのような誤った強気の発言が多かったせいでもある。アドバイスを「聞いておけばよかった」という気持ちよりも、「聞かなければよかった」という気持ちになったときのほうが、人は自信をなくすものだ。新たに投資した資金は、それほど長く減り続けた。弱気相場は長く続いただけでなく、下げ足を速めていった。

　その秋、リーマン・ブラザーズはサブプライム住宅ローンを裏付けにした資産担保証券の暴落によって破綻した。株価は吐き気を催すほ

どの急落が続いた。それらは１回限りのイベントでも、報道する価値があっただろう。しかし、現代の金融がそれほど大きなショックに耐えられるのか疑問視されたため、急落は続き、株式市場全体もそれに引きずられた。リーマンの株価は９月９日の火曜日に45％下げ、２日後にはさらに40％下げた。この会社は週末に政府から資金援助を引き出そうと画策した。それが難しいと分かると、買収先を必死に探した。どちらもうまくいかず、９月15日月曜日の早朝に、ニューヨークで破綻を宣言した。

その日には、顔が青ざめるような金融ニュースが大量に流れ、ダウ平均は504ドル下げた。ニュースはリーマン・ブラザーズの破綻だけではなかった。メリルリンチの取引先の多くがその支払い能力に不審を抱いていたため、金融システムのさらなる破綻を防ぐために、バンク・オブ・アメリカがこの会社を500億ドルで買収せざるを得なくなった。また、巨大保険会社のAIGも破綻しそうだという、耳障りなうわさもささやかれた。AIGがうわさどおりに破綻すれば、リーマンの破綻は子供が野原でつまずいた程度にしか見られないだろう。信用市場の混乱は極めて深刻だったので、翌日物金利を目標の２％近くに維持するためだけに、FRBは銀行システムに500億ドルを注入しなければならなかった。金融の歴史で、2008年の秋ほど多くの混乱が起きたことはほとんどなかった。

10月の最初の７取引日で、株式市場はさらに22％下げた。月末までには少し戻したが、11月４日の大統領選挙日から11月20日までの12取引日の間に、さらに25％下げた。よく使われる株価評価の基準はどれも役に立たなくなった。株はその会社のファンダメンタルズとは無関係に、単なるかたまりとして取引され、価格は全面的に消え失せた。ウォール街での取引は価格選びのゲームになり、多くの人は株式投資を、ギャンブルを良く見せかけただけととらえた。気晴らしのためにさいころを投げるのはかまわなくても、引退後の資金をさいころに任

表57　2008年12月のギャレット、セルマ、マークの401kの残高

投資家	2008年12月31日の401kの残高（ドル）
ギャレット	50,926
セルマ	46,556
マーク	69,993

せたがる人はほとんどいなかった。

　スナップシートでの8年目の終わりには、3人の401kの残高は前年よりも大幅に減り、**表57**のようになった。

　これまでで最大の買いシグナルに応じたあと、マークの口座残高は6万9993ドルになった。彼はこのことで妻と注意深く検討をしていた。買いシグナルに応じる前には、株式ファンドの残高は5万9117ドルにまで減っていた。株式ファンドを買い増そうと決める前に直面した問題は、シグナルの判断に従うために貯蓄口座からお金を引き出して、底なしの下落相場にそのお金をさらにつぎ込む意味があるのかだった。

　プランでは2008年の毎四半期に買いシグナルが点灯した。2007年の第4四半期に65.02ドルだったIJRが2008年の第4四半期には43.97ドルになり、32％下げたからだ。

　マークの債券ファンドの残高は、2008年第3四半期末に7293ドルだったが、2008年第4四半期末には9492ドルに増えていた。四半期ごとに振り込まれる401kの掛け金1629ドルに加えて、バンガードGNMAファンド（VFIIX）の価格が3％上昇した。そのうえ、その債券ファンドの毎月の配当を合計すると、その四半期に12.6セント入ったからだ。しかし、その四半期末の買いシグナルに応じるためには2万0368ドルの資金が必要だった。それは債券ファンドの残高9492ドルよりも1万0876ドルも多かった。彼は2003年1月から、毎月の収入の4％を

表58　2007年第４四半期～2008年第４四半期の暴落時の、マークの３％シグナルプラン

四半期	IJRの価格（ドル）	シグナル	必要資金（ドル）	債券残高（ドル）	債券残高の比率（％）
Q407	65.02	97.74口の買い	6,355	14,932	20
Q108	59.93	120.48口の買い	7,220	9,672	14
Q208	60.17	40.21口の買い	2,419	8,967	12
Q308	59.51	58.03口の買い	3,453	7,293	10
Q408	43.97	463.22口の買い	20,368	-10,876	0

スナップシートの信用組合の貯蓄口座に入れていた。それを底値買い用の資金として使うべきかどうか、という判断を迫られたのは今回が初めてだった。その残高は12月に１万6044ドルあったので、３％シグナルの不足を補うのには十分だった。だが、それは正しい判断なのだろうか？　それがマークと妻が話し合ったことだ。そして、彼らはそうする価値があると判断した。

　一方、ギャレットは頭がくらくらした。どうして１年間、売らずにじっとしていたのだろうと後悔した。彼は割安になったところで買え、という強気の解説を読み直してみた。それで、我慢し続けた理由の一部が説明できた。さらに、途中で一時的な上昇があった。例えばセレクト防衛は夏に８％上昇したし、エクソンモービルは11月に８％上昇した。ファースト・マーブルヘッドに至っては、８月に64％も上昇した。64％だ！　残念ながら、それらは支配的な下降トレンドにおける一時的な戻しでしかなかった。その年に、ファースト・マーブルヘッドは92％下げ、セレクト防衛は44％、ワサッチ小型株は42％、エクソンモービルは15％下げた。マーブルヘッドはこの年に配当を１セントも払わなかった。エクソンモービルだけが四半期ごとの配当を、35セントから40セントに増やした。ワサッチは１年前に4.59ドルだった配当を、

401kに税引き後のお金を振り込む

　401kの口座の掛け金は、ほとんどが税引き前に振り込まれる。つまり、所得税は給料から掛け金分を差し引いたあとの金額に対して課されている。この税引き前の掛け金には１年当たりの上限が設けられている。マークと妻が３％シグナルで底値買い用の口座を使うべきかどうか話し合った2009年には、50歳に満たない人の上限は１万6500ドルだった。

　だが、彼らの底値買い用の口座は、税引き前のお金ではなかった。それはマークの手取りの一部を預金口座に入れていたものだから、税引き後のお金だった。彼はすでにそのお金に対する所得税を払っていた。401kの口座に税引き後の掛け金を振り込む場合、税引き前の掛け金よりも制限が緩い。2009年には、50歳に満たない従業員が401kに振り込める最大額は、税引き前の給料の100％か４万9000ドルのうちで、どちらか少ないほうだった。底値買いの資金を追加しても、マークがこの制限に引っ掛かる恐れはまったくなかった。

2008年12月には5.8セントに減らした。セレクト防衛は１年前の3.35ドルから40セントに減らした。

　セルマのパフォーマンスはもっと悪かった。ロングリーフ・パートナーズは53％下げた。フィデリティ・グロース・アンド・インカムは52％、アルチザン・インターナショナルとＴ・ロウ・プライス・インターナショナルは50％、オッペンハイマー・ストラテジック・インカムは21％下げた。ピムコ・トータル・リターンだけは混乱を巧みに避けて、５％しか下げなかった。

ギャレットにとって、決定的な打撃となったのは、ロバート・J・サミュエルソンが12月8日にワシントン・ポストに書いた記事のようなことだった。「FRBは金融緩和に向けて必死に努力しているが、彼らの望みとは裏腹に、金融は不況のさなかに引き締めに向かっているように見える。公共政策は民間の行動で効果を失っている。貸し手は損失をひどく恐れた。9月にリーマン・ブラザーズが突然、破綻すると、自分たちが何も知らない恐れがあることが分かり、彼らの不安はいっそう高まった……。貸し渋りと消費者の悲観が相まって消費が落ち込み、失業率が上昇すると、さらに企業の倒産が増える危険がある」。ギャレットが株を持ち続けた理由のひとつは、FRBが株価を維持してくれるだろうと信じていたからだった。中央銀行が無力に見える今では、彼はもはやそれを信じることができなかった。フェデラルファンド金利を2007年9月以降の5.25％から1％へと大幅に切り下げても効果がないのなら、何をやればよいのだろう？

 ギャレットは、適切な買いの機会が訪れたときに素早く動くことが重要だ、という記事を読んだ。非常に思い悩んだあげく、2008年12月末に、401kの口座のすべてのポジションを手仕舞った。「すべてを現金化して、出直すことにした」と、妻に話した。彼女はそのころには、株式相場の話にうんざりしていた。2002年の秋に現金化をして、出直したときにはうまくいった。おそらく今回も、うまくいくだろう、とギャレットは考えた。

 セルマも、もはや耐えられなかった。失望しなかったファンドは、伝説的な人物で、今の彼女にとっては英雄であるビル・グロスが運用するピムコ・トータル・リターンだけだった。全世界が一斉に逃げ出したときに、彼はファンドの損失を年間でわずか5％に抑えて、2008年には毎月の配当を12カ月の合計で、1口当たり1ドル払った。さらに驚きなのは、配当が1月の4.1セントから12月の53.9セントへと、増えていることだった。セルマはネットバブルが崩壊したあとのつらい

時期を覚えていた。今回は1年目で、そのときよりもはるかに厳しく、口座の3分の1をすでに失っていた。おそらく、今回の下落相場はもっと長く続くだろう。口座からさらに3分の1の資金がサブプライムローンとともに消えていくのを、黙って見ていることはできなかった。2008年12月末に、彼女は全残高をピムコ・トータル・リターンに移して、安全が確認されるまでそこに隠れることにした。そして、状況が良くなれば、おそらく信託報酬があまりかからない株式ファンドを選んで買うだろう。

　彼女には、その時間はたっぷりありそうだった。MSNマネーのビル・フレッケンシュタインは今回の不況を、FRBが簡単に解決できないたぐいの不況だと言った。ポール・クルーグマンはニューヨーク・タイムズに、「数年前の好景気——企業の利益は極めて好調でも、賃金はそれほど上昇しなかった——は、株式市場の巨大なバブルに代わって現れた住宅市場の巨大なバブルに支えられていた。そして、住宅バブルの崩壊後に景気は回復していないため、危機前に景気を維持していた消費も戻っていない」と書いた。ホールマン・ジェンキンズはウォール・ストリート・ジャーナルで、銀行と自動車メーカーに対する緊急援助が増えたせいで、「ねじれて、首尾一貫しなくなった」政策を嘆き、「まずい政策の悪循環はおそらく、今後も長く続くだろう……。要するに、平均以下の景気が続き、失われた10年が生じる可能性が高いが、それは政治の責任だ」と予測した。

　こうした敗北感と絶望感が広がるなかで、マークと妻は3％シグナルプランで最大の買いシグナルに従うべきかどうかを話し合った。景気後退が続いてスナップシートがリストラに踏み切ったら、どうするのか？　マークが失業すれば、家族は信用組合に貯蓄している1万6044ドルが頼みの綱になるかもしれない。「僕たちには、ほかにも多少の貯金がある。それに2人とも、車のローンは残っていない。職場で悪い話も聞いたことがない」と、マークは言った。

「それで、あなたは貯金を使ったほうがいいと思ってるのね」と、妻は言った。

「そうだ。こんなときこそ、プランがうまくいくんだ。こんなことは、そんなに起きるものじゃない。今、買うのは怖いけど、だからこそ自信を持って動くために、シグナルに従うんだ。僕らはシグナルに従って行動することに決めたはずだ。今度はその指示に従うために、底値買い用の資金が必要になる。それはおそらく、非常に重要な買いシグナルという意味だろう。ここでIJRに1万1000ドルをつぎ込めば、2年で1万5000ドルになるかもしれない」

「6000ドルになったうえに、あなたが失業しているかもよ」

「6000ドルにね」と、彼は繰り返した。「分かってる。何が起きてもおかしくない。でも、今までのところ、シグナルは基本的に正しい方向に導いてくれたと思うよ。それに、シグナルは株式市場の歴史で検証されているしね。今度も、おそらく正しいと思う」

彼らは2〜3分間、黙って座っていた。それから、妻が深く息を吸い込んで夫の手を握り締めると、言った。「分かった。買いましょう」。マークは1万0876ドルを401kの口座に移して、プランがこれまでに出した最大の買いシグナルに完全に応じた。彼は吐き気を抑えきれなかった。

2009年3月

相場は下げ続けた。IJRがさらに17％下げたので、マークと妻の1万1000ドルは9000ドルになった。彼らの口座残高は5万9753ドルに減って、2番目に大きな買いシグナルが点灯した。今回の1万3154ドルの買いの指示は、バンガードGNMAにわずかに残る1826ドルをはるかに超える額だった。彼らは買いシグナルにできるだけ応じるために、預金口座の5891ドルを使うこともできた。だが、さすがに2人とも、

もうたくさんだと思った。マークはバンガードGNMAの1826ドルだけを使った。それだけでも、さらに株を買うのは愚かな気がした。
　彼は12月に忘れないようにと書いたメモを見て、笑いがこみ上げた。それは、次の４回の売りシグナルを無視しろ、というメモだった。四半期ごとの終値で見て、SPY（S&P500ETF）が天井を付けたのは2007年の第３四半期で、152.58ドルだった。それで、プランの「30％下げたら、売りシグナルを無視」のルールを当てはめる水準は106.81ドルになった。2008年第４四半期の終値で、SPYは90.24ドルを付けて、この水準を下回ったので、次の４回の売りシグナルを飛ばして、「じっと動かない」態勢に入ることになった。そのときのマークにとって、それはとても風変わりに思えた。売りシグナルが点灯するためには、株式相場の上昇が必要だ。最後に彼が上昇するのを見たのはいつのことだっただろう？　買う資金すらない現状では、売りシグナルどころか、シグナルはどれも無視するしかないのだ。
　すべてを現金化していたギャレットの口座は、毎月振り込まれる掛け金だけで、５万0926ドルから12月末には５万2555ドルに増えていた。株が暴落している間に、何かプラスになっているものを見ると、ほっとした。セレクト防衛で、その四半期に17％の損失を被らなかったのはだれだろうか？　ギャレットだ。彼は３カ月、苦痛を味わわずに済んだ！　彼は自分のプランがうまくいっていると受け取った。そして、あとで割安なところで買えるだろう、と思った。
　セルマは、もっと気分が良かった。ピムコのビル・グロスはある種の天才だった。彼女は12月末に口座残高の４万6556ドルをすべて、ピムコ・トータル・リターンに移していた。彼女の毎月の掛け金とファンドの安定した価格、それに毎月の配当が３回分で１口当たり合計15.3セントあったおかげで、口座残高は４万8861ドルに増えた。逆に、彼女が売っていたファンドはすべて、第１四半期に無残にも下げ続けた。フィデリティ・グロース・アンド・インカムは－12％、アルチザ

ン・インターナショナルは−10％、T・ロウ・プライス・インターナショナルは−9％、オッペンハイマー・ストラテジック・インカムは−6％、ロングリーフ・パートナーズは−2％だった。「厄介払いができて良かった」と、彼女は思った。ピムコはリターンが良くて心配いらずで、順調だった。彼女は株を買い直そうかとすら考え始めていた。そんな自分に気づいて、不快な気分になった。

　ジョン・プレンダーは2009年3月2日付けのフィナンシャル・タイムズで、そうした気分に陥る理由を書いていた。それは次の文章で始まっていた。「株式市場はどこを見渡しても下げ続けていて、株は世界的に見て、1997〜1998年に起きたアジア経済危機から2007年の信用危機が始まるまでの上昇分を、すべて消してしまったに等しい」。彼は続けて、こう書いている。

> こうした惨めさが伝えるメッセージは、信用バブルのリスクを早くから指摘していたハーチ・キャピタル・マネジメントのファンド・マネジャー、マイケル・ルウィットの次の言葉で要約できる。「機関投資家が用いたか、彼らのコンサルタントまたはファンド・オブ・ファンズによってアドバイスされた事実上、すべての戦略は完全な失敗だった……」

信用バブルのときには、ほぼすべての資産カテゴリーでレバレッジが使われているため、分散化がうまく機能しない。そして、バブルがはじけると、資産カテゴリーにかかわらず、レバレッジが解消される影響を受ける。同様に重要なことだが、ファンドマネジャーたちは顧客を失うリスクを減らすために、一団となって動きやすい。受益者の利益よりも営業リスクを最小限にすることのほうが優先されるのだ。

　3月5日付けのフォーブス誌の記事「米国金融システムは事実上、

破綻」で、ノリエル・ルービニは「現在のつらいU字型の世界的不況よりももっと悪い、L字型の世界的不況に陥る危険性」について書き、その理由は明らかだと述べた。

> 世界は、少なくとも大恐慌以降では前例のない規模とスピードで、同時不況に見舞われている。GDP（国内総生産）や個人所得、消費、工業生産、雇用、輸出、輸入、住宅投資、それにもっと不吉な資本支出が世界で急激に落ち込んでいる……。株価は天井から50％以上も下落し、住宅価格は25％下落していて、さらに20％は下げる見込みだ。そのため、家庭の純資産は大きな痛手を被っている。

株価はまだ上昇してもいないのに、彼は株価が上昇してもそれはダマシにすぎないと先回りをして言った。「もちろん、2009年の弱気相場で一時的な上昇がもう一度、特に第2四半期か第3四半期に起きる可能性は捨てきれない。上昇を主導するのはおそらく、アメリカと中国による景気刺激策で、それによって経済成長や経済活動が再び一時的に改善するだろう。しかし、夏の終わりごろに減税効果が薄れ、着工済みのインフラ整備が終われば、第4四半期にはこの景気刺激策も効果を失うだろう」

これが2009年3月の雰囲気だった。相場が下げただけでなく、長期にわたって下げ続けていた。たとえ、回復しても一時的にすぎず、再び下げに転じた。何をするにしろ、株には手を出すな、というのが世間の常識だった。確かに、ギャレットは株を買おうとはしなかったし、セルマもその点は同じだった。マークも買わなければ良かったと思っていた。だが、次の四半期末までは、どんな話も無視しようと心がけた。ダマシの上昇が本当に起きるなら、彼はだまされやすいお人よしの1人になるに違いない。

2009年12月

いつの間にか、奇妙なことが起きていた。株価が上昇していたのだ。しかも、大幅にだ。それはギャレットやジーバルたちやピーター・パーフェクトの化身たちがすぐさま指摘したように、ダマシの上昇に違いなかった。株を買ったか、持ち続けている人は、だれもが単なる運で偶然に利益を得たにすぎなかった。だれの目にも、それは明らかだった。彼らは次の急落前に火遊びをしているだけだった。ルービニなどの人々はこの自律反発の動きを予見して、抜け目のない投資家のために前もって名前を付けていたのではなかったか？

彼らは確かに、そうしていた。だからこそ、マークは3％シグナルの「30％下げたら、売りシグナルを無視」のルールに従うのがひどくつらかったのだ。マークがこのプランを利用し始めてから最も大きな2つの買いシグナルが、2008年第4四半期と2009年第1四半期に点灯した。そして、それに続く2009年の第2四半期と第3四半期には、最も大きな2つの売りシグナルが点灯した。それらはファンドが第2四半期に22％上げたあとの2009年6月末に、IJRを1万0595ドル分売るように指図して、第3四半期に18％上げたあとの2009年9月末には、9985ドル分を売るようにと指図した。彼は妻に、「ダマシの上昇って、楽しいなあ！」と、冗談を言った。2人はジーバルたちが警告していたように、本当に急落が起きる場合に備えて、売りシグナルに従って一部を利食いすべきかどうか、考え込んだ。しかし、今になって3％シグナルについて判断をし始めるのでは遅すぎる、という結論に至った。

ギャレットはマークに、すべてを株につぎ込むとは愚かだと言い、「しかも、小型株にとはねえ」と、付け加えた。

6月に、ギャレットはマークに言った。有名な空売り筋のダグ・カスは3月に弱気から強気に見方を変えて、その月から40％上昇した相

場の始まりをほぼ完全に言い当てた。その彼が突然、今後は相場に落ち込みがあると見ていた。カスは投資家たちがあまりにも楽観的だと考えていた。「3月には先行きを愚かなほど恐れていた同じコメンテーターが、永遠の強気筋に戻っている」と、カスはその月のバロンズ紙の記事で述べている。彼はその記事で今後の相場を、急落後に急騰してその後に長く横ばいが続く、「平方根の記号の形をした上昇」になりそうだとも、示唆していた。その記事は、次の文章で締めくくられていた。「株価が上げているときには、ほとんどの人が株を買うもっともらしい理由をでっち上げる、とカスは言う。今では、彼は3月の安値に先だって買っていたように、大衆と正反対の方向を見ている」

マークは株の話で珍しく感情をあらわにして、ギャレットに反論した。「そうかい。ほかに、3月に株を買うようにと言ったのはだれだ？

3％シグナルを見たあとに、僕が言ったんだよ。ただ、シグナルにずっと従うだけのお金がなかっただけさ。だけど、僕は12月には買った。そして、3月には口座の残高で買えるだけの分を買った。そうしておいて、良かったよ。プランはじっと動くなと指図しているので、今は売らないでじっとしているんだ」

9月になっても、ギャレットはまだ現金のままで、セルマも資金のすべてをピムコ・トータル・リターンに入れたままだった。マークはプランに忠実に、2番目に大きな売りシグナルを無視した。それで、彼は4四半期続けて、これまでに見たなかで最大の相場の動き —— 2回の急落と2回の上昇 —— を経験した。

「君は本当に、小型株ファンドに投資したままにしておくのかい？本当に？」とギャレットは尋ねた。彼はデビッド・キャラウェイがマーケットウオッチに書いた、2009年9月17日付けの「1万ドルに迫るダウで、広がる不安」という記事のリンクをメールでマークに送った。それは、次のように伝えていた。「3月には、6カ月続けて相場が下落したあとに、株価が上昇したので一息ついた。4月と5月にも

上昇したときにはとまどいがあった。6月、7月、8月には市場が活気づいた。下落分の50%を取り戻したからだ。9月は株価が下げやすい時期なので、今は不安が広がっている」。彼は、「調整は避けられない」と考えていて、企業収益の悪化や、議会でのヘルスケアと金融規制の行き詰まり、銀行の破綻、10%近い失業率について心配していた。調整がついに始まると、「株価は大きく下げるだろう。現在の相場を支えているプラスの勢いのすべてが、突然に裸の王様のような恥ずかしい気持ちに取って代わり、売り急ぐ動きがその後に続くだろう」と、彼は予測していた。

マークはギャレットに返事を書いた。「調整が起きたら、僕のシグナルは買いを指示するだろう……。僕はそれに従うつもりだ」。だが、第4四半期にそんなことは起きなかった。IJRはさらに5％上げて、プランでは続けて3回目の売りシグナルが点灯した。それはたったの515ドルにすぎなかったが、売りシグナルであることに変わりはない。そして、マークは「売りシグナルを無視」の局面で行うことになっているとおりに、それを無視した。それで、無視する回数はあと1回になった。

ギャレットは現金のままで、セルマはピムコ・トータル・リターンに入れていた。マークは94％をIJRに配分していたので、債券の比率はわずか6％だった。スナップシートでの9年目における、3人の401kの口座残高は**表59**のようだった。

ブルームバーグ・ニュースのコラムニストであるキャロライン・ボームは、2009年に最も使われすぎた言葉に、「新たな標準」を選んだ。セルマのお気に入りの資産運用会社ピムコのビル・グロスが、成長の鈍化、規制の強化、グローバル経済におけるアメリカの役割の縮小という「新たな標準」を予測した5月に、再びその言葉が使われ始めた。その後は、だれもがすべてを新たな標準と呼び始めた。ボームは「濫用によって、新たな標準という言葉は無意味になった」と考えた。

表59　2009年12月のギャレット、セルマ、マークの401kの残高

投資家	2009年12月31日の401kの残高（ドル）
ギャレット	57,442
セルマ	59,755
マーク	95,470

　おそらく、そうだろう。しかし、何か悪いことがさらに永久に悪化したという考えが人々の間に広まった。IGEG（インスティチュート・フォー・グローバル・エコノミック・グロース）のリチャード・ラーン会長は年末に、「株式市場の長期的な見通しは良くない。過去100年の間、政府の規模と、株式市場の上昇か下落には逆の関係があった」と、ワシントン・タイムズに書いた。GDPに占める政府支出の割合は18カ月で21％から28％に増えたため、ラーンは悲観的だった。

10〜13年目

　スナップシートは2008年と2009年に昇給を止めていたが、2010年に再開した。もっとも、徐々にだ。2010年はわずか2％で、その後の3年間は年3％の昇給だった。当時はそれが全国の平均的な数字だった。次の表は収入のこの緩やかな上昇で、3人の貯蓄がどう変わったかを示している。

2010年6月

　「売りシグナルを無視」の最後である4回目の売りシグナルは、第1四半期に点灯した。それを無視したあと、2010年6月に債券ファン

表60　2010～2013年の給料と掛け金

年収（ドル）	月収（ドル）	毎月の掛け金（6%＋その半分の会社の上乗せ）（ドル）	毎月の貯蓄（4%）（ドル）	第4四半期（ドル）
2010	73,812	6,151	554	246
2011	76,027	6,336	570	253
2012	78,307	6,526	587	261
2013	80,657	6,721	605	269

ドの残高を超える買いシグナルに再び直面した。3％シグナルは1万2479ドル相当のIJRを買うようにと指示したが、バンガードGNMAの残高は9495ドルしかなかった。彼は底値買い用の口座で、2984ドルの不足を埋め合わせるべきだろうか？

いくつかの理由で、この決断は前回よりもずっと楽だった。まず、彼が債券ファンドに十分な資金がなかったのは、明らかに売りシグナルを4回続けて無視したことだけが理由だった。4回のうちの3回は良い判断だった。株式市場は上昇を続け、彼が投資し続けていた株式ファンドの価値は一段と高まったからだ。IJRが上げているときに売っていたら、今度の買いシグナルに応じる資金は債券ファンドに十分残っていたはずだ。第2に、貯蓄口座は2010年6月まで補充されていたので、残高は9536ドルに増えていた。貯蓄口座と退職積立口座の残高が増えているのを確かめると、豊かになった気がして大胆になれた。相場が数四半期下げて、だれもが損をしていた底値の時期よりも、数四半期上げたあとに下げたときのほうが、株に進んでお金を投資しようという気になれた。それに、底値買い用の口座を使うことはしばらくないだろうとも考えた。「売りシグナルを無視」の期間は終わったので、株価が上げたときに売れば、債券ファンドの残高は再び増えるはずだ。妻も同意したので、彼は買いシグナルに応じて、貯蓄口座か

ら2984ドルを使った。
　ギャレットは資金を現金のままにしていて、セルマもピムコ・トータル・リターンにすべての資金を入れたままだった。2人ともそれで満足だった。株式相場が反発しても、下降トレンドが続いているというのが一般的な見方だったからだ。その四半期にS&P500が12％下げたことで、弱気筋は「ほら、話したとおりだろ」と得意げに言った。
　グラスキン・シェフのチーフエコノミストであるデビッド・ローゼンバーグは、「最悪の事態が終わらない理由」と題する2010年6月11日付けフォーチュン誌の記事のなかで、「株式市場はまだ長期下落相場の60％までしか進んでおらず、上昇は一時的なものであり、続かない」と語った。それで、要するに彼のアドバイスは何だろうか？　「極めて防御的でいることだ。私は資金の30％を株に、50％を債券に配分して、20％は現金で持つ」と、彼は言う。一方で、彼は金が「上昇トレンドにある」と考えていた。FRBのバランスシートは2007年半ばの8500億ドルからその夏には2兆3000億ドルにまで膨れ上がり、金は1オンス当たり約1200ドルまで上昇した。そうしたインフレ環境下では、1オンス3000ドルに達する、と彼は予想していた。ギャレットは、この考えを書き留めた。

2010年12月

　スナップシートで10年目の末には、3人の401kの残高に大きな差がついたのを示したのが**表61**である。
　ギャレットはあらゆるところで弱気の解説を目にしていたが、3人の間にこれだけの差が生じたことは理解した。ジーバルたちは、インフレを招くFRBのドル安政策やユーロ圏の崩壊、日本の途方もない国の借金、アメリカの景気回復の鈍さによる驚くほど低い就業率を警告していた。また、株価の上昇がファンダメンタルズの改善によるも

表61　2010年12月のギャレット、セルマ、マークの401kの残高

投資家	2010年12月31日の401kの残高（ドル）
ギャレット	64,090
セルマ	71,622
マーク	131,574

のではなく、ベン・バーナンキFRB議長が金融緩和策を続けているためだということを、何よりも警告していた。人々はこれが分からないのだろうか？　これはダマシの上昇なのだ。FRBは市中に大量に現金を供給して、ひどい結末を迎えるバブルをまた生み出している。ギャレットは上げるものは下げることがあると、痛い目に遭いながら学んだ。そして、この２年は状況にこれといった改善も見られないのに、株価の上昇は少し速すぎた。

　ギャレットが年間利用料999.95ドルのリアルマネープロで、無料トライアルを試していたら、ダグ・カスが再びスクリーンに現れた。2010年12月15日の「カス、私をもっと弱気にしてくれ」という記事で、株は「買われ過ぎで、好かれすぎ」だと警告し、「早急な金利引き上げ」を注意すべきいくつかの理由のひとつに挙げた。彼は、「この国の指導者は安易な方法に頼ってきた。さらにこの先も、膨れ上がる財政赤字に対して、何ら意味のある対策を打たないつもりだ。血眼になって国債を監視している連中は、政府のこの無気力さに気づき、より高い金利を代償として支払うように要求している」と嘆いた。彼は結論として、「私は今の時期にリスクをとりすぎるのが賢明な策だとは思わない」と言い、「私をもっと弱気にしてくれ」と、記事の見出しを繰り返した。

　だが、ギャレットは何かをしなければならなかった。彼はセルマが

すべての資金を債券で運用して、極めて好調だったと聞き、何か自分のエッジ（優位性）を見つけるまで、しばらく彼女のまねをしてみようかと思った。相場が急落する直前に株を高値づかみする、愚かな個人投資家の１人にはなりたくなかったが、金利が付かない現金のまま放っておくこともできなかった。
　彼が読んでいるニュースレターによると、債券の問題点は投資に最もふさわしい時期が終わったらしいところだ。投資家が安全な資産を求めたので、債券価格は大きく上昇した。しかも、ヨーロッパの危機が深まり、FRBがQE2という量的緩和策を再開して6000億ドル相当の長期国債を買ったのに、どういうわけか、その秋に金利は低下しなかった。債券ウオッチャーたちは、債券がそれだけ買われたにもかかわらず、金利が低下しないことを市場の大転換と呼び、債券価格は天井を打ったようだと言う者もいた。ギャレットは債券に資金をすべて投じるのは賢明な選択ではないと考えた。それで、債券ファンドに資金の半分だけを入れることに決めた。
　彼は主任マネジャーのジェフリー・ガンドラックと共同マネジャーのフィリップ・バラクが運用するダブルライン・トータル・リターンに決めた。彼らはピムコのビル・グロスに匹敵する数少ない債券ファンドマネジャーの２人だった。彼らは1993年から2009年までTCWでファンドを運用していたとき、不動産担保証券の投資で成功した。サブプライム問題が起きた時期であることを考えると、成功するためにはかなりのスキルが必要だった。2007年９月にガンドラックは、住宅ローンが払えずに住宅を差し押さえられるケースがさらに増えると予測していた。ギャレットはそのことを覚えていた。本当に、彼は正しかった。2009年にTCWを辞めると、ガンドラックは2010年４月にダブルライン・トータル・リターンを立ち上げて、運用を始めた。それは18カ月ですでに16％上げている。共同で運用を行っているマネジャーたちは資金の半分を政府保証の長期モーゲージ債で、残り半分を政

府保証のないモーゲージ債で運用した。こちらには、信用力が低いサブプライム・モーゲージ債や信用力が中程度のオルトＡモーゲージ債で額面を大きく割り込んでいるものも含まれた。このファンドは金利上昇の影響をあまり受けないことになっていて、アナリストの推計によると、１％の金利上昇でファンドの価格はほんの３％ほど押し下げられるだけだという。ガンドラックとバラクという、債券市場で実績のある２人のマネジャーに資金の半分を託すのは賢明なことだ、とギャレットには思えた。これで、カスたちが高値で危険だと見ていた株にあまり資金をさらすことなく、市場に戻ることができる。

　彼は口座の資金の４分の１で、ついに金を買うことにした。最もインフレに強く、偉大な経済学者のジョン・メイナード・ケインズが「野蛮な名残」と呼んだ金に、夏から目を付け始めていた。金と銀についての記事をオンラインで読み、シェーン・マックガイアという著者の新刊『ハードマネー（Hard Money）』を買った。彼は世界最大級の年金基金、テキサス州教職員退職年金基金のグローバルリサーチ主任であり、運用資金５億ドルのGBIゴールドファンドのマネジャーである。

　マックガイアは金を、「政府を空売りする最高の方法」だと言い、「政府が負ける――つまり、インフレが突然に高進する――ほうに賭ければ、財政赤字が急増している現在では勝てる可能性が非常に高い」と主張した。金融当局が大量に紙幣を印刷するのを市民が警戒するようになると、インフレや超インフレでさえもが突然起きる可能性がある。マーケットが国債をこれ以上買いたがらなくなると、急増する国債を金融当局は買い取る――金融用語では「マネタイズする」――しかなくなる。「金はその性質上、依然として希少であり、紙幣の供給が増えると価値が上がる。そのため、金は苦境に陥った政府が財政支出の必要に合わせて意のままに供給を増やせない、唯一の信用できる通貨である」と、彼は主張した。ギャレットは、金が自分の口座に

表62 2010年12月末のギャレットのポートフォリオ

投資銘柄	配分比率（%）
現金	25
ダブルライン・トータル・リターン（DLTNX）	50
SPDRゴールド・シェアーズ（GLD）	25

対するカンフル剤になるかもしれないと思った。マックガイアによると、「過去10年で株は24％下げたが、金は280％も上げた。金にかなりの投資をしていたファンドは、どれもかなりの恩恵を受けていただろう。2002～2007年に株式相場が上昇していた時期でさえも、金は株に勝っていた」。これは非常に説得力があった。金属相場は2009年3月に底値を打つと、その後は上げ続けていたからだ。「現在の財政状態からすると、世界最大級の投資ファンドは金の高騰をもたらす方向に戦略を変えてくるに違いない」と、マックガイアは書いた。

　真剣に考えたあと、ギャレットは失われた時間を取り戻すには大胆になる必要があるという結論に達した。債券に配分した資金は十分に安全なので、金のETFで最も流動性が大きいSPDRゴールド・シェアーズを使って、資金の4分の1を金に投資することに決めた。それで、2010年12月末の彼のポートフォリオは、現金だけから**表62**のように変わった。

　セルマも行動を起こす用意ができた。教会で会ったファイナンシャルプランナーに説得されて、口座の資金の一部をピムコ・トータル・リターンから株に移すことにした。「あなたの年齢で、すべての資金を債券に入れておくわけにはいかない」と、プランナーは言った。セルマは株よりも債券のほうが、ずっと役に立ったし、最近の2回の暴落のようなことは絶対に経験したくないと答えた。プランナーはそ

表63　2010年12月末のセルマのポートフォリオ

投資銘柄	配分比率（％）
アルチザン・インターナショナル（ARFIX）	25
ロングリーフ・パートナーズ（LLPFX）	25
ピムコ・トータル・リターン（PTTDX）	50

んな暴落はめったに起きないと言ったが、セルマは、「そんな暴落はこの10年どころか、これまで一度もなかったわ」と言った。それでも、彼女はしぶしぶ口座資金の半分を再び株に投資することに同意した。今度は株式ファンドをアルチザン・インターナショナルとロングリーフ・パートナーズに均等に配分した。アルチザンは2010年にひどい運用成績だったが、アナリストは割安のヨーロッパ株に資金を配分したせいだと言い、それらのほとんどは短期的にはパフォーマンスが悪かったが、あとで報われると考えていた。ロングリーフは回復して、2010年の大型ブレンドというカテゴリーでは、投資信託の90％に勝った。モーニングスターは、「ファンドで保有比率が高い銘柄に大きな損失は出ていない」と述べていた。それでセルマは安心した。2010年12月末の彼女のポートフォリオは**表63**のようになった。

　ギャレットとセルマは毎月の掛け金を、12月末に設定した配分に沿って自動的に振り分けるように指示した。

　マークは相場の話には耳を傾けない、といういつもの態勢に戻ってうれしかった。彼はプランの「売りシグナルを無視」の時期を終えて、第1四半期以降は通常どおりに、シグナルに従った。底値買い用の口座を使うべきかどうか判断するときは、それまで経験したつらい時期に似ていた。2010年の第3四半期、第4四半期にIJRをそれぞれ5397ドルと1万2719ドルも売ったあと、彼の債券比率は口座の17％になり、

安心できる水準に戻った。それで、四半期の終値を除けば、株式市場の情報は再び、すべてを喜んで無視するようになった。ジーバルたちの最新リサーチの予測であれ警告であれ、ギャレットが伝えると、マークは３％シグナルを表すために３本の指を立てて、「頑張れよ」と言った。

2011年12月

　表64のスナップシートの11年目の末に３人の401kの口座残高を見ると、マークの残高がほかの２人の２倍近くになっていた。

　それでも、ギャレットはとても気分が良かった。債券と金という２つのポートフォリオで、その年の口座残高は掛け金を含めて６万4090ドルから７万5512ドルへと、18％増えた。さらに、彼はダブルライン・トータル・リターン債券ファンドが、セルマのピムコ・トータル・リターンを上回ったことに気づいてうれしかった。ダブルラインの価格は１％上昇し、毎月の配当は１口当たり年間で88.2セントだった。対照的に、ピムコの価格は横ばいで、配当は39.5セントだった。2011年12月末時点で、ダブルラインの利回りは8.0％、ピムコのほうは3.6％だった。分かったかい、セルマ！

　もっと重要なことだが、ギャレットは債券で運用する喜びを発見した。ダブルラインの価格はその年を通してほとんど動かず、どんなニュースが流れようと、毎月１口当たり７セントの配当が支払われた。サブプライム問題で暴落が起きていた時期に、セルマがどうして口座の資金をすべてピムコに移したのか、また、どうして彼女の口座がその後、見事な成長を続けたかを、彼は理解した。債券は悪くなかった。まったく、悪くなかった。しかし、彼が読んでいるニュースレターからそれを教えられることはなかった。

　さらに良かったのは、金に賭けてうまくいったことで、その年には

表64　2011年12月のギャレット、セルマ、マークの401kの残高

投資家	2011年12月30日の 401kの残高（ドル）
ギャレット	75,512
セルマ	77,863
マーク	145,738

10％近く上げた。もっとも、最初は1月に6.4％下げて、よっぽど手仕舞おうかと考えた時期もある。だが、前月に買った分をなんとか持ち続け、毎月の掛け金の4分の1で買い増しを続けた。ゴールドファンドはその年のうちに素早く回復した。

　個別株も株式ファンドもまったく持たずに、大きな利益が得られたことで、彼には満足感があった。債券と金という主流から外れた感じや、大部分の投資家が無視していた情報に注意を払って、この2つを組み合わせた珍しさに、彼は空気が薄い高所にいるかのような錯覚を覚えた。彼は退職積立口座の残高がかなり増えたことを妻に伝えると、「株を買うのは大衆に任せておいて、僕たちは債券と金でいこう」と言った。

　一方、セルマは株に再び資金を配分したものの、ピムコ・トータル・リターンにすべての資金を入れていた場合よりも悪くなったので、がっかりした。アルチザン・インターナショナルは2011年に9％下げて、ロングリーフ・パートナーズは6％下げた。ピムコに全資金を入れたままだった場合の口座残高を計算してみると、8万1329ドルだった。ピムコへの配分を資金の半分にまで減らして、残り半分をアルチザンとロングリーフに配分すると、2011年末の残高は7万7863ドルになった。それは大差ではなかったが、お金をビル・グロスとピムコのマネジャーたちに託す魅力のほうが際立つ結果となった。彼らはけっ

して失敗しないように見えた。

　彼女は12月のある日曜日に教会で、そのことを何気なくファイナンシャルプランナーに伝えた。プランナーは、「時間を置かなきゃ。株式市場の歴史を見れば、株に分散投資しておけば、いずれ報われるのが分かるわよ」と答えた。セルマは、結局って、いつなんだと思ったが、放っておいた。今のまま頑張っていれば、アルチザンとロングリーフが回復したときに、利益が得られるだろう。回復したら。この言葉はピムコ・トータル・リターンでは一度も使う必要がなかった。そのファンドは何があろうと、上げ続けたからだ。ビル・グロスが億万長者で、人々が彼を債券王と呼ぶのも当然だった。

　マークは各四半期の終わりに3％シグナルに従う以外は何もしなかった。その年の第3四半期に、プランは2万8095ドル相当ものIJRを買うように指示した。しかし、債券ファンドの残高は2万9249ドルと、それに十分応える額があったので、第4四半期にためらうことなく買った。多額のIJRを買い増したすぐ次の四半期には、利食いのシグナルが点灯した。彼はそれに従って、1万5826ドル相当のIJRを売った。それで、彼の債券ファンドの残高比率は口座の13％と、安心できる水準に回復した。

　マークは気づいていなかったが、ジーバルたちは彼がIJRをたくさん買った第3四半期に、波乱が起きるのではないかと心配していた。彼らは間違いなく、株を買うことは勧めなかった。最も心配していたことはバラク・オバマ大統領の「政策の失敗」によって、アメリカが国債で窒息しそうなことだった。国の借金はすでに14兆ドルに達していたのに、経済はいまだに不振にあえいでいた。それどころか、再び悪化していた。2011年9月15日付けのフィスカル・タイムズの記事「景気の底割れを予想する経済学者たち」で、ミシェル・ハーシュは次のように書いていた。

今日、新たに発表された一連の経済報告は、景気底割れの初期の兆候が広がっているのではないか、という経済学者たちの懸念を裏付ける結果となった。毎週発表される失業保険新規申請件数はここ２カ月で最も高く、すでに弱い労働市場から雇用主が撤退を始めていることを示している。労働省の統計によると、先週の失業手当申請件数は１万1000件増えて42万8000件になり、週平均では４週連続で増えて41万9500件に達した。失業率が9.1％を切るほどまで雇用が上向くためには、申請件数が37万5000件を下回る必要がある。それが経済学者たちの一致した見解だ。「失業保険受給申請の傾向は、不況を判断する私たちのプログラムで、重要な入力項目です。この傾向が数週間続けば、景気の先行きに警告が出るでしょう」と、RDQエコノミックスのチーフ・エコノミストであるジョン・ライディングは語った。

「運命！」とだけ題されたニュー・リパブリック誌の2011年９月14日付けの記事で、ジョン・B・ジュディスは警告した。

現在の長引く不況は単に大恐慌に似ているだけでなく、本当にその再来と言えるほどだ。両者は独自の原因も初期の動きも同じだ。どちらの景気後退もすでに始まっていた工業生産と雇用の減速に加えて、金融危機が起きたことが引き金となった。工業生産と雇用の減速は急速な技術革新がひとつの原因だった……。1926年と2001年の不況のあとには、「雇用なき回復」が続いた……。

どちらの場合も、金融危機によって失業率と不完全雇用率が上昇し、実質賃金が増えないことに加えて、消費者と企業の負債が突出した。そのため、有効需要が不足し、広範な政府介入がなければ失業が増大していくという経済状態に陥った。負債が積み上がっていくために、金融政策による景気回復が難しくなっていった。

金利を０％にしても、民間投資を促すことはできなかった。

　年末になっても、解説者たちはまだ弱い景気回復について心配していた。ジーン・エプシュタインは2011年12月17日付けのバロンズ紙で、「2008〜2009年の不況からの回復は、第二次世界大戦後のどの不況からの回復よりも遅かった。2009年の第２四半期に不況を脱して以来、実質GDPが2007年第４四半期のピーク時の値に戻るまでに９四半期を要している」と述べた。

　ニール・アーウィンは過去１年を要約した2011年12月31日付けワシントン・ポストに「2011年の株価、激しい値動きのあと出発点に戻る」と題する記事を書き、次の文章で始めた。「着実な上昇を続けていたかと思うと、息をのむような急落に見舞われた株式市場だったが、１年が終わってみるとジェットコースターのようにほぼ出発点に戻っていた」

　年末に近づくにつれて、さまざまな予測がたまっていった。株価が年初の水準でその年を終えた理由として、ギリシアのデフォルトが「不可避」だと大々的に報じられていたことや、株価が暴落しているヨーロッパの銀行によって世界的な資金不足が誘発される恐れがあること、アメリカの雇用市場が再び縮小していること、アメリカの貯蓄率の低下、アメリカの財政破綻を招きかねない政府の機能不全、金融市場に混乱をもたらす国債の格付け引き下げなどが取り上げられた。ギャレットでさえ、それらの分析にかつてほど耳を傾けなかった。専門家の言うことでも、正しいときもあれば間違っているときもある。彼らの発言に注意を払う意味があるのだろうか、と思ったのだ。

2012年12月

　スナップシートでの12年目の終わりに、３人の401kの残高はまだ、

表65　2012年12月のギャレット、セルマ、マークの401kの残高

投資家	2012年12月31日の401kの残高（ドル）
ギャレット	87,400
セルマ	97,101
マーク	174,282

大きく異なり、**表65**のようになっていた。

　ギャレットは混乱していた。彼は再びジーバルたちの言葉に耳を傾け始めた。彼らは金の見通しについて果てしなく議論していた。金ほど、人によって大きく見解が異なる資産はなかった。解説者の半分は、金は非生産的な資産であり、希少だから評価されているだけで、長期的に見れば金には何の価値もないと考えていた。ほかの半分の解説者は、希少だからこそ無限に紙幣が印刷されている世界では、金融媒体として唯一の価値を持つのだから、限りなく高い価値を持つと考えていた。

　こうした議論が激しく交わされていた2012年に、ギャレットの保有していたゴールドファンドは低迷していた。第４四半期には徐々に下落して、2012年10月初めには１オンス1800ドルだったのが、12月末には1700ドルを割るまでになった。主要な金融専門チャンネルのジーバルたちは、金は「輝きを失った」と言わずにいられなかった。だが、ギャレットが読んでいるニュースレターの２つは、断固として強気のままだった。両誌とも、トクビル・ゴールド・ファンドの共同マネジャーであるダグ・グローの見解に賛成していた。彼は12月にマーケットウオッチで、「世界中の金融政策のせいで、投資家たちは現在、投資している通貨に代わるものを探している」と述べた。彼は、新興国が金を買っているときに、先進諸国は通貨の価値を下げていると言い、

「来年は2000ドルを付けるだろう。2400ドルに達するまでは、金の上昇サイクルは終わらない」と予想した。

　どういうわけか、ギャレットはこの解説には賛成しなかった。「直感だけどね」と、彼は妻に言った。「紙幣の増刷に反応した金の動きは、行くところまで行ったと思う。政府は先週になってからお金をつぎ込み始めたわけではない。もう４年もやってるんだ。それでも、インフレは起きてない。だから金は下げているんだ。きっと、これからも下げ続けると思うよ」

　それ以上に、彼は株式市場の弱気筋はみんな間違っていると思った。彼らはずっと間違っていたのだ。2009年３月に、レバレッジ型の株式ファンドを買っておくべきだった。そのころ、世界は終わりを迎えつつある、と愚か者たちが口をそろえて言っていた。彼はそういう方向に向かっていない、と分かっていた。それは前からずっと分かっていた。明らかに、あらゆる悪いことを経験した当時よりも悪いニュースが出るはずはなかった。どうして、株価がもっと下げるまで待とうと考えたのだろう？　彼は今後は強気筋にもっと注意を払おうと決めた。まずは、政府が財政の崖から落ちようとしている、という弱気筋の懸念を無視することにした。民主党と共和党が予算で折り合えないのには、だれもが憂うつな気分になっていた。合意できなければ、自動的に歳出削減と増税が始まる。そうなると、不況に陥って失業が増えるだろう。

　強気筋の見方はこうだった。民間部門は３％の成長をして、住宅価格が回復して、株式相場は上昇する。債券には大量の資金が流れ込んでいるので、調整のために株式市場に一部が戻れば、相場はさらに上げるだろう。エドワード・ヤルデニは2012年12月10日付けのフィナンシャル・タイムズに書いていた。「S&P500を構成する企業は、売り上げと利益を５〜７％伸ばせるくらいの成長はするはずだ。株価指標は来年、上昇するだろう。そうなれば、財政の崖を早いうちに避ける合

意ができれば、強気相場が続くはずだ。合意ができなければ、相場は調整するので、割安で買う機会が多く生まれるはずだ」

　1週間後のバロンズ紙の特集記事「2013年の見通し」で、ヴィト・J・ラカネリは書いた。「バロンズ紙が最近、調査した10人のストラテジストは、来年に上昇すると見る者が多かった。彼らは2013年のS&Pを、中央値で1562と予測していた。それは現在の水準から10％の上昇を意味する」。彼らはバークレイズ・キャピタル、ブラックロック、ゴールドマン・サックス、モルガン・スタンレーなどの専門家たちで、何らかの政治的な取り引きによって財政の崖による打撃は抑えられるだろうという点で一致していた。

　それで、ギャレットは株に戻ろうと決めた。無駄なことに時間を費やすのはうんざりで、もっと積極的になりたかった。彼が読んでいるニュースレターのひとつは、フィデリティ・アドバイザー小型株ファンドが翌年に大きく上げると予想していた。このファンドなら、マークを長い間、あきれるほど幸せにしていた小型株指数ファンドに勝てそうだ、とギャレットは思った。それは2012年には小型株のカテゴリーに属していたが、マネジャーのジェイミー・ハーモンは良質な銘柄に焦点を当て、幅広く分散化していた。そのため、2013年にはパフォーマンスが回復すると思われた。彼がそのファンドを運用していた7年間は、同一カテゴリーのほとんどのファンドに勝っていた。短期的な調整は、これから好調になるファンドを割安で買う良い機会だと思えた。債券ファンドでは、ダブルラインがセルマのピムコに勝ち、小型株ファンドではフィデリティがおそらくマークのインデックスファンドに勝つだろう。そうすれば、ギャレットはついに、口座の残高を引き上げることができるかもしれない。彼は念のため、3つ目のファンドについても検討した。だが、小型株の可能性に関する熱烈な評価を読んで、考え直すことにした。彼はそのファンドに口座資金の半分を移し、あとの半分はダブルラインに残しておくことに決めた。2013

表66　2012年12月末のギャレットのポートフォリオ

投資銘柄	配分比率（%）
ダブルライン・トータル・リターン（DLTNX）	50
フィデリティ・アドバイザー小型株（FSCIX）	50

年の配分は**表66**のようになった。

　彼は賢明な時期にゴールドファンドを手仕舞い、これから急上昇しそうな割安の小型株ファンドに乗り換えたことだし、最高の債券ファンドも持っているので、これでまた順調にいく、とかなりの確信を抱いた。

　一方、セルマは3つのファンドだけから成るポートフォリオに満足していた。結局、その年は掛け金を含めて、25％上昇した。アルチザン・インターナショナルは24％上昇して、ロングリーフ・パートナーズからは配当で4.52ドルを受け取った。ファイナンシャルプランナーは彼女に会うたびに、「株に戻って、うれしくないの？」と尋ねた。彼女はうれしいと答えるのをためらったが、喜びを感じ始めてはいた。2年前にポートフォリオの配分を変えたとき、ピムコ・トータル・リターンに資金の半分を残しておき、アルチザンとロングリーフに4分の1ずつを配分した。その後の2年間、彼女は毎月の掛け金を各ファンドに同じ配分比率で入れ続けた。ファンドの比率は2年後も、最初とまったく変わっていなかった。

　株の上昇相場が進行中のはずなのに、債券の比率が下がっていないのを見逃すことはできなかった。セルマが債券から株にもっと資金を移したほうがよいという、ファイナンシャルプランナーのアドバイスに抵抗し続けたのは、何よりもそれが理由だった。どうして移すの？

　興奮したいから？　「私は結構」と、彼女は思った。そして、口座

表67　2012年12月末のセルマのポートフォリオ

投資銘柄	配分比率（％）
アルチザン・インターナショナル（ARTIX）	25
ロングリーフ・パートナーズ（LLPFX）	25
ピムコ・トータル・リターン（PTTDX）	50

の資金の半分はこれまでに一度も失望することがなかった唯一のファンドに残した。

　マークは3％シグナルに従うだけで、配分を変えようとも予測しようとも考えなかった。2012年には、四半期ごとに2つの買いシグナルと2つの売りシグナルが点灯した。彼はいつものように、それらに従った。財政の崖で騒いでいたのに、現在の第4四半期は3226ドル相当のIJRを買うという、小さな買いシグナルが点灯しただけだった。その指示に応じたあとでも、彼の債券ファンドの比率は口座の16％と、快適な範囲にあった。いつものように四半期ごとに15分かけて行う、簡単な計算と注文を済ませると、彼は再び、家族と一緒に休日を楽しんだ。

2013年6月

　スナップシートの13年目が半ばを迎えた時点で3人の401kの残高である**表68**を見ると、マークがほかの2人を圧倒していた。

　ギャレットは、金が下げるという直感がぴたりと当たったと分かり、うれしかった。2月に1オンス当たり1600ドルを割ると、その後も下げ続けて、6月には1250ドルを下回った。彼が12月末に162ドルで売ったゴールドファンドは半年後に119ドルまで下げていた。ほとんど

表68　2013年6月のギャレット、セルマ、マークの401kの残高

投資家	2013年6月28日の401kの残高（ドル）
ギャレット	97,971
セルマ	102,929
マーク	200,031

の投資家よりも相場に注意を払っていたおかげで、27％の下落を避けることができた。少なくとも、それが彼の説明だった。ゴールドの代わりに買ったフィデリティ・アドバイザー小型株が同じ半年間に16％上げたので、ファンドを乗り換えた自分がいっそう賢く思えた。

　また、ダブルライン・トータル・リターンはセルマのピムコ・トータル・リターンよりもずっと良かった。ダブルラインの価格は2.7％下げたが、毎月の配当は合計で25.2セントあった。一方、ピムコは4.3％下げたうえに、配当は13.0セントしかなかった。ギャレットのほうが、まだましな債券ファンドだった！　残念ながら、彼の小型株ファンドは、マークの持つ昔ながらの平凡なIJR指数ファンドと変わりなかった。フィデリティはその年の前半に16％上げたが、IJRも同じように上げていた。悪いことに、IJRは1口当たり49.6セントの配当を払っていたが、フィデリティは何も払わなかった。それでも、彼はフィデリティを持ち続けることに決めた。そのファンドは前年の12月にアナリストが驚くほど注意深く、保有銘柄を選んでいた。それらの株がおそらく指数を上回る動きを始めるだろう。

　いずれにせよ、ギャレットは掛け金を含めて、その年の前半に全体で12％上昇したので、気分が良かった。それはセルマの6％を圧倒し、マークの15％にそれほど負けていなかった。

　債券市場で厄介な時期があったことは容易に分かる。そのこともあ

って、セルマは最近の辛い月を振り返って、ピムコ・トータル・リターンを十分に信頼していた。2013年6月24日付けニューヨーク・タイムズはディールブック欄で、個人投資家は「6月の現時点で、480億ドル相当もの記録的な額の債券投資信託」を売っている。また、ヘッジファンドやほかの大手機関投資家も、「ポジションを手仕舞うか、債券市場から撤退している」と報道した。「まず売ってあとで考えようという雰囲気があるから、売られているのだ」と、グレイロック・キャピタルというヘッジファンドの最高責任者であるハンス・ヒュームズはその記事で語った。

　4月末から6月末までに、ビル・グロスのファンドは5.1％下げた。さらに、配当は5月に2.2セント、6月に1.7セントとわずかだった。メディアはグロスを責め立てた。FRBのベン・バーナンキ議長が5月22日に、中央銀行が景気刺激のために行っている国債購入を年後半には減らし始めるかもしれないと議会で証言して、金利が上昇した。それにもかかわらず、グロスは債券のポジションを取りすぎていたと言うのだ。

　彼は2013年6月25日のバロンズ紙のオンライン版で弁解した。「国内でも海外でも負債比率が高い水準にあるため、グローバル経済はかつてよりもはるかに金利に敏感になっている。10年か20年前は、FRBがFF金利を500ベーシスポイント上げると、景気が減速すると予想できた。今日では、FRBが突然、金利を引き上げるか引き下げるかすると、経済は対応できないだろう。こうしたことを考えると、FRBの引き締めの動きを予想して国債を売っている投資家は失望することになる恐れがある」

　この2日後にブルームバーグは、「中央銀行が前例のない景気刺激策の縮小を示唆するなか」、6月24日までの債券ファンドの月間解約額は記録的な水準に達した、と報道した。その記事は、金利が引き上げられると、債券保有者による「何千億ドルもの解約が起きる」かも

しれないと警告した。投資家たちはすでに5月に、グロスのファンドから13億ドルを引き出していて、このファンドは1年で4％下げて、「競合するファンドの93％に負けていた」。

「売りたい人には、売らせておけばいい」と、セルマは思った。この程度の下げを懸念すべき理由と見る人たちは明らかに、彼女が長年にわたって経験してきたような株価の暴落を味わったことがないのだ。彼女は資金をピムコに入れておくつもりだった。打開策を見つける人がいるとすれば、それはビル・グロスだからだ。彼のファンドはわずかに傾いている船みたいなもので、元に戻ると確信していた。それで、彼女は口座の資金の配分先をまったく変えなかった。

マークは市場で繰り広げられている劇的な出来事に何も気づかずに、四半期ごとに家で計算をした。その年の2回目の売りシグナルが続けて点灯したが、わずか202ドルだった。第1四半期の売りシグナルは1万1470ドルだった。それで彼の債券比率は24％に上がった。第2四半期でもその比率は変わらなかった。IJRの記録を見ると、再び上昇相場が進行しているようだった。ネットバブルの崩壊から回復する11年前に経験したように、また債券の比率が30％に達して、それを20％に引き下げる必要が出てくるだろう。「状況が変わるほど、同じことの繰り返しになる」と、彼は思った。彼は四半期ごとに付けるノートを閉じて、散歩に出かけた。

分析

ここまで見てきた3つの投資方法のうち、あなたはどれに従いたいだろうか？　あなたが考えるよりも多くの人がギャレットの方法を選び、その時々のニュースやはやりの専門家に基づいて、投資アイデアを次々と変えていくだろう。それらのアイデアは時とともにほとんどが消えていく。どちらかと言えば、3人の投資史はギャレットに親切

すぎた。ポートフォリオの大部分は、理にかなったアイデアに焦点を絞ったファンドに限られていたからだ。現実の世界では、彼のような投資家はポートフォリオで何十ものポジションを取る。それらの一部はすぐにおかしくなり、パフォーマンスに悪影響を及ぼす。

　全体的に見て、ギャレットはそれほど悪くなかった。彼の空運ファンドは2002年第1四半期に大きく上昇した。難しい判断を迫られたその年の秋からの半年間、彼は毎月の掛け金を安全な現金で持つことにして、予想どおりうまくいった。それで、割安なファンドをあとで買うことができた。フィデリティ防衛・航空宇宙ポートフォリオ・ファンドは、イラク戦争の初期の数年に大きく上昇した。2008年にサブプライム住宅ローン問題で株価が暴落したが、彼が持っていたエクソンモービルはよく持ちこたえた。さらに配当が支払われただけでなく、増額されたことで安心できた。また、ダブルライン・トータル・リターンを買うという選択も素晴らしかった。2013年に金は急落したが、彼はその前にゴールドファンドを手仕舞っていた。

　一部の行動が適切だった場合は、誤った希望を抱きかねないので、行動がすべて不適切だった場合よりも厄介だ。ギャレットの問題のひとつは、市場に勝てるスキルを自分が持っているという幻想を抱き続けられる程度に、適切な判断をしたところだ。これはよくあることで、相場が大きく上げているときには、この幻想はさらに強くなる。ギャレットは自分のスキルに過大な自信を抱き、強気相場の天井圏で口座の残高が増えていくのを、運ではなく自分の才能だと勘違いした。そして、本物のジーバルたちの権威を利用して、おせっかいにも相場分析のアドバイスをした。私はギャレットをあざ笑っているのではない。彼は特別な存在ではないからだ。彼は繰り返し複製されて、市場という魔法の鏡の家のなかに本物のお金を持って放たれる典型なのだ。彼のストーリーは警告として役立つ。それでも、妥当な予測が成立しない市場という環境で、少なくとも何度か正しい判断をしたことは認め

よう。

　しかし、ギャレットがセルマに負けていたことは事実だ。彼女が口座の管理にはるかに少ない労力しか費やしていなかったのにだ。彼女は素晴らしいファンドを調べ上げてポートフォリオを組み、それらにドルコスト平均法を使い続けた。そのおかげで、相場が良いときも悪いときも、口座の残高は増え続けた。まあ、悪いときも常に、というのは言いすぎだった。2008年の秋の信用危機が深まったときに、ピムコ・トータル・リターンに全資金を移すという彼女の決断は例外だ。だが、ギャレットや当時の何百万人もの投資家たちがしたように、現金に逃げるという判断よりは良かった。

　もちろん、パフォーマンスが群を抜いて良かったのはマークのファンドだった。しかも、彼はほとんどストレスを感じなかったし、ファンドの信託報酬率も低かった。彼は３％シグナルに従い、金融史に残る激動の時期に、ずっと冷静であり続けた。正確には、「ほとんどの時期は冷静」だったと言うべきだろう。まったく表情を変えない投資家でさえ、極端な貸し渋りが広がった悲惨な時期は無視できなかった。３％シグナルプランに従うと決めた人は、債券ファンドの残高を超える額の株式ファンドを買うように指示されることもある、ということをしっかり認識しておく必要がある。また、底値買い用の資金を使うときは不安に駆られるものだ。そういう事態になるのは最悪の時期であり、ニュースは最も悲観的で、ジーバルたちは最も声高になり、大勢のピーター・パーフェクトたちは最もお説教好きになり……、価格は最安値を付けるからだ。それだからこそ、底値買い用の口座と呼んでいるのだ。

　これは簡単に納得できないかもしれない。しかし、絶好の買い場をもたらすのは最悪のニュースなのだ。私たちはすぐに恐怖にとらわれてしまうので、最高の買いの機会をうまく利用できない。この心理的な壁を乗り越えるために、シグナルが必要なのだ。シグナルは何をす

べきかを私たちに指示してくれる。弱気相場のまさに大底だった2009年の3月にマークが経験したように、シグナルの指示どおりに動けなくとも、それに従おうという気持ちがあれば、専門家を自称する人たちの矛盾する情報を自分なりに解釈して動いた場合よりも、はるかに良い結果を生むだろう。

　コイン投げと同じく半分は間違える解説者たちは、安値で買うか高値で売るという正しい行動をすべき重大なときに、最も混乱を招く話に熱弁を振るう。価格が下げると私たちは恐ろしくなり、注意を促す災厄の予言者に耳を傾けたくなる。逆に価格が上げると、積極的に買うことを勧める人々の声に耳を傾けやすい。底値で売り、天井で買うようにと促す声が半分にすぎなくとも、その間違った指示に従おうとする心理的傾向が私たちにはある。重大な影響を及ぼすほど決定的な売買の瞬間は、めったに訪れない。そのため、何回も間違った動きをしなくても、天井で買うか底値で売ればパフォーマンスは永久に損なわれる。ギャレットとセルマを見れば、それはすぐに分かる。彼らは2009年3月からの上昇相場の大部分に乗れなかった。おそらく、そのために引退時にマークと同じくらいの蓄えを残す機会を逃してしまっただろう。

　冷静なシグナルに従い続けるべきだ。それはジーバルたちよりも理にかなった指示を出すし、セルマが集めたような一流ファンドマネジャーたちの集団よりももっと賢明な判断を示す。セルマは非常にうまくやった。大部分のポートフォリオが、信託報酬率は高いのにパフォーマンスは期待外れという平凡なファンドから成ることを考えると、彼女の成績はこの期間のほとんどの平均的な401kの口座よりもかなり良かった。彼女は最高水準のファンドを買っていたが、大部分の投資家はひどいファンドを組み合わせているので、それらが平均で選外佳作レベルの成績を出せば運が良いほうだ。3％シグナルプランで使った昔からある単なる株価指数が、アルチザン・インターナショナル

やロングリーフ・パートナーズ、ピムコ・トータル・リターンのような一流ファンドから成るポートフォリオに勝てるのならば、それらの株価指数は普通のファンドに圧勝すると確信できるだろう。

実は相場が極端な水準にあるときには、株はひとかたまりで売買される。非常に高評価のファンドでさえ、そういう時期には指数を模倣するだけなので、高い手数料を払う人々の気持ちが理解できない。信用危機のまっただ中にあった2008年の第4四半期には、モーニングスターやバリューラインといったランキング上位に載るファンドを含めて、ほぼすべてのファンドのリターンは悲惨だった。セルマは実際に体験して、そのことに気づいた。

あなたはこの比較が不公平なのではないかと思っているかもしれない。この3人の投資史で見るなら、ギャレットとセルマは下落相場の底でおじけづいたのに、マークが踏みとどまったところが分かりやすいだろう。この比較は不公平ではない。すぐに説明するように、2人が売るほうを選んだのは当時の一般的な行動だったからだ。弱気相場で買って底値圏で踏みとどまるという、適切な行動を取るように明確なシグナルを出すのが、3％シグナルの最も重要な役割だ。投資家が正反対の間違った行動に走りがちだからこそ、このシグナルが必要なのだ。ギャレットが株式ファンドを手仕舞ったのはジーバルたちの話を聞いたからだ。信用危機のときには、彼と同じように非常に多くの投資家たちも同じ行動を取った。

2008年12月22日付けのウォール・ストリート・ジャーナルは、「不信感を抱いた株式投資家たち、記録的な額を手仕舞う」という記事で、ICI（投資会社協会）によると前の10月だけで「720億ドルという記録的な資金」が株式ファンドから流出した、と報じた。ICIはその後、年末までに株式ファンドが2340億ドルを失ったと報告した。2008年5月から12月までの暴落時に、投資資金の42％近くが現金化された。ICIが追跡しているファンドの全カテゴリー——国内株式、海外株式、

ハイブリッド型、全債券、課税対象債券と地方債――から、パニックに陥った投資家たちがその年の９月、10月、11月、12月に逃げ出した。

　情報通のはずの投資家たちも賢明な行動をしなかった。「逃げ出す投資家、ファンドに重圧」と題する2008年12月14日付けのニューヨーク・タイムズの記事は、「ますます多くのヘッジファンドが」、出口に殺到している投資家の「脱出を遅らせようと試みている」と報じた。約200億ドルを運用する投資顧問会社の代表は、暴落が起きてから何カ月も大変な勢いで解約が続いている、と語った。2009年１月に、ヘッジファンド・リサーチ社はこの傾向を認め、1520億ドルが第４四半期にヘッジファンドから流出したと報告した。この調査会社の社長は声明で、「投資家のリスク回避は年末まで歴史上ないほど極端な水準で続いた。投資家の償還はファンドの戦略、対象地域、資産規模、パフォーマンスに関係なく広範囲に及んだ」と述べた。

　市場から逃げ出したのはギャレットとセルマだけではなかったのだ。彼らがそういう行動に走るほどのプレッシャーを感じたのは容易に分かる。判断が非常に難しいその時期に、マークの３％シグナルは多くの人が受けたプレッシャーとは逆に、ひるまずに買うようにと助言をした。シグナルは正しかった。

　この歴史から得られる結論は、相場に関するほとんどすべての情報はノイズだということだ。この章で繰り返し現れたニュースのテーマに注意してほしい。それらのいくつかは、あなたがこの文章を読んでいるときに金融関係のメディアで間違いなく繰り返されているはずだ。世界のどこかで必ず紛争があり、株価に下げ圧力がかかると心配する人が必ず現れる。株価が上げるか下げるかする根拠として、常にFRBが持ち出される。政府や議会はいつも問題を抱えていて、何らかの崖から落ちそうか、すでに取り返しがつかない状況に陥っている。そして、このせいで株価はすぐに下げるか、将来のパフォーマンスに悪影響が及ぶと予想する人が必ず現れる。

ジーバルたちは下げるところまで下げた株を、劇的な回復が見込まれる推奨銘柄リストとして常に手元に置いている。それらには実際に上げる銘柄もあれば、上げない銘柄もある。彼らは偶然に勝ったときには自慢するが、負けたときは黙っている。そんな耳寄り情報に乗る投資家も何回かは勝ち、何回かは負ける。そして、偶然に勝つと勇気づけられるが、結局は大部分の資金を株価指数で運用し続けていたときほどの利益は得られない。アナリストたちは少し早すぎたか遅すぎたとは言っても、けっして間違っていたとは言わない。やがて、最新ニュースには投資家が考慮すべき特別な情報があるかのように、「現在のマーケット」か、「今日の株式市場」、あるいは「日中の相場」がいつも頭から離れなくなる。
　だが、時間がたてば、これらの繰り返し現れるテーマのほとんどは重要な意味を持たなくなる。重要なテーマでさえ、あとになって分かっても意味がない。相場でやれる最善のことは、将来に起きそうなことを予測することではなく、すでに起きたことに理にかなった対応をすることだ。３％シグナルプランはこの目的を達成するために、考案されたものだ。
　図7.1のチャートはこの章で取り上げた2000年12月から2013年６月までに、３人の401kの残高がどう推移したかを、物語で使った12の残高で示している。
　2003〜2007年の強気相場では、ギャレットもセルマもマークをわずかな差で追いかけていた。強気相場の初期かその近くから３％シグナルを使い始めた投資家たちなら、これは予想できる結果だ。相場が大きく上昇している局面では、彼らは集中投資をしていないからだ。３人の投資家たちの例で見たように、３％シグナルが競合する戦略に永久に勝つか、少なくとも長期にわたって上回り続けるのは、弱気相場の時期に買って保有し続けるようにというシグナルが点灯してからだ。ほかのほぼすべての戦略は極端な弱気相場に直面すると、メディアや

図7.1 ギャレット、セルマ、マークの401kの残高の推移（2000/12〜2013/6）

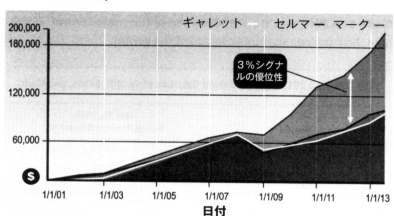

私たちの直感に逆らう行動を取るようにというアドバイスをしてくれないため、そこで破綻をきたす。弱気相場で損失を確定して、その後の強気相場で利益を取り損なった大部分の投資家は、残高を減らしたままで終わる。だが、マークのように3％シグナルに従い続ける人は、この運命に苦しまずに済む。

3人の投資家が作った同じ貯蓄口座を、私が忘れたと思わないでほしい。彼らは2003年から、額面給料の4％を積み立てた。マークだけは期間中にこの口座のお金を使った。2008年の第4四半期に1万0876ドルを引き出して、信用危機の底値圏で点灯した2回の大きな買いシグナルの1回目で使い、2010年の第2四半期には2984ドルを引き出して、「30％下げたら、売りシグナルを無視」の局面で点灯した最初の買いシグナルで使った。ギャレットとセルマは貯蓄口座から何も引き出さなかった。彼らの貯蓄口座の残高は最終的に**表69**のようになった。

表69　2013年6月のギャレット、セルマ、マークの貯蓄口座の残高

投資家	2013年6月28日の貯蓄口座残高（ドル）
ギャレット	29,670
セルマ	29,670
マーク	15,810

　底値買いのために貯蓄口座のお金を使ったが、マークにとってはそれだけの価値があった。2回の買いシグナルに応じる資金として使ったせいで、最終残高が1万3860ドル少なくなったが、それでも彼の仲間たちよりもはるかに良い運用成績で終わった。株式相場の大底で投資したお金は、まったく変化しない現金のままで置いていた場合よりも必ずパフォーマンスが良くなる。

　現実の世界で使うのは考えにくくても、異なるパターンと3％シグナルとの比較に興味をそそられる人もいるだろう。**表70**はまず3人の結果を示して、次に毎月、同じ掛け金を401kに入れたほかの10のプランを示したものだ。

　表70は、ほかの手法が完全に執行されていても、3％シグナルのパフォーマンスのほうが良いことを示している。それらの手法が完全に執行されることはまずないことを考えると、3％シグナルの優位性は明らかとなる。

　プラン4とプラン5を見てほしい。これらはセルマとマークが最初のプランに従う以外は何もしていないことを示している。セルマは弱気相場でも売っていないし、マークは底値買いをしていない。だが、彼らの最終残高は、セルマが12万4646ドルでマークが17万1253ドルと、その差は歴然としていた。これは3％シグナルの圧勝である。セルマのポートフォリオには世界で最も高評価のアクティブ運用ファンドが

第7章 プランを実行する

表70　さまざまな投資プランに勝っている3％シグナルプラン

プランの番号	2000/12〜2013/6で見たプラン	最初の残高（ドル）	毎月の掛け金の総計（ドル）	新たに必要になった現金（ドル）	2013年6月28日の401kの残高（ドル）
1	実際のギャレット	10,000	76,770	0	97,971
2	実際のセルマ	10,000	76,770	0	102,929
3	実際のマーク	10,000	76,770	13,860	200,031
4	セルマ、弱気相場での売りなし、最初のポートフォリオを維持	10,000	76,770	0	124,646
5	マーク、底値買い口座なし、債券残高のみで買い	10,000	76,770	0	171,253
6	マーク、底値買い口座を使う、全買いシグナルに応じる	10,000	76,770	29,373	238,492
7	SPYでS&P500をドルコスト平均法で買う、掛け金はほかのプランと同じ	10,000	76,770	0	133,773
8	IJRでS&P小型株600をドルコスト平均法で買う、掛け金はほかのプランと同じ	10,000	76,770	0	166,658
9	IJRでS&P小型株600を80％、バンガードGNMAを20％、ドルコスト平均法で買う、掛け金はほかのプランと同じ	10,000	76,770	0	156,998
10	SPYでS&P500をドルコスト平均法で買う、掛け金はほかのプランと同じ額に加えて、マークの新たな現金13860ドルを全四半期に等分	10,000	90,630	0	155,487
11	IJRでS&P小型株600をドルコスト平均法で買う、掛け金はほかのプランと同じ額に加えて、マークの新たな現金13860ドルを全四半期に等分	10,000	90,630	0	192,613

プランの番号	2000/12～2013/6で見たプラン	最初の残高（ドル）	毎月の掛け金の総計（ドル）	新たに必要になった現金（ドル）	2013年6月28日の401kの残高（ドル）
12	SPYでS&P500をドルコスト平均法で買う、掛け金はほかのプランと同じ額に加えて、全買いシグナルに応じたときのマークの新たな現金29373ドルを全四半期に等分	10,000	106,143	0	179,793
13	IJRでS&P小型株600をドルコスト平均法で買う、掛け金はほかのプランと同じ額に加えて、全買いシグナルに応じたときのマークの新たな現金29373ドルを全四半期に等分	10,000	106,143	0	221,667

含まれていたのに、それに勝っただけでなく、信託報酬率は彼女よりも82％も低かった。また現在は、もっと信託報酬率が低いファンドで３％シグナルプランが使えることも忘れないでもらいたい。マークが払った信託報酬は非常に少なかったが、新しく設定されたETFには同じ株価指数に連動しながら、もっと信託報酬率が低いものも出ているからだ。と言うわけで、信託報酬面では現在のほうがもっと有利になっている。また、３％シグナルは正規曲線の中央あたりの、平凡なファンドから成る典型的なポートフォリオよりもはるかにパフォーマンスが良いし、この曲線の下端の出遅れ銘柄よりはさらに良いことも覚えておこう。アクティブ運用ファンドの圧倒的多数は、セルマのポートフォリオの原動力だった一流ファンドに負けるのだ。

次に、プラン７、プラン８、プラン９を見よう。これらはドルコスト平均法に従って、３人の毎月の掛け金をS&P500に連動するSPY、S&P小型株600に連動するIJR、80対20の比率でIJRとバンガードGNMAに、それぞれ配分したことを示す。これらのドルコスト平

均法を完全に実行したプランは、プラン４の一流ファンドから成るセルマのポートフォリオには勝ったが、プラン５のマークの３％シグナルには勝てなかった。これは３％シグナルで自慢できるもうひとつの点だ。

プラン10からプラン13までを見ると、底値買い用の口座を持っていたマークが明らかに有利だった。同じ毎月の掛け金に加えて、マークが底値買い用の口座から引き出した１万3860ドルを、全150カ月に均等にSPYとIJRに配分してみる。すると、SPYでの最終残高は15万5487ドル、IJRでは19万2613ドルと、どちらもマークの20万0031ドルを下回った。さらに一歩進めて、マークの買いシグナルすべてに応じるために要する底値買い用の資金２万9373ドルを、毎月の掛け金に加えた場合では、SPYで17万9793ドル、IJRで22万1667ドルで終わる。だが、プラン６のようにマークが底値買いのシグナルすべてに従った３％シグナルプランの場合、最終残高は23万8492ドルになる。

何タイプかのドルコスト平均法を見た。高格付けのファンドや株価指数で底値買いの資金を使わない場合、株価指数で底値買いの資金を一部使った場合、株価指数で底値買いの資金をすべて使った場合だ。３％シグナルプランはこれらのどのドルコスト平均法よりもパフォーマンスが良かった。極めて効果的なドルコスト平均法の戦略に、３％シグナルプランがこれほどはっきりと勝てるのなら、この時期のジーバルやピーター・パーフェクトらの劣ったアイデアに完勝するのは容易に分かる。

この章の要点

３％シグナルプランは株式市場が混乱している時期でも、ストレスがあまりかからない指針を提供する。この章では、同じ会社で働き同じ収入を得ているギャレット、セルマ、マークという３人の投資家の

経験を追いかけた。ギャレットは401kでジーバルたちのアドバイスに従った。セルマは一流投資信託から成るポートフォリオを、ドルコスト平均法で運用した。マークはIJRとバンガードGNMAで、３％シグナルを使った。マークは底値買い用の資金を２回しか使わなかったが、それでもギャレットとセルマに大差で勝った。これが典型的なパターンであり、年金用の口座で３％シグナルを利用すべき理由である。この章でカギとなる情報は次のとおりだ。

- 信託報酬率が高すぎないかに注意する。ギャレットとセルマは選んだファンドでマークよりもはるかに高い手数料を払ったが、手数料が安いマークのインデックスファンドよりもパフォーマンスが悪かった。
- 頻繁に動き回っても無駄だ。ギャレットはあれこれと試したが、結果は失望する結果に終わった。ときどきうまくいくと、自分の才能だと勘違いして、あとで痛い目に遭った。
- 深刻な下落相場では、３％シグナルに従っていても、心理的につらくなることがある。だれもが、もう二度と株には手を出さないと誓っているときに、底値買い用の口座を使うのは容易なことではない。しかし、それだけの値打ちがある。
- 重大な影響を及ぼすほど決定的な売買の瞬間は、めったに訪れない。そのため、何度も間違った動きをしなくても天井で買うか底値で売ってしまうと、パフォーマンスは永久に損なわれる。ギャレットとセルマは株価の急落時にパニックになって、株式市場から撤退して、相場が回復したときに上昇の大部分を逃した。彼らはおそらく、二度とマークの残高には追いつかないだろう。
- 株価が上昇や下落をする理由として、繰り返し取り上げられるテーマがある。それらには、世界中の紛争やFRBの方針、政府や議会の機能停止などがある。だが、これらの繰り返されるテーマのほと

んどは、時間がたてば重要な意味を持たなくなる。重要なテーマでさえ、あとになって分かっても無意味な相場では、重要でないテーマとの区別がつかない。
- ●３％シグナルプランはすでに起きたことに賢く対応するために考案したものだ。今後、起きるかもしれないことは考慮しない。あなたも、そうすべきではない。
- ●一流マネジャーによるファンドや、指数に連動するファンドを極めて効果的なドルコスト平均法で運用しても、３％シグナルプランはそれらに勝つ。当然、ジーバルやピーター・パーフェクトらのアイデアには圧勝する。

第8章
幸せなシグナル
Happy Signaling

　「はじめに」の最後で、私はより良い投資法を探す旅に出かけようと誘った。そして、私たちは見つけた。3％シグナルプランを使えば、退職積立口座の資金をしっかりと増やしていける。たいした労力はかからないし、過度なストレスを受けることもない。金融関係のメディアが騒ぎ立てても、二度と彼らの言うことを真に受けることもなくなるだろう。彼らに出会ったときはいつでも、ほほ笑んで首を横に振るだけだ。彼らはただの哀れなジーバルたちで、やがてあなたのプランに大差で負ける、と分かっているからだ。

　少しだけ私の哲学的な考えに付き合ってもらえるなら、長年の調査の末に3％シグナルを考案したあと、私がより深い知恵を発見したことについて話したい。人類の最も熱心な努力のひとつであり、途方もない知的資本が注がれている株式市場では、日々闘いが繰り広げられている。しかし、その闘いを超越して、怠慢と言われかねないほど何もしないで沈黙していると、得ることが多い。瞑想をする人々は「心猿」――脈絡のない考えを次々と生み出し、活発に動き続ける私たちの思考装置――を抑える必要があると言う。私たちがその存在を認めて、それを抑えることができれば、心の平安を得ることができる。

　株式市場は人類が織り成す大規模な「心猿」である。多くの人にとって、金融市場について定期的に流されるニュースほど、耳障りで日々

の生活から注意をそらすものはない。複雑な世界をうまく進むためには、もっと賢い方法がある。まず、難しいことを忘れて、混沌とした相場を簡潔な価格リストにまとめる。そして、そのリストを１年に４回だけ見て、価格に対してどういう行動を取るべきかを、感情に振り回されない公式で分かるようにして、そのとおりに実行するのだ。このより高次元の投資法を用いれば、パフォーマンスが良くなるだけでなく、信託報酬も少なくて済み、限られた時間を無駄にすることもない。

　人生は予測をしても妥当性がない環境でストレスを感じながら、じたばたと動き回るためにあるのではなく、生活をするためにある。夢は直観力が生きる領域に向けるべきだ。将来を予知するという実を結ばない探求で、あなたの夢を終わらせるべきではない。引退後の生活保障については自動操縦に任せて、ほかのことに集中しよう。あなたがそうする役に立てたら、幸いである。株で自分の才能を浪費するのは、もったいなさすぎる。

　何かあれば、連絡をしてほしい。私のメールアドレスは、jason@jasonkelly.com である。最新版や新しい情報は、http://jasonkelly.com/ で提供している。私のメールリストに載ってもお金はかからない。この本を読んでくれて、ありがとう。３％シグナルで生まれるストレスのない時間に、多くの幸せが訪れますように。

付録1 ── マークのプラン

　第7章ではマークが3％シグナルを使った例を追いかけた。彼のプランの完全なデータは、この付録1に載せている。ここでは、2000年12月から2013年6月までの未調整の価格を使っている。プランの残高の一部には、第7章で見たものと1ドル異なっている場合がある。いろいろな例で四捨五入をしたあと、合計が合うように調整しているためだ。

　特に重要なところは文字にアミ掛けをするか注を付けて、表の一番下にまとめた。マークが四半期ごとに年金口座に振り込む掛け金は、しだいに変わっていった。最初に金額が変わったところでは新しい金額を手入力し、その後はスプレッドシートで前方に自動入力した。手で入力した部分にはアミ掛けをするか、星印を付けている。「注文の調整」の列では、マークは2002年第2四半期に、VFIIX債券ファンドの増えすぎた残高をIJR株式ファンドに移す必要があった。また、2009年第1四半期の買いシグナルでは、そのすべてに応じるのではなく、VFIIXの残高だけを使っている。

　2列目はSPYの価格の推移を載せていて、「30％下げたら、売りシグナルを無視」のルールが2回、適用されて、いずれの場合も、マークはその後の4回で売りシグナルを無視した。2003年第2四半期から2004年第1四半期までと、2009年第2四半期から2010年第1四半期までだ。最後に、IJRは2005年第2四半期に1口を3口に分割していて、その行に下線で示している。

　第7章を読み直すときの参照用に、表を1ページで印刷できるものや、同様の作業用スプレッドシートが欲しい人は、私のウェブサイト（http://jasonkelly.com/3sig/）を見てほしい。

四半期	SPYの価格	IJRの価格	IJRの配当	VFIIXの価格	VFIIXの配当	売買前のIJRの口数	四半期ごとの掛け金	売買前のIJRの残高	3%シグナルラインと今四半期の掛け金の半分	3%シグナルに達するために必要な口数
Q400	$131.19	$108.09		$10.24	0.171	74.01		$8,000		
Q101	$116.69	$101.50	0.040	$10.35	0.170	74.01	$1,215	$7,512	$8,848	87.17
Q201	$122.60	$114.01	0.036	$10.29	0.167	87.17	$1,215	$9,938	$9,720	85.26
Q301	$104.44	$95.50		$10.54	0.164	85.26	$1,215	$8,142	$10,620	111.20
Q401	$114.30	$114.40	0.118	$10.38	0.157	111.20	$1,215	$12,721	$11,546	100.92
Q102	$114.52	$122.49	0.036	$10.33	0.156	100.92	$1,215	$12,362	$12,529	102.29
Q202	$98.96	$114.50	0.051	$10.55	0.054	102.29	$1,275	$11,712	$13,543	118.28
Q302	$81.79	$93.14	0.058	$10.76	0.139	132.59	$1,275	$12,349	$16,274	174.73
Q402	$88.23	$97.45	0.066	$10.75	0.113	174.73	$1,275	$17,027	$17,400	178.55
Q103	$84.74	$91.48	0.049	$10.72	0.045	178.55	$1,275	$16,334	$18,592	203.24
Q203	$97.63	$109.65	0.070	$10.70	0.128	203.24	$1,341	$22,285	$19,821	180.76
Q303	$99.95	$117.38	0.072	$10.56	0.118	203.24	$1,341	$23,856	$23,624	201.26
Q403	$111.28	$134.00	0.082	$10.50	0.125	203.24	$1,341	$27,234	$25,242	188.38
Q104	$113.10	$142.40	0.072	$10.54	0.127	203.24	$1,341	$28,941	$28,754	201.93
Q204	$114.53	$147.20	0.101	$10.29	0.120	203.24	$1,407	$29,917	$30,513	207.29
Q304	$111.76	$144.24	0.094	$10.43	0.120	207.29	$1,407	$29,899	$32,132	222.77
Q404	$120.87	$162.71	0.131	$10.44	0.117	222.77	$1,407	$36,246	$33,799	207.73
Q105	$117.96	$158.85	0.164	$10.33	0.119	207.73	$1,407	$32,997	$35,551	223.80
Q205	$119.18	$55.02	0.105	$10.43	0.120	671.41	$1,476	$36,941	$37,356	678.95
Q305	$123.04	$57.76	0.103	$10.31	0.118	678.95	$1,476	$39,216	$39,214	678.92
Q405	$124.51	$57.80	0.130	$10.30	0.123	678.92	$1,476	$39,242	$41,129	711.57
Q106	$129.83	$65.23		$10.16	0.128	711.57	$1,551	$46,416	$43,138	661.32
Q206	$127.28	$62.10	0.105	$9.96	0.129	661.32	$1,551	$41,068	$45,208	727.98
Q306	$133.58	$61.29		$10.19	0.131	727.98	$1,551	$44,618	$47,340	772.39
Q406	$141.62	$65.99		$10.21	0.132	772.39	$1,551	$50,970	$49,535	750.65

付録1——マークのプラン

四半期	注文の調整	IJRを買うか売るか(マイナス)口数	注文の調整後にIJRを買うか売るか(マイナス)口数	売買前のVFIIXの残高＋配当の再投資＋現金	売買前のVFIIXの残高	売買後のVFIIXの口数	売買後のVFIIXの残高	新たに必要な現金	現金追加後のVFIIXの口数	現金追加後のVFIIXの残高	3%シグナルのVFIIXの残高比率	売買後のIJRの口数	売買後のIJRの残高	3%シグナルの残高
Q400					$2,000									$10,000
Q101		13.16		195.31	$3,273	187.19	$1,937	$0	187.19	$1,937	18%	87.17	$8,848	$10,785
Q201		-1.91		316.20	$3,176	329.75	$3,393	$0	329.75	$3,393	26%	85.26	$9,720	$13,114
Q301		25.94		308.61	$4,745	215.12	$2,267	$0	215.12	$2,267	18%	111.20	$10,620	$12,887
Q401		-10.28		450.15	$3,495	449.94	$4,670	$0	449.94	$4,670	29%	100.92	$11,546	$16,216
Q102		1.37		336.69	$5,997	564.31	$5,829	$0	564.31	$5,829	32%	102.29	$12,529	$18,359
Q202	A	15.99	*30.30	580.52	$7,264	359.74	$3,795	$0	359.74	$3,795	20%	132.59	$15,181	$18,976
Q302		42.14		688.55	$5,204	118.82	$1,279	$0	118.82	$1,279	7%	174.73	$16,274	$17,553
Q402		3.82		483.60	$2,577	205.09	$2,205	$0	205.09	$2,205	11%	178.55	$17,400	$19,604
Q103		24.69		239.75	$3,557	121.18	$1,299	$0	121.18	$1,299	7%	203.24	$18,592	$19,891
Q203	B	-22.48	**0.00	331.86	$2,667	249.29	$2,667	$0	249.29	$2,667	11%	203.24	$22,285	$24,952
Q303	B	-1.98	**0.00	249.29	$4,018	380.45	$4,018	$0	380.45	$4,018	14%	203.24	$23,856	$27,874
Q403	B	-14.86	**0.00	380.45	$5,400	514.28	$5,400	$0	514.28	$5,400	17%	203.24	$27,234	$32,634
Q104	B	-1.31	**0.00	514.28	$6,907	655.35	$6,907	$0	655.35	$6,907	19%	203.24	$28,941	$35,849
Q204		4.05		655.35	$8,250	743.79	$7,654	$0	743.79	$7,654	20%	207.29	$30,513	$38,166
Q304		15.48		801.73	$9,273	675.07	$7,041	$0	675.07	$7,041	18%	222.77	$32,132	$39,173
Q404		-15.04		889.11	$8,563	1,054.59	$11,010	$0	1,054.59	$11,010	25%	207.73	$33,799	$44,809
Q105		16.08		820.20	$12,529	965.70	$9,976	$0	965.70	$9,976	22%	223.80	$35,551	$45,527
Q205		7.54		1,212.92	$11,735	1,085.32	$11,320	$0	1,085.32	$11,320	23%	678.95	$37,356	$48,676
Q305		-0.03		1,125.08	$12,864	1,247.85	$12,865	$0	1,247.85	$12,865	25%	678.92	$39,214	$52,080
Q405		32.65		1,247.69	$14,571	1,231.39	$12,683	$0	1,231.39	$12,683	24%	711.57	$41,129	$53,812
Q106		-50.25		1,414.62	$14,220	1,722.16	$17,497	$0	1,722.16	$17,497	29%	661.32	$43,138	$60,635
Q206		66.66		1,399.56	$18,995	1,491.54	$14,856	$0	1,491.54	$14,856	25%	727.98	$45,208	$60,064
Q306		44.40		1,907.16	$16,945	1,395.86	$14,224	$0	1,395.86	$14,224	23%	772.39	$47,340	$61,563
Q406		-21.74		1,662.92	$15,987	1,706.31	$17,421	$0	1,706.31	$17,421	26%	750.65	$49,535	$66,957
				1,565.81										

＝手入力した値　■注文の調整に影響を受けた同じ行のセル　＿IJR1口を3口に分割　*VFIIXの残高を手入力で使用
**売りシグナル無視分を手入力　A＝30%を超えたVFIIXの残高を20%に戻す　B＝売りシグナルの無視

四半期	SPYの価格	IJRの価格	IJRの配当	VFIIXの価格	VFIIXの配当	売買前のIJRの口数	四半期ごとの掛け金	売買前のIJRの残高	3%シグナルライン+今四半期の掛け金の半分	3%シグナルに達するために必要な口数
Q107	$142.00	$67.91		$10.21	0.132	750.65	$1,629	$50,977	$51,836	763.30
Q207	$150.43	$71.10	0.264	$10.01	0.132	763.30	$1,629	$54,271	$54,205	762.38
Q307	$152.58	$69.75	0.123	$10.17	0.133	762.38	$1,629	$53,176	$56,646	812.13
Q407	$146.21	$65.02		$10.37	0.134	812.13	$1,629	$52,805	$59,160	909.87
Q108	$131.97	$65.93		$10.47	0.130	909.87	$1,629	$54,529	$61,749	1,030.36
Q208	$127.98	$60.17	0.157	$10.26	0.128	1,030.36	$1,629	$61,997	$64,416	1,070.57
Q308	$115.99	$59.51		$10.30	0.132	1,070.57	$1,629	$63,710	$67,163	1,128.60
Q408	$90.24	$43.97	0.250	$10.58	0.126	1,128.60	$1,629	$49,625	$69,993	1,591.83
Q109	$79.52	$36.39	0.124	$10.67	0.118	1,591.83	$1,629	$57,927	$72,907	2,003.49
Q209	$91.95	$44.43	0.114	$10.61	0.114	1,642.02	$1,629	$72,955	$62,360	1,403.56
Q309	$105.59	$52.34	0.127	$10.75	0.103	1,642.02	$1,629	$85,943	$75,958	1,451.24
Q409	$111.44	$54.72	0.170	$10.64	0.155	1,642.02	$1,629	$89,851	$89,336	1,632.60
Q110	$117.00	$59.45	0.126	$10.72	0.125	1,642.02	$1,662	$97,618	$93,378	1,570.69
Q210	$103.22	$54.14		$11.00	0.055	1,872.50	$1,662	$88,899	$101,377	1,872.50
Q310	$114.13	$59.09	0.149	$11.02	0.096	1,872.50	$1,662	$110,646	$105,250	1,781.18
Q410	$125.75	$68.47	0.331	$10.74	0.322	1,781.18	$1,662	$121,957	$109,238	1,595.42
Q111	$132.59	$73.56	0.130	$10.72	0.085	1,595.42	$1,710	$117,359	$113,370	1,541.20
Q211	$131.97	$73.32	0.140	$10.92	0.087	1,541.20	$1,710	$113,000	$117,626	1,604.29
Q311	$113.15	$58.54	0.186	$11.16	0.092	1,604.29	$1,710	$93,915	$122,010	2,084.22
Q411	$125.50	$68.30	0.244	$11.07	0.218	2,084.22	$1,761	$142,352	$126,526	1,852.50
Q112	$140.81	$76.31	0.224	$11.01	0.109	1,852.50	$1,761	$141,364	$131,202	1,719.33
Q212	$136.10	$73.27	0.271	$11.05	0.078	1,719.33	$1,761	$125,975	$136,018	1,856.40
Q312	$143.97	$77.07	0.203	$11.11	0.073	1,856.40	$1,761	$143,073	$140,979	1,829.24
Q412	$142.41	$78.10	0.595	$10.91	0.157	1,829.24	$1,815	$142,864	$146,089	1,870.54
Q113	$156.67	$87.06	0.228	$10.85	0.068	1,870.54	$1,815	$162,849	$151,380	1,738.80
Q213	$160.42	$90.31	0.268	$10.48	0.058	1,738.80		$157,031	$156,828	1,736.56
			6.107		6.351		$76,770			

付録1——マークのプラン

四半期	注文の調整	IJRを買うか売るか（マイナス）口数	注文の調整後にIJRを買うか売る（マイナス）口数	売買のVFIIXの口数＋配当の再投資＋現金	売買前のVFIIXの残高	売買後のVFIIXの口数	売買後のVFIIXの残高	新たに必要な現金	現金追加後のVFIIXの口数	現金追加後のVFIIXの残高	3%シグナルのVFIIXの残高比率	売買後のIJRの口数	売買後のIJRの残高	3%シグナルのIJRの残高
Q107		12.65		1,887.92	$19,276	1,803.76	$18,416	$0	1,803.76	$18,416	26%	763.30	$51,836	$70,252
Q207		-0.92		2,010.41	$20,124	2,016.94	$20,190	$0	2,016.94	$20,190	27%	762.38	$54,205	$74,395
Q307		49.75		2,212.72	$22,503	1,871.53	$19,033	$0	1,871.53	$19,033	25%	812.13	$56,646	$75,680
Q407		97.74		2,052.80	$21,288	1,439.95	$14,932	$0	1,439.95	$14,932	20%	909.87	$59,160	$74,092
Q108		120.48		1,613.42	$16,892	923.78	$9,672	$0	923.78	$9,672	14%	1,030.36	$61,749	$71,421
Q208		40.21		1,109.84	$11,387	874.00	$8,967	$0	874.00	$8,967	12%	1,070.57	$64,416	$73,383
Q308		58.03		1,043.36	$10,747	708.06	$7,293	$0	708.06	$7,293	10%	1,128.60	$67,163	$74,456
Q408		463.22		897.13	$9,492	-1,028.00	-$10,876	$10,876	0.00	$0	0%	1,591.83	$69,993	$69,993
Q109	A	411.66	*50.19	171.17	$1,826	0.00	$0	$0	0.00	$0	0%	1,642.02	$59,753	$59,753
Q209	B	-238.46	**0.00	171.18	$1,816	171.18	$1,816	$0	171.18	$1,816	2%	1,642.02	$72,955	$74,771
Q309	B	-190.78	**0.00	343.75	$3,695	343.75	$3,695	$0	343.75	$3,695	4%	1,642.02	$85,943	$89,638
Q409	B	-9.42	**0.00	528.10	$5,619	528.10	$5,619	$0	528.10	$5,619	6%	1,642.02	$89,851	$95,470
Q110	B	-71.32	**0.00	708.59	$7,596	708.59	$7,596	$0	708.59	$7,596	7%	1,642.02	$97,618	$105,214
Q210		230.49		863.22	$9,495	-271.20	-$2,983	$2,983	0.00	$0	0%	1,872.50	$101,377	$101,377
Q310		-91.33		176.13	$1,941	665.84	$7,338	$0	665.84	$7,338	7%	1,781.18	$105,250	$112,587
Q410		-185.76		895.45	$9,617	2,079.71	$22,336	$0	2,079.71	$22,336	17%	1,595.42	$109,238	$131,574
Q111		-54.22		2,275.06	$24,389	2,647.12	$28,377	$0	2,647.12	$28,377	20%	1,541.20	$113,370	$141,748
Q211		63.09		2,844.57	$31,063	2,420.94	$26,437	$0	2,420.94	$26,437	18%	1,604.29	$117,626	$144,063
Q311		479.93		2,620.86	$29,249	103.37	$1,154	$0	103.37	$1,154	1%	2,084.22	$122,010	$123,164
Q411		-231.72		305.82	$3,385	1,735.51	$19,212	$0	1,735.51	$19,212	13%	1,852.50	$126,526	$145,738
Q112		-133.17		1,950.33	$21,473	2,873.33	$31,635	$0	2,873.33	$31,635	19%	1,719.33	$131,202	$162,837
Q212		137.07		3,095.14	$34,201	2,186.25	$24,158	$0	2,186.25	$24,158	15%	1,856.40	$136,018	$160,176
Q312		-27.16		2,393.04	$26,587	2,581.45	$28,680	$0	2,581.45	$28,680	17%	1,829.24	$140,979	$169,659
Q412		41.30		2,879.77	$31,418	2,584.10	$28,193	$0	2,584.10	$28,193	16%	1,870.54	$146,089	$174,282
Q113		-131.75		2,806.88	$30,455	3,864.01	$41,925	$0	3,864.01	$41,925	22%	1,738.80	$151,380	$193,304
Q213		-2.24		4,103.05	$43,000	4,122.35	$43,202	$0	4,122.35	$43,202	22%	1,736.56	$156,828	$200,031
								$13,859						

＿＿IJR1口を3口に分割　＊VFIIXの残高を手入力で使用

■手入力した値　■注文の調整に影響を受けた同じ行のセル　A＝VFIIXの残高分のみ買う　B＝売りシグナルの無視

＊＊売りシグナル無視分を手入力

365

付録2 ── ツール

　3％シグナルプランを使うときに役立つツールを、私のウェブサイトで提供している。**付録1**でマークのプランを詳しく述べたようなスプレッドシートは、四半期ごとにすべきことを計算できるだけでなく、したことを継続して記録できるので、私が好む手法である。このスプレッドシートを入手し、ほかに利用できるツールを確認したければ、私のウェブサイト（http://jasonkelly.com/3sig/）を訪れてもらいたい。

付録3 ── 権利と許可

　投資商品、ソフトウェアのアプリケーションまたはその他のプロジェクトで、例えば、3％シグナルのテクニックやその名称を含めて、本書の知的所有権の使用または認可に関して質問があれば、私のウェブサイト（http://jasonkelly.com/）の連絡ページを通して、書面で詳しい要望を提出していただきたい。

付録4 ── ケリー・レター

　３％シグナルについて、最新情報を得たければ、私の発行するニュースレター、ケリー・レターの購読を検討してほしい。これは毎週、日曜日の朝にメールで配信される。

　自分の口座で３％シグナルを使い始めたら、株式市場について何も読む必要はないのだが、それでも読みたいと思うときもあるだろう。ジーバルたちが間違っているときに、３％シグナルが彼らに勝っているのをリアルタイムで見れば、よく理解ができて、自分が正しい道を進んでいるという確証が得られる。また、自分１人でやり続けるよりも、私が四半期ごとに計算して、債券ファンドの残高が増えすぎたときには、それを株式ファンドに移して、「30％下げたら、売りシグナルを無視」のルールを適用すべきか監視するのを見ていれば、安心できるかもしれない。

　ニュースレターに載せているポートフォリオは、３段階に分けている。１段目は３％シグナルの基本に従った例だ。２段目はより高い成長目標を達成できるように、レバレッジを導入したものだ。そして、３段目は基本例に勝てるかどうか見るために、ボラティリティが高く配当利回りが良い証券を利用する自由市場バージョンである。これまでのところ、基本例よりも魅力的なことは何も見つかっていない。しかし、これは今後変わる可能性もある。そして、そういうことがあれば、ニュースレターで報告する予定だ。

　あなたがケリーレターの購読者リストに載っていますように！　毎週、日曜日の朝に私からニュースレターを受け取りたい人は、http://jasonkelly.com/ に登録していただきたい。

■著者紹介
ジェイソン・ケリー（Jason Kelly）

『大化け株とレバレッジで勝つケリー流株式投資法』（東洋経済新報社）の著者。彼は毎週日曜日の朝にケリー・レターをメール配信して、多くの読者からその週で最も良い読み物だと評価されている。世界中のどこででも暮らせるようになるという夢を実現して、2002年に日本に移住し、東京から2時間ほどの地方都市に仕事場を構えている。2011年3月に起きた東日本大震災の際には、「日本に靴下を」というボランティア組織を立ち上げて、世界中から送られてきた16万足の靴下を被災者に手渡した。寄付の70％以上はアメリカからだった。被災者に寄付をしてきた差出人を見ると、教会、ガールスカウト、喫茶店、田舎町の電力部門、ウィルソン先生の4年生のクラス一同と、アメリカ文化を支える人々だと分かり、彼は自国を誇らしく思った。彼は新著やケリー・レターの執筆に力を入れている。コロラド州ロングモントでは、姉であり共同経営者でもあるエミリーと、レッド・フロッグ・コーヒー店を共同所有している。ケリーのウェブサイトは、http://jasonkelly.com/ である。

■監修者紹介
長尾慎太郎（ながお・しんたろう）

東京大学工学部原子力工学科卒。北陸先端科学技術大学院大学・修士（知識科学）。日米の銀行、投資顧問会社、ヘッジファンドなどを経て、現在は大手運用会社勤務。訳書に『魔術師リンダ・ラリーの短期売買入門』『新マーケットの魔術師』（いずれもパンローリング、共訳）、監修に『高勝率トレード学のススメ』『ラリー・ウィリアムズの短期売買法【第2版】』『コナーズの短期売買戦略』『続マーケットの魔術師』『続高勝率トレード学のススメ』『コナーズRSI入門』『ウォール街のモメンタムウォーカー』『FX 5分足スキャルピング』『グレアム・バフェット流投資のスクリーニングモデル』『勘違いエリートが真のバリュー投資家になるまでの物語』『Rとトレード』『ボリンジャーバンドとMACDによるデイトレード』など、多数。

■訳者紹介
山口雅裕（やまぐち・まさひろ）

早稲田大学政治経済学部卒業。外資系企業などを経て、現在は翻訳業。訳書に『フィボナッチトレーディング』『規律とトレンドフォロー売買法』『逆張りトレーダー』『システムトレード　基本と原則』『一芸を極めた裁量トレーダーの売買譜』『裁量トレーダーの心得　初心者編』『裁量トレーダーの心得　スイングトレード編』『コナーズの短期売買戦略』『続マーケットの魔術師』『アノマリー投資』『シュワッガーのマーケット教室』『ミネルヴィニの成長株投資法』『高勝率システムの考え方と作り方と検証』『コナーズRSI入門』（パンローリング）など。

2016年4月3日　初版第1刷発行

ウィザードブックシリーズ㉞

3％シグナル投資法
──だれでもできる「安値で買って高値で売る」バリューアベレージ法

著　　者　ジェイソン・ケリー
監修者　　長尾慎太郎
訳　　者　山口雅裕
発行者　　後藤康徳
発行所　　パンローリング株式会社
　　　　　〒 160-0023　東京都新宿区西新宿 7-9-18-6F
　　　　　TEL 03-5386-7391　FAX 03-5386-7393
　　　　　http://www.panrolling.com/
　　　　　E-mail　info@panrolling.com
編　　集　エフ・ジー・アイ（Factory of Gnomic Three Monkeys Investment）合資会社
装　　丁　パンローリング装丁室
組　　版　パンローリング制作室
印刷・製本　株式会社シナノ

ISBN978-4-7759-7203-8

落丁・乱丁本はお取り替えします。
また、本書の全部、または一部を複写・複製・転訳載、および磁気・光記録媒体に
入力することなどは、著作権法上の例外を除き禁じられています。

本文　©Masahiro Yamaguchi／図表　© Pan Rolling　2016 Printed in Japan

関連書

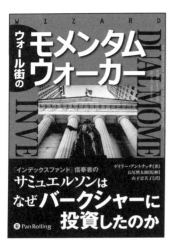

ウィザードブックシリーズ 227
ウォール街のモメンタムウォーカー

定価 本体4,800円+税　ISBN:9784775971949

モメンタムは持続する!

効率的市場仮説は経済理論の歴史のなかで最も重大な誤ちの1つである市場状態の変化をとらえ、低リスクで高リターンを上げ続ける戦略。200年以上にわたるさまざまな市場や資産クラスを調べた結果、1つの事実が明らかになった。それは、「モメンタムは常にアウトパフォームする」ということである。しかし、ほとんどの投資家はメリットを見いだし、活用する方法を分かっていない。今まではそうだったが、これからは違う!　個人投資家だろうが、プロの投資家だろうが、レラティブストレングスと市場トレンドの大きな変化のなかで常に利益を上げ続けることを可能にしてくれるものだ。

ウィザードブックシリーズ 10
賢明なる投資家

定価 本体3,800円+税　ISBN:9784939103292

市場低迷の時期こそ、威力を発揮する「バリュー投資のバイブル」

ウォーレン・バフェットが師と仰ぎ、尊敬したベンジャミン・グレアムが残した「バリュー投資」の最高傑作!　株式と債券の配分方法、だれも気づいていない将来伸びる「魅力のない二流企業株」や「割安株」の見つけ方を伝授する。

ウィザードブックシリーズ 219
バフェットからの手紙[第3版]

定価 本体2,300円+税　ISBN:9784775971857

生ける伝説の投資家が明かすコーポレート・ガバナンス、成長し続ける会社の経営、経営者の資質、企業統治、会計・財務とは——。

企業経営やビジネス、個人金融や投資に関心を持つ読者の方々には大いなる示唆と教訓と、そして震えをもたらすものになるだろう。

ウィザードブックシリーズ 233
完全なる投資家の頭の中

定価 本体2,000円+税　ISBN:9784775972021

バフェットのビジネスパートナー、チャーリー・マンガーのすべて

本書は、マンガーへのインタビューや彼の講演、文章、投資家への手紙、そして、たくさんのファンドマネジャーやバリュー投資家やビジネス事例史家の話から抽出した要素を再構築して、マンガーの投資戦略に不可欠なステップを明かした初めての試みである。